2025年春 受験用 解答集

広島県 広島女学院中学校

2020〜2014年度の7年分

本書は，実物をなるべくそのままに，プリント形式で年度ごとに収録しています。
問題用紙を教科別に分けて使うことができるので，本番さながらの演習ができます。

■ 収録内容

・解答集(この冊子です)

　　書籍ID番号，この問題集の使い方，リアル過去問の活用，解答例と解説，
　　ご使用にあたってのお願い・ご注意，お問い合わせ

・2020(令和2)年度 〜 2014(平成26)年度　学力検査問題

JN131898

○は収録あり	年度	'20	'19	'18	'17	'16	'15	'14
■ 問題収録		○	○	○	○	○	○	○
■ 解答用紙		○	○	○	○	○	○	○
■ 解答		○	○	○	○	○	○	○
■ 解説		○	○	○	○	○	○	○
■ 配点								

☆問題文等の非掲載はありません

もっと過去問！シリーズ

K 教英出版

■ 書籍ID番号

入試に役立つダウンロード付録や学校情報などを随時更新して掲載しています。
教英出版ウェブサイトの「ご購入者様のページ」画面で，書籍ID番号を入力してご利用ください。

書籍ID番号 **181032**

（有効期限：2025年9月30日まで）

【入試に役立つダウンロード付録】
「中学合格への道」

■ この問題集の使い方

年度ごとにプリント形式で収録しています。針を外して教科ごとに分けて使用します。①片側，②中央
のどちらかでとじてありますので，下図を参考に，問題用紙と解答用紙に分けて準備をしましょう（解答
用紙がない場合もあります）。

針を外すときは，けがをしないように十分注意してください。また，針を外すと紛失しやすくなります
ので気をつけましょう。

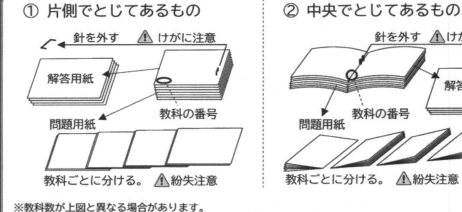
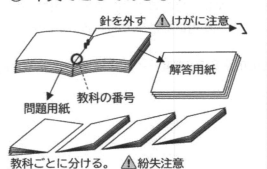

① 片側でとじてあるもの

針を外す ⚠けがに注意
解答用紙
問題用紙
教科の番号
教科ごとに分ける。 ⚠紛失注意

② 中央でとじてあるもの

針を外す ⚠けがに注意
解答用紙
問題用紙
教科の番号
教科ごとに分ける。 ⚠紛失注意

※教科数が上図と異なる場合があります。
解答用紙がない場合や，問題と一体になっている場合があります。
教科の番号は，教科ごとに分けるときの参考にしてください。

リアル過去問の活用
～リアル過去問なら入試本番で力を発揮することができる～

❀ 本番を体験しよう！

問題用紙の形式（縦向き／横向き），問題の配置や余白など，実物に近い紙面構成なので本番の臨場感が味わえます。まずはパラパラとめくって眺めてみてください。「これが志望校の入試問題なんだ！」と思えば入試に向けて気持ちが高まることでしょう。

❀ 入試を知ろう！

同じ教科の過去数年分の問題紙面を並べて，見比べてみましょう。

① 問題の量

毎年同じ大問数か，年によって違うのか，また全体の問題量はどのくらいか知っておきましょう。どのくらいのスピードで解けば時間内に終わるのか，大問ひとつにかけられる時間を計算してみましょう。

② 出題分野

よく出題されている分野とそうでない分野を見つけましょう。同じような問題が過去にも出題されていることに気がつくはずです。

③ 出題順序

得意な分野が毎年同じ大問番号で出題されていると分かれば，本番で取りこぼさないように先回りして解答することができるでしょう。

④ 解答方法

記述式か選択式か（マークシートか），見ておきましょう。記述式なら，単位まで書く必要があるかどうか，文字数はどのくらいかなど，細かいところまでチェックしておきましょう。計算過程を書く必要があるかどうかも重要です。

⑤ 問題の難易度

必ず正解したい基本問題，条件や指示の読み間違いといったケアレスミスに気をつけたい問題，後回しにしたほうがいい問題などをチェックしておきましょう。

❀ 問題を解こう！

志望校の入試傾向をつかんだら，問題を何度も解いていきましょう。ほかにも問題文の独特な言いまわしや，その学校独自の答え方を発見できることもあるでしょう。オリンピックや環境問題など，話題になった出来事を毎年出題する学校だと分かれば，日頃のニュースの見かたも変わってきます。

こうして志望校の入試傾向を知り対策を立てることこそが，過去問を解く最大の理由なのです。

❀ 実力を知ろう！

過去問を解くにあたって，得点はそれほど重要ではありません。大切なのは，志望校の過去問演習を通して，苦手な教科，苦手な分野を知ることです。苦手な教科，分野が分かったら，教科書や参考書に戻って重点的に学習する時間をつくりましょう。今の自分の実力を知れば，入試本番までの勉強の道すじが見えてきます。

❀ 試験に慣れよう！

入試では時間配分も重要です。本番で時間が足りなくなってあわてないように，リアル過去問で実戦演習をして，時間配分や出題パターンに慣れておきましょう。教科ごとに気持ちを切り替える練習もしておきましょう。

❀ 心を整えよう！

入試は誰でも緊張するものです。入試前日になったら，演習をやり尽くしたリアル過去問の表紙を眺めてみましょう。問題の内容を見る必要はもうありません。どんな形式だったかな？受験番号や氏名はどこに書くのかな？…ほんの少し見ておくだけでも，志望校の入試に向けて心の準備が整うことでしょう。

そして入試本番では，見慣れた問題紙面が緊張した心を落ち着かせてくれるはずです。

※まれに入試形式を変更する学校もありますが，条件はほかの受験生も同じです。心を整えてあせらずに問題に取りかかりましょう。

算 数

令和 ② 年度 解答例・解説

《解答例》

1 (1)52461486　(2)$\frac{13}{16}$　(3)20　(4)3.14

2 (1)400　(2)0.7　(3)150　(4)最も大きい数…36　最も小さい数…9
　※(5)5

3 (1)ウ，カ　(2)体積…21.98　表面積…56.52　(3)22　(4)80

4 (1)ア．55　イ．9　(2)ウ．8　エ．6　(3)オ．11　カ．12

5 (1)ア．4　イ．16　ウ．36　(2)エ．4　オ．8　カ．24　キ．36
　(3)右グラフ

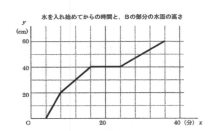

水を入れ始めてからの時間と，Bの部分の水面の高さ

※の図や説明は解説を参照してください。

《解 説》

1 (2)　与式＝$\frac{21}{16}-\frac{5}{4}\div\frac{5}{2}=\frac{21}{16}-\frac{5}{4}\times\frac{2}{5}=\frac{21}{16}-\frac{1}{2}=\frac{21}{16}-\frac{8}{16}=\frac{13}{16}$

(3)　与式＝5.4＋14.6＝20

(4)　与式＝$\frac{17}{10}\div(\frac{9}{6}+\frac{1}{6})+\frac{53}{10}\times(\frac{25}{10}-\frac{21}{10})=\frac{17}{10}\div\frac{5}{3}+\frac{53}{10}\times\frac{2}{5}=\frac{17}{10}\times\frac{3}{5}+\frac{106}{50}=\frac{51}{50}+\frac{106}{50}=\frac{157}{50}=\frac{314}{100}=3.14$

2 (1)　2人の所持金の差は変わっていないので，1：3の比の数の3－1＝2が2800－1200＝1600（円）にあたると
わかる。よって，仁美さんはケーキを買ったあと，1600×$\frac{1}{2}$＝800（円）持っていたのだから，ケーキの値段は，
1200－800＝400（円）

(2)　1L＝1000mLだから，朝飲んだ量は$\frac{1}{4}$×1000＝250（mL）である。また，昼に飲んだあとの残りの1－$\frac{2}{5}=\frac{3}{5}$
が180mLなのだから，昼に飲んだ残りは，180÷$\frac{3}{5}$＝300（mL）である。
よって，最初にあった量は，300＋150＋250＝700（mL），つまり，$\frac{700}{1000}$L＝0.7Lである。

(3)　この日，陽子さんは15分歩いて学校に着いたのだから，姉が歩いた時間は15－5＝10（分）である。したが
って，学校までの道のりの$\frac{10}{12}=\frac{5}{6}$しか進んでいないので，1－$\frac{5}{6}=\frac{1}{6}$の道のりが残っている。
よって，求める道のりは，900×$\frac{1}{6}$＝150（m）

(4)　ある整数は，79－7＝72と115－7＝108の公約数のうち，7より大きい数である。公約数は
最大公約数の約数だから，まず72と108の最大公約数を求める。最大公約数を求めるときは，右
の筆算のように割り切れる数で次々に割っていき，割った数をすべてかけあわせればよい。したが
って，72と108の最大公約数は，2×2×3×3＝36である。

```
2 ) 72 108
2 ) 36  54
3 ) 18  27
3 )  6   9
      2   3
```

36の約数は，1と36，2と18，3と12，4と9，6，であり，このうち7より大きい数は9，12，18，36であ
る。よって，最も大きい数は36，最も小さい数は9である。

(5)　2の倍数は偶数だから，1枚目は④か⑥を引いたとわかる。

3の倍数は各位の数の和が3の倍数だから，1枚目が④のときは⑤，1枚目が⑥のときは③に決まる。

4の倍数は一の位が偶数であり，けたが2つ以上の4の倍数は，下2けたが4の倍数か00であることから，3枚

目を考える。

1枚目が④，2枚目が⑤で，④⑤と並べた場合，右に⑥をつけて④⑤⑥とすると4の倍数になる。したがって，この場合の条件に合う並べ方は1通りある。

1枚目が④，2枚目が⑤で，⑤④と並べた場合，54は4の倍数ではないので右に3枚目を並べるしかないが，右に⑥をつけて⑤④⑥としても4の倍数にならない。

1枚目が⑥，2枚目が③で，⑥③と並べた場合，63は4の倍数ではないので右に3枚目を並べるしかないが，右に④をつけて⑥③④としても4の倍数にならない。

1枚目が⑥，2枚目が③で，③⑥と並べた場合，36は4の倍数である。したがって，左に④，⑤，⑦のいずれを並べても4の倍数になる。また，右に4を並べて③⑥④としても4の倍数となる。したがって，この場合の条件に合う並べ方は3＋1＝4（通り）ある。

よって，条件に合う並べ方は全部で，1＋4＝5（通り）

3 (1) エの面を底面として線を谷折りで折って組み立てると，右図のようになり，ウとカが重なるとわかる。

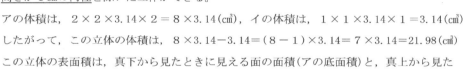

(2) 右図のように，ア底面の半径が2cmで高さが2cmの円柱から，イ底面の半径が1cmで高さが1cmの円柱を除いた立体ができる。

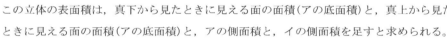

アの体積は，$2 \times 2 \times 3.14 \times 2 = 8 \times 3.14$（cm³），イの体積は，$1 \times 1 \times 3.14 \times 1 = 3.14$（cm³）

したがって，この立体の体積は，$8 \times 3.14 - 3.14 = (8-1) \times 3.14 = 7 \times 3.14 = 21.98$（cm³）

この立体の表面積は，真下から見たときに見える面の面積（アの底面積）と，真上から見たときに見える面の面積（アの底面積）と，アの側面積と，イの側面積を足すと求められる。

アの底面積は，$2 \times 2 \times 3.14 = 4 \times 3.14$（cm²）

柱体の側面積は，（底面の円周）×（高さ）で求められるから，アの側面積は，$2 \times 2 \times 3.14 \times 2 = 8 \times 3.14$（cm²），イの側面積は，$1 \times 2 \times 3.14 \times 1 = 2 \times 3.14$（cm²）

よって，この立体の表面積は，$4 \times 3.14 \times 2 + 8 \times 3.14 + 2 \times 3.14 = (8+8+2) \times 3.14 = 18 \times 3.14 = 56.52$（cm²）

(3) 折り目は，ACの真ん中の点とBDの真ん中の点を通るから，面積を求める部分は，右図の斜線部分である。図形をa倍に縮小（または拡大）すると，面積はa×a（倍）になることを利用する。

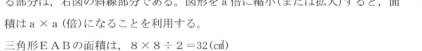

三角形EABの面積は，$8 \times 8 \div 2 = 32$（cm²）

三角形EFGは三角形EABを$\frac{6}{8} = \frac{3}{4}$（倍）に縮小した三角形だから，面積は$\frac{3}{4} \times \frac{3}{4} = \frac{9}{16}$（倍）となるので，台形AFGBの面積は，三角形EABの面積の，$1 - \frac{9}{16} = \frac{7}{16}$（倍）である。

三角形ECDは三角形EABを$\frac{4}{8} = \frac{1}{2}$（倍）に縮小した三角形だから，面積は$\frac{1}{2} \times \frac{1}{2} = \frac{1}{4}$（倍）となる。

よって，斜線部分の面積は，三角形EABの面積の，$\frac{7}{16} + \frac{1}{4} = \frac{11}{16}$（倍）だから，$32 \times \frac{11}{16} = 22$（cm²）

(4) 右図の色をつけた部分をエとする。アとイの面積が等しいのだから，ア＋エとイ＋エの面積も等しい。つまり，イ＋エのおうぎ形の面積は，小さい半円の面積と等しい。

同じ形の図形の辺の比がa：bのとき，面積比は（a×a）：（b×b）となるから，大きい半円と小さい半円の面積比は，（3×3）：（2×2）＝9：4なので，大きい半円の面積を9，小さい半円の面積を4とする。イ＋エのおうぎ形の面積は大きい半円の面積の$\frac{4}{9}$なので，中心角も$\frac{4}{9}$となる。よって，ウ＝$180 \times \frac{4}{9} = 80$（度）

4 (1) 石は全部で，$1＋2＋3＋\cdots＋10＝$ ㋐$\underline{55}$(個)になる。1から55までの整数において6の倍数は，$55÷6＝$
9余り1より，9個あるから，黒い石は ㋑$\underline{9}$個ある。

(2) n段目の右端の石が何番目の石かを表す値は，1からnまでの整数の和と等しい。3段目の右端の石は
$1＋2＋3＝6$(番目)であり，連続する整数を1つ1つ足していって次に6の倍数になるところを探す。
$6＋4＝10$，$10＋5＝15$，$15＋6＝21$，$21＋7＝28$，$28＋8＝36$だから，㋒$\underline{8}$段目の右端が次に黒い石を並べる
ところとわかる。ここまでに黒い石は，$36÷6＝$ ㋓$\underline{6}$(個)ある。

(3) (2)の解説から，右端に黒い石が2段続いて並ぶときの下の段は，段の数が6の倍数とわかる。6段目の右端
は黒い石ではないから，12段目の右端について考える。11段目の右端の石は$55＋11＝66$(番目)で6の倍数だか
ら，黒い石であり，12段目の右端も黒い石である。よって，求める段数は，㋔$\underline{11}$段目と㋕$\underline{12}$段目である。

5 右図は水そうを正面から見た図であり，水そう内の空間に図のように番号をふる。水は，番号
の順番で入っていく。

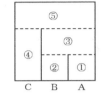

(1) 水そうの底面積は$60×60＝3600$(㎠)だから，A，B，Cの底面積はすべて$3600÷3＝$
1200(㎠)である。$6L＝6000mL＝6000$㎠だから，①に水が入っている間，水面は1分ごとに
$6000÷1200＝5$(cm)上がる。これより，②に水が入り始めるのは$20÷5＝$ ㋐$\underline{4}$(分後)である。
②が水でいっぱいになるのにかかる時間は①と同様に4分である。
③の部分の高さは$40－20＝20$(cm)だから，③の部分を①と比べると，底面積が2倍で高さが等しい。このため容
積は2倍なので，水でいっぱいになるのにかかる時間も2倍になるから，$4×2＝8$(分)かかる。これより，④
に水が入り始めるのは，$4＋4＋8＝$ ㋑$\underline{16}$(分後)である。
水そう全体の容積は$3600×60$(㎠)だから，水そうが水でいっぱいになるのは，$\dfrac{3600×60}{6000}＝$ ㋒$\underline{36}$(分後)である。

(2) (1)の解説をふまえる。Bの部分の水面が上昇するのは，②，③，⑤それぞれに水が入っている間である。②
の高さは20cm，③の高さは20cm，⑤の高さは$60－40＝20$(cm)で，すべて等しいから，底面積が大きいほど水面
が上がる速さはゆっくりになる。したがって，最も速く上昇するのは②に水が入っている間であり，最もゆっく
りと上昇するのは⑤に水が入っている間である。
②に水が入っているのは，㋓$\underline{4}$分から㋔$\underline{8}$分の間である。
④の部分を①と比べると，底面積が等しく高さが2倍になっているから，容積は2倍なので，水でいっぱいになる
のにかかる時間も2倍になるため，$4×2＝8$(分)かかる。よって，⑤に水が入っているのは，$16＋8＝$
㋕$\underline{24}$(分)から㋖$\underline{36}$分の間である。

(3) ここまでの解説から，Bの水面は，4分後までは0cmであり，4分後から8分後までで20cm増え，8分後か
ら16分後まででさらに20cm増え，16分後から24分後までは変わらず，24分後から36分後まででさらに20cm
増えるとわかる。よって，グラフは解答例のようになる。

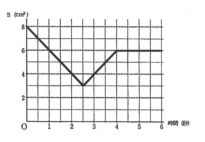

平成 31 年度 解答例・解説

《解答例》

1 (1)85 (2)39 (3)$\dfrac{12}{13}$ (4)$\dfrac{1}{3}$

2 (1)カーネーション…55 バラ…12 (2)火 (3)2，22

(4)A．5 B．8 C．6 D．7 E．2 ※(5)4

3 (1)角ア…26 角イ…52 (2)①81 ②20 (3)8.86 (4)①36 ②76

4 (1)ア．8 イ．6 ウ．8 エ．12

(2)① 1 秒後…6 3 秒後…4 5 秒後…6 ②右グラフ ③0.75，11.25

5 (1)【 5 】＝120 【 6 】＝720 (2)2 (3)25 (4)49

※の式や説明は解説を参照してください。

《解　説》

1 (1) 与式＝(69－64)＋(68－63)＋(67－62)＋(66－61)＋65＝5＋5＋5＋5＋65＝20＋65＝85

(2) 与式＝57－18÷4×4＝57－18×$\dfrac{1}{4}$×4＝57－18＝39

(3) 与式＝$\dfrac{3}{13}$÷$\dfrac{3}{4}$＋$\dfrac{3}{5}$÷$\left(\dfrac{8}{5}-\dfrac{5}{8}\right)$＝$\dfrac{3}{13}$×$\dfrac{4}{3}$＋$\dfrac{3}{5}$÷$\left(\dfrac{64}{40}-\dfrac{25}{40}\right)$＝$\dfrac{4}{13}$＋$\dfrac{3}{5}$÷$\dfrac{39}{40}$＝$\dfrac{4}{13}$＋$\dfrac{3}{5}$×$\dfrac{40}{39}$＝$\dfrac{4}{13}$＋$\dfrac{8}{13}$＝$\dfrac{12}{13}$

(4) 与式より，$\left(\dfrac{1}{2}-\square\right)$÷$\dfrac{1}{4}$×$\dfrac{3}{4}$＝2$\dfrac{2}{3}$－2$\dfrac{1}{6}$ 　$\left(\dfrac{1}{2}-\square\right)$×4×$\dfrac{3}{4}$＝$\dfrac{3}{6}$ 　$\left(\dfrac{1}{2}-\square\right)$×3＝$\dfrac{1}{2}$

$\dfrac{1}{2}$－$\square$＝$\dfrac{1}{2}$÷3 　$\square$＝$\dfrac{1}{2}$－$\dfrac{1}{6}$＝$\dfrac{3}{6}$－$\dfrac{1}{6}$＝$\dfrac{1}{3}$

2 (1) カーネーションの花束を 15 束作ると，5×15＝75(本)の花が必要となり，実際より 75－67＝8 (本)多い。

カーネーション 1 束をバラ 1 束にかえると，花の合計本数は 5－3＝2 (本)減るから，バラの花束は 8÷2＝

4 (束)ある。よって，カーネーションの本数は，5×(15－4)＝55(本)，バラの本数は 3×4＝12(本)である。

(2) 2019 年の 1 月から 7 月まで何日あるかをまとめると，右表の

ようになる。したがって，2019 年 8 月 6 日は 2019 年 1 月 24 日の

1月	2月	3月	4月	5月	6月	7月
31 日	28 日	31 日	30 日	31 日	30 日	31 日

(31－24)＋28＋31＋30＋31＋30＋31＋6 ＝194(日後)だから，194÷7 ＝27 余り 5 より，27 週と 5 日後である。

よって，求める曜日は，木曜日の 5 日後の火曜日である。

(3) AさんとBさんが同じ時間でする仕事量の比は，同じ仕事量を終えるのにかかる時間の比である 2：3 の

逆比に等しく，3：2 である。したがって，AさんとBさんがそれぞれ 10 分でできる仕事量を③，②とする。

Aさん 1 人でこの仕事をすると，2 時間＝120 分かかるから，全体の仕事量は，③×$\dfrac{120}{10}$＝㊱となる。

また，AさんとBさんが一緒に 10 分仕事をすると，②＋③＝⑤できるから，㊱÷⑤＝7$\dfrac{1}{5}$より，10 分仕事をす

ることを 7 回したあとに 10×$\dfrac{1}{5}$＝2 (分間)仕事をすればよいとわかる。最後の 2 分間の仕事の前までに，

「10 分仕事，10 分休む」を 7 回くり返すから，10×2×7 ＝140(分)かかる。よって，求める時間は，140＋2 ＝

142(分)＝2 時間 22 分である。

(4) Ⓐから Ⓔに入る数は，0，2，3，5，6，7，8 のどれかである。

かけ算の筆算より，Ⓑ×Ⓑの一の位の数が 4 とわかるから，Ⓑに入る数は，2 か 8 とわかる。Ⓑ＝2 とすると，Ⓐに 8 を入れても Ⓐ×2 の十の位の数が 4 とならないから違うとわかり，Ⓑ＝8 とわかる。8×8＝64 より，Ⓐ×8 が 40－6＝34 以上 49－6＝43 以下であればよく，Ⓐ＝5 と決まる。したがって，58×8＝464 より，Ⓒ＝6 である。ここまでで使っていない数字は，0，2，3，7 である。

引き算の筆算の Ⓐ，Ⓑ，Ⓒに数字をあてはめると，右のようになる。

$$\begin{array}{r} \fbox{D}\,8\,1 \\ -\ \fbox{E}\,9\,5 \\ \hline 4\,8\,6 \end{array}$$

百の位から十の位に 1 くり下がっているとわかるから，Ⓓ－Ⓔ＝5 となればよい。残っている数で差が 5 となるのは，2 と 7 の組みあわせだけだから，Ⓓ＝7，Ⓔ＝2 と決まる。

(5) 50 個の仕入れ金額の合計は，126×50＝6300（円），定価で売れた 50－20＝30（個）の売り上げ金額は，150×30＝4500（円）である。したがって，赤字にならないようにするためには，20 個の売り上げ金額が 6300－4500＝1800（円）となればよく，1 個あたり 1800÷20＝90（円）で売ればよい。定価から 150－90＝60（円）まで値引きしてよいから，定価の $\frac{60}{150}$×10＝4（割）引きまでしてよい。

3 (1) 右図のように記号をおく。

三角形 OBC は OB＝OC の二等辺三角形だから，角 OCB＝角 OBC＝52 度となり，角 x＝角 y＝52÷2＝26（度）である。三角形 OAC は OA＝OC の二等辺三角形だから，角ア＝角 x＝26 度である。

三角形の 1 つの外角は，これととなりあわない 2 つの内角の和に等しいから，三角形 DBC について，角 ADB＝26＋52＝78（度），三角形 OAD について，角イ＝78－26＝52（度）である。

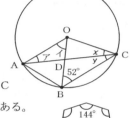

(2)① 左右対称だから，右図のようになり，角ア＝角イである。

n 角形の内角の和は，180×(n－2)（度）で求められるから，五角形の内角の和は，180×(5－2)＝540（度）である。したがって，角ア＝角イ＝(540－144－117×2)÷2＝81（度）

② 駒を並べて輪を作るとき，右のように作図できる。O は輪の中心であり，三角形 OAB は二等辺三角形である。角 AOB＝180－81×2＝18（度）だから，三角形 OAB と合同な二等辺三角形が 360÷18＝20（個）並ぶとわかる。

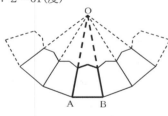

よって，必要な駒の数は 20 枚である。

(3) 右のように記号をおく。斜線部分の面積を三角形 ABC の面積から，おうぎ形 BEG とおうぎ形 CFH の面積を引いて求める。

三角形の内角の和より，角 ABC＋角 ACB＝180－90＝90（度）である。したがって，おうぎ形 BEG とおうぎ形 CFH の中心角の和は，90 度となる。

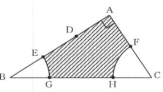

また，AD＝DE＝EB＝AF＝FC＝6÷3＝2（cm）より，AC＝2×2＝4（cm）だから，求める面積は，4×6÷2－2×2×3.14×$\frac{90}{360}$＝12－3.14＝8.86（cm²）である。

(4)① 直方体から切り取った三角柱は，底面積が 4×3÷2＝6（cm²），高さが 2cm だから，体積は 6×2＝12（cm³）である。

直方体の体積は，3×4×4＝48（cm³）だから，求める体積は，48－12＝36（cm³）である。

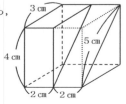

② 直方体の表面積は，3×4×4＋4×4×2＝80（cm²）である。

三角柱を切り取ったことによって，減った表面積は，(3＋4)×2＝14（cm²）であり，増えた表面積は，5×2＝10（cm²）である。よって，求める表面積は，80－14＋10＝76（cm²）である。

4 (1)　アは0秒のときの面積だから，三角形ＯＢＰの面積は三角形ＯＢＡの面積の$4 \times 4 \div 2 = _{ア}\underline{8}$(cm²)に等しい。イは点Ｐが点Ｘにあるときだから，点Ｐは$4 + 2 = 6$(cm)動いていて，$6 \div 1 = _{イ}\underline{6}$(秒後)のときである。ウは点Ｐが2度目に点Ｂにあるときだから，$(4 + 2 + 2) \div 1 = _{ウ}\underline{8}$(秒後)のときである。エは再び点Ａに戻ったときだから，$(4 + 2 + 2 + 4) \div 1 = _{エ}\underline{12}$(秒後)のときである。

(2)① （ⅰ）のときについて，三角形ＯＢＰと三角形ＯＣＱの底辺をＢＰ，ＣＱとすると，高さが等しいから，三角形ＯＢＰと三角形ＯＣＱの面積の大きさを比べるときに，ＢＰ，ＣＱの長さを比べて長い方の三角形の面積がＳとなる。1秒後と3秒後は点ＰがＡＢ上にあるから，（ⅰ）のルールでＳを求める。1秒後のとき，ＢＰ＝ＡＢ－ＡＰ＝$4 - 1 = 3$(cm)，ＣＱ＝ＣＺ＋ＹＺ－ＹＱ＝$1 + 2 - 1 = 2$(cm)だから，Ｓは三角形ＯＢＰの面積であり，$3 \times 4 \div 2 = 6$(cm²)である。3秒後のとき，ＢＰ＝$4 - 3 = 1$(cm)，ＣＱ＝$1 + 2 - 1 = 2$(cm)だから，Ｓは三角形ＯＣＱの面積であり，$2 \times 4 \div 2 = 4$(cm²)である。5秒後は点ＰがＢＣ上にあるから，（ⅱ）のルールでＳを求める。5秒後のとき，ＢＰ＝1cm，ＣＱ＝$1 + 2 - 1 = 2$(cm)だから，ＰＱ＝ＢＣ－(ＢＰ＋ＣＱ)＝$6 - (1 + 2) = 3$(cm)となり，Ｓは$3 \times 4 \div 2 = 6$(cm²)である。

② 4秒後までは点ＰがＡＢ上にあるから，Ｓは三角形ＯＢＰと三角形ＯＣＱの面積の大きい方である。4秒後までの三角形ＯＢＰの面積について，⑴のグラフを参考にかくと右グラフの太線のようになる。三角形ＯＣＱの面積について，0秒後は$3 \times 4 \div 2 = 6$(cm²)，2秒後は$1 \times 4 \div 2 = 2$(cm²)，4秒後は6cm²となるから，右グラフの破線のようになる。

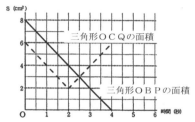

2.5秒のとき，ＢＰ＝$4 - 2.5 = 1.5$(cm)，ＣＱ＝$1 + 0.5 = 1.5$(cm)となり，2つの三角形の面積は等しくなる。したがって，2.5秒後までは三角形ＯＢＰの面積がＳとなり，2.5秒後から4秒後までは三角形ＯＣＱの面積がＳとなる。

4秒後から6秒後までＳは三角形ＯＰＱの面積である。ＰＱ＝ＢＣ－(ＢＰ＋ＣＱ)となり，このときＢＰは0cmから1秒間に1cm長くなり，ＣＱは3cmから1秒間に1cm短くなるから，ＢＰ＋ＣＱは$0 + 3 = 3$(cm)で一定である。よって，Ｓも$3 \times 4 \div 2 = 6$(cm²)で一定となる。

③ ②のグラフより，6秒後までにＳが6.5cm²となるのは，1秒後までに1回ある。このとき，ＢＰ＝$6.5 \times 2 \div 4 = 3.25$(cm)だから，ＡＰ＝$4 - 3.25 = 0.75$(cm)である。したがって，$0.75 \div 1 = 0.75$(秒後)である。2回目にＳが6.5cm²となるのは，1回目のときと同じ位置にＰがあるときとわかるから，求める時間は$12 - 0.75 = 11.25$(秒後)である。

なお，6秒後から8秒後も三角形ＯＰＱの面積は6cm²で一定であり，三角形ＯＣＱは最大で6cm²だから，他にＳが6.5cm²となるときはないとわかる。

5 (1)　【5】$= 1 \times 2 \times 3 \times 4 \times 5 = 24 \times 5 = 120$

【6】$= 120 \times 6 = 720$

(2)　【10】$= 1 \times 2 \times 3 \times 4 \times 5 \times 6 \times 7 \times 8 \times 9 \times 10$より，$2 \times 5 = 10$と10があるから，【10】は一の位から0が2個続く。

(3)　(偶数)×5＝(10の倍数)となるから，5の倍数を素数の積で表したときの「5」の個数分，一の位から0が続く（「5」の個数より偶数の個数の方が明らかに多いから，「5」の個数のみについて考えればよい）。したがって，5，$10 = 5 \times 2$，$15 = 5 \times 3$，$20 = 5 \times 4$，$25 = 5 \times 5$，…より，25までで「5」が6個あるから，求めるＡは25である。

(4) (3)をふまえる。1から200までに5の倍数は200÷5＝40(個)あり，5×5＝25の倍数は200÷25＝8(個)
あり，5×5×5＝125の倍数は200÷125＝1余り75より，1個あるから，「5」は40＋8＋1＝49(個)ある。
よって，【200】は一の位から0が49個続く。

平成 30 年度 解答例・解説

《解答例》

1 (1)① $\frac{1}{16}$　② 1　③ 0.999　④ $1\frac{19}{24}$　(2)ア. 123456　イ. 1111110

2 (1)180　(2)75　(3)104　(4)10

3 (1)84　(2)27　(3)① 3：1　② 4：3　(4)7.5

4 (1)50　(2)①120　②1200　(3)180　(4)ウ. $36\frac{2}{3}$　エ. 800　(5)右グラフ

5 (1) 2 ㎠…7　4 ㎠…6　8 ㎠…2　16 ㎠…2

　(2)① 3　② 2　③ 1　④ 1　⑤101　※(3)22

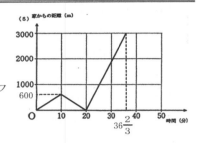

※の式または説明は解説を参照してください。

《解　説》

1 (1)① 与式＝$\frac{1}{2}×\frac{1}{12}+\frac{1}{48}=\frac{1}{24}+\frac{1}{48}=\frac{2}{48}+\frac{1}{48}=\frac{3}{48}=\frac{1}{16}$

② 与式＝$1\frac{1}{4}-\frac{3}{4}×\frac{1}{3}=1\frac{1}{4}-\frac{1}{4}=1$

③ 与式＝（ 1 －0.001）×0.001÷0.001＝1 －0.001＝0.999

④ 与式＝$1\frac{2}{3}+\frac{3}{5}×\frac{5}{4}-\frac{7}{8}×\frac{10}{14}=1\frac{2}{3}+\frac{3}{4}-\frac{5}{8}=1\frac{16}{24}+\frac{18}{24}-\frac{15}{24}=1\frac{19}{24}$

(2) 123456×9＋6＝123456×（10－1）＋6＝1234560－ア 123456 ＋6＝1234566－123456＝イ 1111110

2 (1) 代金の合計について，（みかん9個とりんご4個）＝（りんご7個）なので，両方からりんご4個を減らすと，
（みかん9個）＝（りんご3個）となる。両方を3で割ると，（みかん3個）＝（りんご1個）…①となる。
また，（みかん2個とりんご5個）を3倍すると（みかん6個とりんご15個）となり，①よりこれはりんご2＋15＝
17(個)の代金と等しいと分かる。これが1020×3＝3060(円)だから，りんご1個の値段は3060÷17＝180(円)である。

(2) 25分間で4×25＝100(個)のたい焼きを売ったから，100人が買ったことになる。「1分おきに1人ずつ」並ん
だということは，1分がたつごとに1人並んだということだから，25分後までに25人が新たに並んだことになる。
よって，最初に並んでいた人数は，100－25＝75(人)である。

(3) それぞれの数で割ったとき，割る数と余りの数の差がすべて1になることに注目する。つまり，3で割ると2
余り，5で割ると4余り，7で割ると6余る数は，3と5と7の公倍数より1小さい数である。3と5と7の最小
公倍数は105だから，条件にあう最も小さい整数は，105－1＝104である。

(4) Bは好きな果物がメロンしかないので，Bはメロンを
食べる。A，C，Dが食べる果物の組み合わせを考えると，
右図になる。よって，10通りである。

3 (1) 右図のように点線をひく。三角形PCDは正三角形，三角形CBPは二等辺三角形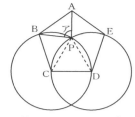
とわかる。五角形の内角の和は540度なので，正五角形の1つの角は540÷5＝108(度)
である。よって，角BCP＝108－60＝48(度)，角CBP＝(180－48)÷2＝66(度)，
角ABP＝108－66＝42(度)である。またAPは角BAEを2等分しているので，
角BAP＝108÷2＝54(度)である。したがって，角ア＝180－(42＋54)＝84(度)である。

(2) 増えた表面積は，小さな立方体の側面の面積と同じだから，小さな立方体の1つの側面の面積は 36÷4＝9(cm²)
である。9＝3×3だから，小さな立方体の1辺の長さは3cmなので，その体積は，9×3＝27(cm³)とわかる。

(3)① 三角形APQと三角形PBQは，底辺をそれぞれAQ，QBとしたときの高さが等しいから，面積の比は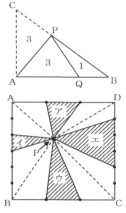
底辺の長さの比に等しくなる。よって，三角形APQと三角形PBQの面積の比は，
AQ：QB＝AC：(AB－AC)＝3：(4－3)＝3：1となる。

② 三角形ABPと三角形APCは，底辺をBP，PCとしたときの高さが等しいので，
底辺の長さの比と面積の比が等しくなる。①より，面積比が右図のようになるから，
BP：PC＝(3＋1)：3＝4：3となる。

(4) 右図のようにPをおく。三角形PADは底辺をADとしたとき，アの三角形と高さ
が同じで，底辺の長さが3倍である。よって，三角形PADの面積は，3×3＝9(cm²)
である。同じように考えると，三角形PABの面積は，1×6＝6(cm²)，三角形PBC
の面積は，4×3＝12(cm²)である。三角形PADと三角形PBCは，底辺の長さが正方
形の1辺の長さと同じで，高さの和が正方形の1辺の長さと同じになるので，面積の和
が正方形ABCDの面積の半分になる。同じように，三角形PABとPCDの面積の和
も正方形ABCDの面積の半分である。したがって，三角形PCDの面積は，(9＋12)－6＝15(cm²)である。
エの面積は三角形PCDの面積の $\frac{3}{6}=\frac{1}{2}$ なので，$15×\frac{1}{2}=7.5$(cm²)である。

4 (1) 1km＝1000mなので，3km＝3000mである。よって，アは3000÷60＝50である。

(2)① さちこさんと姉が反対方向に，それぞれ毎分60mで歩いているので，2人は1分間に60×2＝120(m)ずつ
離れていく。

② 2人は10分間で，120×10＝1200(m)離れたので，イは1200である。

(3) 30分のときにさちこさんが姉に追いつくので，20分から30分までさちこさんが姉を自転車で追いかけている。
このとき，2人の間の距離は1分間に1200÷10＝120(m)ずつ短くなっている。姉は毎分60mで歩いているので，
さちこさんの自転車の速さは毎分(120＋60)m＝毎分180mである。

(4) ウは，さちこさんが球場に着いたときであり，さちこさんが自転車で家を出てから，$3000÷180=\frac{50}{3}=16\frac{2}{3}$(分
後)である。よって，ウは $20+16\frac{2}{3}=36\frac{2}{3}$ である。
エは，さちこさんが球場に着いたときの，姉のいるところから球場までの距離である。$36\frac{2}{3}$分のとき姉は，家から
$60×36\frac{2}{3}=2200$(m)のところにいる。よって，エは3000－2200＝800である。

(5) さちこさんは忘れ物に気づいたとき，家から60×10＝600(m)のところにいる。また，20分のときに家に戻っ
ている。その後球場に着いたのは，$36\frac{2}{3}$分のときである。グラフをかくと解答例のようになる。

5 (1)　2 ㎠の正方形は右図 I のように 7 個あり，

　　4 ㎠の正方形は右図 II のように 6 個あり，

　　8 ㎠の正方形は右図 III のように 2 個あり，

　　16 ㎠の正方形は右図Ⅳのように 2 個ある。

図 I　　　　図 II　　　　図 III　　　　図Ⅳ

(2)　タイル 2 枚のときと，3 枚のときの正方形の個数をそれぞれ比べると，2 ㎠の正方形は 7－4＝①3(個)，

4 ㎠の正方形は 6－4＝②2(個)，8 ㎠の正方形は 2－1＝③1(個)，16 ㎠の正方形は 2－1＝④1(個)増えてい

るとわかる。タイルが 1 枚のときの各正方形の個数を調べ，2 枚のとき，3 枚のと

きとまとめると右表のようになるので，1 枚のときと 2 枚のときを比べても，同じ

増え方をしているとわかる。正方形の個数の合計は，最初が 3 個で，

3＋2＋1＋1＝7(個)ずつ増えていることがわかる。よって，タイルの枚数が

15 枚のとき，正方形の数は，3＋7×(15－1)＝⑤101(個)とわかる。

タイル	1枚	2枚	3枚	…
2 ㎠(個)	1	4	7	…
4 ㎠(個)	2	4	6	…
8 ㎠(個)	0	1	2	…
16 ㎠(個)	0	1	2	…

(3)　(2)の解説より，タイルが n 枚のとき，正方形の数は 3＋7×(n－1)(個)となる。

したがって，正方形が全部で 150 個となるのは，(150－3)÷7＝21 より，タイルが 1＋21＝22(枚)のときである。

平成㉙年度　解答例・解説

《解答例》

1 (1)①　3　②65　③217.5　④ 1 $\frac{1}{2}$　(2)①　2　② $\frac{7}{15}$

2 (1)29　(2)600　(3)定価…1200　仕入れた値段…700　(4)4，30 ／ 家から…945

(5)式または説明…5 の倍数は一の位が 0 または 5 である。ＣＡＢと並べると 5 の倍数になったことから，Ｂ＝5 と

わかる。偶数は一の位が偶数である。ＡＢＣと並べると偶数になったことから，Ｃは 2 または 4 のどちらかである

とわかる。3 の倍数は各位の数字の和が 3 の倍数になる。Ｃ＝2 とすると，Ａに残った数字である 1，3，4 のど

れをあてはめてもＡ＋Ｂ＋Ｃは 3 の倍数にならない。Ｃ＝4 とすると，Ａ＝3 のとき，Ａ＋Ｂ＋Ｃ＝12 で，3 の倍

数になる。よって，Ａ＝3，Ｂ＝5，Ｃ＝4 である。　　答…Ａ．3　Ｂ．5　Ｃ．4

3 (1)ア．84　イ．72　(2)ア．48　イ．54　(3)24　(4)30

4 (1)ア．15　イ．20　ウ．15　(2)200　(3)① 7，30　②37，30

5 (1)17 ／ $\frac{1}{10}$ の次… $\frac{11}{10}$　(2)①10 ／ 最も大きい整数…27　②9，25，49，121，169

《解　説》

1 (1)①　与式＝($\frac{3}{6}$－$\frac{2}{6}$)÷($\frac{5}{20}$－$\frac{4}{20}$)－$\frac{1}{3}$＝$\frac{1}{6}$÷$\frac{1}{20}$－$\frac{1}{3}$＝$\frac{1}{6}$×$\frac{20}{1}$－$\frac{1}{3}$＝$\frac{10}{3}$－$\frac{1}{3}$＝$\frac{9}{3}$＝3

② 与式＝(45－32)＋(46－33)＋(47－34)＋(48－35)＋(49－36)＝13＋13＋13＋13＋13＝13×5＝65

③ 与式＝(9.8＋38－4.3)÷2×10＝43.5×10÷2＝435÷2＝217.5

④ 与式＝{6×$\frac{2}{3}$－($\frac{2}{12}$＋$\frac{1}{12}$)}÷$\frac{5}{2}$＝(4－$\frac{1}{4}$)×$\frac{2}{5}$＝$\frac{15}{4}$×$\frac{2}{5}$＝$\frac{3}{2}$＝1 $\frac{1}{2}$

(2)① 与式より，$\frac{1}{15}$＝($\frac{5}{15}$－$\frac{3}{15}$)×$\frac{1}{□}$　　$\frac{1}{□}$＝$\frac{1}{15}$÷$\frac{2}{15}$　　$\frac{1}{□}$＝$\frac{1}{2}$　　□＝2

② 与式＝{($\frac{1}{1}$－$\frac{1}{3}$)＋($\frac{1}{3}$－$\frac{1}{5}$)＋($\frac{1}{5}$－$\frac{1}{7}$)＋($\frac{1}{7}$－$\frac{1}{9}$)＋($\frac{1}{9}$－$\frac{1}{11}$)＋($\frac{1}{11}$－$\frac{1}{13}$)＋($\frac{1}{13}$－$\frac{1}{15}$)}×$\frac{1}{2}$＝(1－$\frac{1}{15}$)×$\frac{1}{2}$＝

$\frac{14}{15}$×$\frac{1}{2}$＝$\frac{7}{15}$

2 (1)　10 円玉を 4 枚合わせても 50 円玉 1 枚分にならず，50 円玉 1 枚だけでは当然 100 円玉 1 枚分にならない。

つまり，金額が小さい硬貨をより大きい硬貨に両替できるような組み合わせは作ることができないので，

3種類の硬貨をそれぞれ何枚ずつ使うかという組み合わせの数を考えればよい。

100円玉を使う枚数は0～2枚の3通り，50円玉を使う枚数は0～1枚の2通り，10円玉を使う枚数は0～4枚の5通りだから，枚数の組み合わせは全部で，3×2×5＝30(通り)できる。この中にはすべてが0枚の場合の0円がふくまれているので，支払うことができる金額は，30－1＝29(通り)ある。

なお，50円硬貨が1枚，10円硬貨が4枚あるので，最小の10円から，最大の100×2＋50×1＋10×4＝290(円)まで，10円刻みで支払うことができる。よって，支払うことができる金額は，290÷10＝29(通り)と求めることもできる。

(2) 1mの重さは120÷3＝40(g)だから，50mは40×50＝2000(g)である。この重さは100gの2000÷100＝20(倍)だから，求める値段は，30×20＝600(円)

(3) 定価の10%引きで売ったときの利益と15%引きのときの利益の差である380－320＝60(円)が，定価の15－10＝5(%)にあたる。したがって，定価は$60÷\frac{5}{100}＝1200$(円)とわかる。定価の10%引きは$1200×(1－\frac{10}{100})＝$1080(円)で，これは仕入れた値段より380円高い。よって，仕入れた値段は，1080－380＝700(円)

(4) 姉が出発するとき，妹は90×6＝540(m)進んだ位置にいる。その後，2人の間は1分あたり210－90＝120(m)短くなる。したがって，姉が出発してから$540÷120＝\frac{9}{2}＝4\frac{1}{2}$(分後)に妹に追いつく。よって，求める時間は4分($60×\frac{1}{2}$)秒後＝4分30秒後である。また，追いついた地点は，家から$210×\frac{9}{2}＝945$(m)はなれたところである。

3 (1) 右図のように記号をおく。三角形の1つの外角は，これととなりあわない

2つの内角の和に等しいから，三角形CAFにおいて，角ア＝144－60＝84(度)

折って重なる角だから，角BAE＝角BADより，角BAD＝(180－84)÷2＝48(度)

三角形ABDの内角の和より，角イ＝180－48－60＝72(度)

(2) 右のように作図し，三角形の外角の性質を利用する。

PR＝PQだから，角PQR＝角PRQ＝24度である。

三角形PQRにおいて，角ア＝24＋24＝48(度)

同様に考えていくと，角QSP＝角ア＝48度

三角形QRSにおいて，角SQT＝24＋48＝72(度)

QT＝QSだから，角イ＝角QST＝(180－72)÷2＝54(度)

(3) 右のように作図する。三角形AFDと三角形CFEは同じ形であり，

AD：CE＝12：(12－4)＝3：2だから，DF：EF＝3：2である。

三角形AEDについて，底辺をADとしたときの高さはAB＝10cmにあたるから，面積は12×10÷2＝60(cm²)となる。

同じ高さの三角形の面積比は，底辺の長さの比に等しいから，三角形AEFと三角形AEDの面積比はEF：ED＝2：(2＋3)＝2：5となる。

よって，求める面積は，$60×\frac{2}{5}＝24$(cm²)

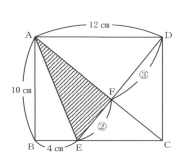

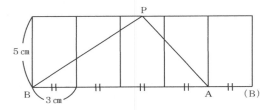

(4) ひもは側面だけを通っているので，右図のように，展開
図の側面部分で考える。たるみのないようにひもをかけたか
ら，ひもが通る部分は直線になる。したがって，右図の三角
形ＡＰＢが，側面のうち，ひもより下の部分にあたる。
三角形ＡＰＢの底辺はＡＢ＝３×４＝12(cm)，高さは５cmだ
から，求める面積は，12×5÷2＝30(cm²)

4 (1) ⓐ底面から(ア)までの高さの部分の直方体と，ⓑ(ア)の高さより上の部分の直方体は，底面積が異なるから，
１分あたりに上がる水位も変わる。水位が15cmになった時点で水位の上がる割合が大きくなったことから，
(ア)は15とわかる。ⓐは，底面積が20×20＝400(cm²)で高さが15cmだから，体積は400×15＝6000(cm³)である。
したがって，管Ｂを閉じてⓐを水でいっぱいにするのに6000÷300＝20(分)かかるから，(イ)は20となる。
管Ｂを閉じた状態でⓑに水が入るときの水位の上がる割合は，１分あたり(17−15)÷(22−20)＝1(cm)だから，
ⓑの底面積は300÷1＝300(cm²)である。よって，(ウ)は300÷20＝15となる。

(2) (1)の解説をふまえる。管Ｂを開いた状態でⓑに水が入るときの水位の上がる割合は，１分あたり
(20−17)÷(31−22)＝$\frac{1}{3}$(cm)であることから，管Ｂを開いた状態でタンクにたまる水の量は，１分あたり300×$\frac{1}{3}$＝
100(cm³)とわかる。よって，300−100＝200より，求める割合は毎分200cm³である。

(3)① (1)と(2)の解説をふまえる。管Ａを閉じてから水位が15cmになるまで，水位は１分あたり200÷300＝$\frac{2}{3}$(cm)
下がる。(20−15)÷$\frac{2}{3}$＝$\frac{15}{2}$＝$7\frac{1}{2}$より，求める時間は，７分(60×$\frac{1}{2}$)秒後＝７分30秒後

② (1)と(2)の解説をふまえる。水位が15cmになってからタンクが空になるまで，水位は１分あたり200÷400＝
$\frac{1}{2}$(cm)下がる。15÷$\frac{1}{2}$＝30より，求める時間は，７分30秒＋30分後＝37分30秒後

5 (1) 分母が同じ分数でグループを作っていくと，次のようになる。

$\frac{1}{2}$ ，$\frac{3}{2}$｜$\frac{1}{3}$ ，$\frac{4}{3}$｜$\frac{1}{4}$ ，$\frac{5}{4}$｜$\frac{1}{5}$ ，$\frac{6}{5}$｜$\frac{1}{6}$ ，…

このようにグループに分けると，ｎ組目のグループには，分母がｎ＋1の２個の分数があり，１つ目の分数の分
子は１，２つ目の分数の分子はｎ＋２になっている。このため，$\frac{1}{10}$は，10−1＝9(組目)のグループの１つ目の
分数となるから，最初から数えて２×9−1＝17(番目)に並んでいる。また，$\frac{1}{10}$の次の分数は，$\frac{9+2}{10}＝\frac{11}{10}$である。

(2)① (1)の解説をふまえる。18をかけると整数になる分数は，分母が18の約数の分数である。18の約数は
｛1，2，3，6，9，18｝であり，このうち，並んでいる分数の分母にふくまれるのは2，3，6，9，18の
５個である。分母が同じ分数は２個ずつあるから，18をかけると整数になる分数は，5×2＝10(個)である。
また，18をかける数が大きいほど積も大きくなるから，10個の分数の中で最も大きい数を調べる。各グループの
分数は２つ目の方が大きいから，$\frac{3}{2}$＝1.5，$\frac{4}{3}$＝1.33…，$\frac{7}{6}$＝1.16…，$\frac{10}{9}$＝1.11…，$\frac{19}{18}$＝1.05…を比べると，$\frac{3}{2}$が
最も大きいとわかる。よって，18をかけてできる整数の中で最も大きい整数は，$\frac{3}{2}$×18＝27

② (1)と①の解説をふまえる。xの１以外の約数の個数は，4÷2＝2(個)とわかるから，xは約数が３個の整数
である。xの３個の約数のうち１とx以外の１個は，２回かけるとxになる素数(１とその数自身以外に約数をもた
ない整数)だから，xは１つの素数を２回かけてできる数(平方数という)である。xは200以下の整数だから，４以
外で条件にあうxの値は，3×3＝9，5×5＝25，7×7＝49，11×11＝121，13×13＝169である。

平成 ㉘ 年度 解答例・解説

《解答例》

1　(1)460　　(2)47　　(3)0.12　　(4)$1\frac{1}{15}$　　(5)2

2　(1)12　　(2)85　　(3)26　　(4)2，5，7　　※(5)列車の速さ…1500　トンネルの長さ…400

3　(1)9.42　　(2)ア．105　イ．30　　(3)32　　(4)位置…④　向き…(ウ)

4　(1)①14　②10　　(2)ア．250　イ．750　ウ．35　　(3)右グラフ

5　(1)6　　(2)6　　(3)10080

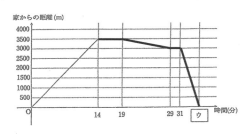

※の式または説明は解説を参照してください。

《解　説》

1　(1)　与式＝(36＋64)＋(37＋63)＋(38＋62)＋(39＋61)＋60＝100＋100＋100＋100＋60＝**460**

(2)　与式＝25×2－42÷14＝50－3＝**47**

(3)　与式＝0.0852÷0.71＝**0.12**

(4)　与式＝$\frac{2}{3}\times\frac{2}{5}\times2+\frac{4}{9}\times\frac{2}{5}+\frac{8}{27}\times\frac{2}{5}\times3=\frac{4}{3}\times\frac{2}{5}+\frac{4}{9}\times\frac{2}{5}+\frac{8}{9}\times\frac{2}{5}=\left(\frac{12}{9}+\frac{4}{9}+\frac{8}{9}\right)\times\frac{2}{5}=\frac{24}{9}\times\frac{2}{5}=\frac{16}{15}=1\frac{1}{15}$

(5)　与式＝$\frac{202}{100}\times\frac{20}{3}-2\times\left(\frac{16}{3}+\frac{2}{5}\right)=\frac{202}{3}-2\times\frac{86}{15}=\frac{202}{3}-\frac{172}{15}=\frac{30}{15}=$**2**

2　(1)　10 円玉 8 枚，50 円玉 1 枚，100 円玉 3 枚で 1 セットとすると，1 セットの金額の合計は，

10×8＋50×1＋100×3＝430(円)である。合計が 1720 円になるのは 1720÷430＝4 (セット)あるときだから，

100 円玉の枚数は，3×4＝**12(枚)**

(2)　余りの 14 cm は最初に $\frac{1}{2}$ m＝50 cm 使ったあとの残りの $1-\frac{3}{5}=\frac{2}{5}$ にあたるから，最初に 50 cm 使ったあとの

残りは $14\div\frac{2}{5}=35$ (cm)である。よって，最初にあったリボンは，35＋50＝**85(cm)**

(3)　(5 で割り切れる数)＋(11 で割り切れる数)－(5 でも 11 でも割り切れる数)で求める。

5 で割り切れる数のうち，99 以下の数は，99÷5＝19 余り 4 より，19 個あり，9 以下の数は，9÷5＝1 余り 4

より，1 個ある。したがって，2 けたの整数のうち 5 で割り切れる数は，19－1＝18(個)ある。11 で割り切れる

数についても同様に考えると，99÷11＝9，9÷11＝0 余り 9 より，2 けたの整数のうち 11 で割り切れる数は，

9－0＝9(個)ある。5 でも 11 でも割り切れる数は，5 と 11 の最小公倍数である 55 の倍数であり，2 けたの

整数のうち 55 の倍数は 55 の 1 個だけだから，求める個数は，18＋9－1＝**26(個)**

(4)　カードを入れ替えたあとの 2 人の合計が等しいので，その合計は(1＋2＋3＋4＋5＋6＋7)÷2＝14

とわかる。このとき，弟は②の他に 2 枚持っていて，その 2 枚の合計は 14－2＝12 だから，その 2 枚は⑤と⑦

とわかる。よって，3 枚の数字は小さい順に，**2，5，7**

(5)　列車の先頭が人の前に来てから完全に通過するまでの 4 秒で，列車の先頭は 100m 進んだから，この列車の

速さは，秒速 $\frac{100}{4}$ m＝秒速 25m，つまり，分速(25×60)m＝**分速 1500m** である。また，列車がトンネルに入り始

めてから列車全体がトンネルを出るまでの 20 秒で，列車の先頭は 25×20＝500(m)

進んでおり，これはトンネルの長さと列車の長さの和にあたる(右図参照)。

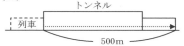

よって，トンネルの長さは，500−100=**400(m)**

3 (1) 半径 3 cm の円の周の長さが 3×2×3.14＝3×6.28(cm)だから，この図形(おうぎ形)は半径 3 cm の円の，

6.28÷(3×6.28)＝$\frac{1}{3}$ である。したがって，その面積は，3×3×3.14×$\frac{1}{3}$＝3×3.14＝**9.42(cm²)**

(2) 右のように作図する。三角形ＡＤＣは正三角形なので，角ＣＡＤ＝60 度

角ＡＢＤ＝角ＡＤＢ＝45 度であり，三角形の 1 つの外角は，これととなりあわない 2 つ

の内角の和に等しいから，三角形ＡＤＥにおいて，角ア＝60＋45＝**105(度)**

角ＣＡＢ＝90−60＝30(度)であり，三角形ＡＢＣはＡＢ＝ＡＣの二等辺三角形だから，

角ＡＢＣ＝(180−30)÷2＝75(度)より，イ＝75−45＝**30(度)**

(3) 右のように作図する。太線で囲まれた 4 つの色付きの四角形はすべて合同だから，

斜線部分の面積は，正方形ＡＢＣＤの面積から，四角形ＡＦＧＨの面積の 4 倍を引いた

値に等しい。また，三角形ＡＦＥと三角形ＧＨＥは直角二等辺三角形である。

三角形ＧＨＥの面積は，対角線の長さが 2 cm の正方形の面積の半分だから，

(2×2÷2)÷2＝1(cm²)である。よって，四角形ＡＦＧＨの面積は，6×6÷2−1＝

17(cm²)だから，斜線部分の面積は，10×10−17×4＝**32(cm²)**

(4) 右図Ⅰのように，図 1 の頂点に記号をおき，図 2 の展開図にそ

の頂点を書きこむと，図Ⅱのようになる。↑が書かれた面ＢＦＧＣ

は，展開図上では④の正方形である。また，図 1 で↑の矢が辺ＢＣ

に向いているから，展開図で辺ＢＣに向かう↑の向きは**(ウ)**である。

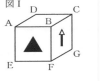

4 (1) 0 分後から 14 分後まで[ア]の速さで進み，そのあと 5 分間止まっていたのはパンクの

修理のためなので，その前の 14 分間が家から 3.5 km の地点まで進んでいた時間である。

したがって，3.5 km を 14 分間で進んだ。また，19 分後から 29 分後までの**10 分間**が自転車

を押して歩いた時間である。

(2) (1)の解説より，[ア]の速さだと 3.5 km＝3500m を 14 分で進むので，[ア]＝3500÷14＝**250**である。[イ]は車の

時速 45 km を分速(m)で表したものだから，[イ]＝$\frac{1000×45}{60}$＝**750**である。また，毎分 50m で 10 分間自転車を押し

て歩いたので，迎えの車に出会った地点は，家から 3500−50×10＝3000(m)の地点である。ここから分速 750m

の車で帰るのにかかる時間は 3000÷750＝4(分)だから，[ウ]＝31＋4＝**35**

(3) パンクの修理を試みていた間，および，自転車を積んでいた間は，家からの距離が変化しないので，14 分後

から 19 分後まで，および，29 分後から 31 分後までのグラフは水平になる。また，自転車を押して歩いている間，

および，車で帰る間は，いずれも速さが一定なので，それぞれのグラフは直線になる。

また，(2)の解説より，家を出発してから 29 分後の家からの距離は 3000m なので，グラフは解答例のようになる。

5 (1) [4 回目]までの筒の中の積み木と得点は右表のようになるから，[4 回目]の

得点は**6 点**である。

(2) 右表から，[7 回目]に[1 回目]と同じになることがわかる。したがって，得

点は 6 回ごとの周期となっている。[34 回目]は，34÷6＝5 余り 4 より，6 度

目の周期の 4 つ目である。得点が 3 点になるのは各周期の中の 3 つ目だから，

求める回数は，1×6＝**6(回)**

(3) (2)の解説のように周期で考える。[2016 回目]は，2016÷6＝336(度目)の周

期の最後である。1 度の周期の得点の合計は 5＋6＋3＋6＋4＋6＝30(点)

だから，[1 回目]から[2016 回目]までの得点の合計は，30×336＝**10080(点)**

1回目	△ ③ △ ② △	5点
2回目	③ △ ② △ ①	6点
3回目	△ ② △ ① △	3点
4回目	② △ ① △ ③	6点
5回目	△ ① △ ③ △	4点
6回目	① △ ③ △ ②	6点
7回目	△ ③ △ ② △	5点
⋮	⋮	⋮

平成 **27** 年度 **解答例・解説**

═══════════ 《解答例》 ═══════════

1 (1)985　　(2)605　　(3)400　　(4)5$\frac{1}{3}$

2 (1)1230　　(2)子ども…6　みかん…40　　(3)(ア)24　(イ)40　　(4)(ア)5　(イ)7　(ウ)4　　※(5)11

3 (1)問1．18.84　問2．94.2　問3．91.4　　(2)37.68　　(3)138　　(4)540

4 (1)(ア)18　(イ)18　　(2)(い)45　(ろ)15　　(3)右グラフ　　(4)9，35

5 (1)1，2　　(2)最も大きい値…45　最も小さい値…9

　　(3)①1 2 2 4 5 5 5 8 9　②1 1 2 2 2 2 5 5 5

　　(4)7枚目のカードに書かれた奇数…7　（A列の和）－（B列の和）＝13

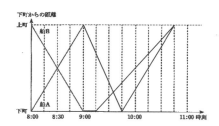

※の式または説明は解説を参照してください。

═══════════ 《解　説》 ═══════════

1 (1)　与式＝1001－16＝**985**

(2)　与式＝11×11×4＋11×0.1×11×100－11×11×8－11×11＝11×11×（4＋10－8－1）＝121×5＝**605**

(3)　与式＝60÷（0.75－0.6）＝60÷0.15＝**400**

(4)　与式＝$\{(\frac{14}{3}-\frac{9}{3})\times(\frac{32}{10}-\frac{5}{10})+\frac{11}{2}\}\times(\frac{5}{15}+\frac{3}{15})=(\frac{5}{3}\times\frac{27}{10}+\frac{11}{2})\times\frac{8}{15}=(\frac{9}{2}+\frac{11}{2})\times\frac{8}{15}=10\times\frac{8}{15}=\frac{16}{3}=$**5$\frac{1}{3}$**

2 (1)　定価の2割引きである1000－16＝984（円）は，定価の1－0.2＝0.8（倍）だから，定価は，984÷0.8＝**1230（円）**

(2)　1人に配る個数を7－6＝1（個）増やすと，必要なみかんの個数は4＋2＝6（個）増えるから，子どもの人数は6÷1＝**6（人）**，みかんの個数は6×6＋4＝**40（個）**である。

(3)(ア)　折り目は右図Ⅰのようになるから，その長さの和は，8×3＝**24（cm）**

(イ)　折り目は右図Ⅱのようになるから，その長さの和は，8×5＝**40（cm）**

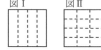

(4)　和が8になる組み合わせは（2，6）か（3，5）だが，Bが6を受け取ると，そのときに最も大きい数を受け取ったのはBになるので，Bのカードの数は3と5である。よって，（ア）は**5**である。Cが6を受け取ると，他の配り方がどのようであっても，Cのカードの数の和が3人の中で最も小さくはならないので，6を受け取ったのはAである。したがって，1回目はAが6，Bが5を受け取り，2回目はCが4，Bが3を受け取ったとわかる。よって，（ウ）は**4**である。2回目にAが2を受け取ったとすると，Aのカードの数の和とBのカードの数の和が等しくなってしまうので，Aは6と1を受け取ったことになる。よって，（イ）は6＋1＝**7**である。

(5)　最初の6分＝$\frac{1}{10}$時間で9×$\frac{1}{10}$＝$\frac{9}{10}$（km）走ったから，残りの$\frac{3}{5}$は（2－$\frac{9}{10}$）×$\frac{3}{5}$＝$\frac{33}{50}$（km）である。

分速100m＝時速$\frac{100\times60}{1000}$km＝時速6kmだから，$\frac{33}{50}$kmを$\frac{33}{50}$÷6＝$\frac{11}{100}$（時間）で走ったとわかる。

ちょうど15分＝$\frac{1}{4}$時間までは，あと$\frac{1}{4}-\frac{1}{10}-\frac{11}{100}=\frac{1}{25}$（時間）であり，残りの道のりは2－$\frac{9}{10}-\frac{33}{50}=\frac{11}{25}$（km）である。

よって，$\frac{11}{25}÷\frac{1}{25}=11$より，求める速さは，**時速11km**

3 (1)　この立体は，面(ア)(イ)が底面で高さが5cmの柱体である。

問1　6×6×3.14×$\frac{60}{360}$＝**18.84（cm²）**

問2　18.84×5＝**94.2（cm³）**

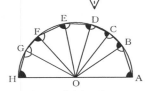

問3　柱体の側面積は，（高さ）×（底面の周の長さ）で求められるから，$5×(6+6+6×2×3.14×\frac{60}{360})$＝**91.4（cm²）**

(2)　右図のように作図する。おうぎ形の半径はすべて等しく，$4÷2＝2$（cm）である。

六角形の内角の和は$180×(6-2)＝720$（度）だから，おうぎ形の中心角の和も720度である。

正六角形は右図のように6つの正三角形にわけることができるので，円の直径は

$4×2-2×2＝4$（cm）とわかる。よって，円の半径は$4÷2＝2$（cm）である。

したがって，求める面積は，$2×2×3.14＋2×2×3.14×\frac{720}{360}＝(4+8)×3.14＝$**37.68（cm²）**

(3)　右図のように角に記号をおく。ひし形は1本の対角線によって半分に分けられる

から，イ$＝48÷2＝24$（度）　三角形の内角の和より，ウ$＝180-24-90＝66$（度）

同様に考えると，エ$＝24$度より，オ$＝66$度となる。

四角形の内角の和より，ア$＝360-90-66-66＝$**138（度）**

(4)　右図のように記号をおく。

図の中の三角形はすべて二等辺三角形だから，黒い印をつけた角の大きさの和と，

白い印をつけた角の大きさの和は等しい。八角形ABCDEFGHの内角の和は，

$180×(8-2)＝1080$（度）だから，求める角の大きさは，$1080÷2＝$**540（度）**

4　（上りの速さ）＝（静水時の速さ）－（川の流れの速さ），（下りの速さ）＝（静水時の速さ）＋（川の流れの速さ）である。

(1)　午前8時から9時までの船Aの速さは，時速$(21-3)$km＝時速18kmだから，（ア）は**18**，（イ）は$18×1＝$

18（km）である。

(2)　船Aの下りの速さは，時速$(21+3)$km＝時速24kmだから，上町から下町までにかかる時間は，$18÷24＝$

$\frac{3}{4}$（時間），つまり，45分である。よって，船Aは午前9時45分に下町にもどるから，2度目に上町に着くのは

午前10時45分で，（い）は**45**になる。船Bの上りの速さは，時速$(15-3)$km＝時速12kmだから，下町から上町

までにかかる時間は，$18÷12＝\frac{3}{2}$（時間），つまり，1時間30分である。

したがって，船Bが下町を出発したのは，午前10時45分－1時間30分＝午前9時15分だから，（ろ）は**15**である。

(3)　2つの船の運航の様子は，(2)の解説のようになる。

(4)　船Bが下町を出発するとき，船Aは上町を出発してから15分＝$\frac{1}{4}$時間進んで，下町から$18-24×\frac{1}{4}＝12$（km）

の地点にいる。このあとすれちがうまでの間，2つの船は1時間あたり$24+12＝36$（km）近づくから，$12÷36＝$

$\frac{1}{3}$（時間後），つまり，20分後にすれちがう。よって，求める時刻は，午前9時15分＋20分＝**午前9時35分**

5　(1)　すぐ前と同じカードを並べてもよいので，2枚目は**1か2**である。

(2)　最も大きくなる場合は，$1+2+3+4+5+6+7+8+9＝$**45**

最も小さくなる場合は，$1+1+1+1+1+1+1+1+1＝$**9**

(4)　〈規則1〉より，7枚目に並べられる奇数は1，3，5，7だが，3枚目に2があるので，7枚目には

3，5，7のいずれかが並ぶ。

7枚目が3の場合，A列の和は$1+2+2+3+3+3+3+8+9＝34$，

B列の和は$1+1+2+2+2+2+3+3+3＝19$なので，（A列の和）－（B列の和）$＝34-19＝15$

7枚目が5の場合，A列の和は$1+2+2+4+5+5+5+8+9＝41$，

B列の和は$1+1+2+2+2+2+5+5+5＝25$なので，（A列の和）－（B列の和）$＝41-25＝16$

7枚目が7の場合，A列の和は$1+2+2+4+5+6+7+8+9＝44$，

B列の和は$1+1+2+2+2+2+7+7+7＝31$なので，（A列の和）－（B列の和）$＝44-31＝13$

よって，7枚目のカードに書かれた奇数が**7**のとき，（A列の和）－（B列の和）は最も小さい**13**になる。

平成 **26** 年度 解答例・解説

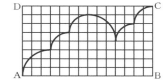

================= 《解答例》 =================

1 (1)1110 (2)460 (3)2 (4)$1\frac{1}{2}$

2 (1)81 (2)108 (3)最も小さい数…74 最も大きい数…80

(4)全部…33 合計…1089 ※(5)20

3 (1)65 (2)96 (3)182.4 (4)63

4 (1)70.4 (2)74.69／右図

5 (1)バイクの速さ…0.4 Aさんの歩く速さ…0.1 ※(2)0.9 (3)ア. 34 イ. 50

※の式または説明は解説を参照してください。

================= 《解　説》 =================

1 (1) 与式＝(723－663)＋(3025－1975)＝60＋1050＝**1110**

(2) 与式＝23×71＋23×18－23×69＝23×(71＋18－69)＝23×20＝**460**

(3) 与式＝(9＋5)÷7＝14÷7＝**2**

(4) 与式＝12×($\frac{1}{3}-\frac{1}{4}$)＋$\frac{1}{6}$×(5×$\frac{2}{3}-\frac{1}{30}$×10)＝12×$\frac{1}{3}$－12×$\frac{1}{4}$＋$\frac{1}{6}$×($\frac{10}{3}-\frac{1}{3}$)＝4－3＋$\frac{1}{6}$×3＝1＋$\frac{1}{2}$＝**$1\frac{1}{2}$**

2 (1) Aさん，Bさん，Cさん3人のテストの合計点は(153＋141＋150)÷2＝222(点)だから，Aさんの点数は，
222－141＝**81(点)**

(2) Aの$\frac{2}{3}$の長さとBの$\frac{1}{2}$の長さの比が6：5なので，AとBの長さの比は(6÷$\frac{2}{3}$)：(5÷$\frac{1}{2}$)＝9：10
AはBより12cm短いことから，この比の差である10－9＝1にあたるのが12cmとわかる。
したがって，Aのひもの長さは，12×9＝**108(cm)**

(3) 小数第一位を四捨五入して11になる数は，10.5以上11.5未満である。したがって，もとの整数は
10.5×7＝73.5以上11.5×7＝80.5未満とわかるから，最も小さい数は**74**，最も大きい数は**80**である。

(4) 並んでいる分数の分母は6，3，2をくり返し，分子は1，3，5，7…のように1から順に奇数が並んでいる
ので，分母が同じ分数の分子は6ずつ増えていることがわかる。分母が6の分数の分子は1，7，13…のように
1から始まって6ずつ増えており，6の倍数より1大きい数になっているから，これらの分数の中に約分できる
ものはない。分母が3の分数の分子は3，9，15…のように3から始まって6ずつ増えており，すべて3の倍数
になっているから，これらの分数はすべて約分できる。分母が2の分数の分子は偶数となることはないので，
これらの分数の中に約分できるものはない。以上から，分母が3の分数の個数と，それらの合計を求めればよい。
100番目までの分数の中に分子が3の分数は，100÷3＝33あまり1より**33個**ある。また，これらの分数のうち
最大の分数の分子は3＋6×(33－1)＝195であり，aからbまで等間隔で並ぶx個の数の和は(a＋b)×x÷2の計算
で求められるから，約分できる分数の合計は，$\frac{3}{3}+\frac{9}{3}+\frac{15}{3}+\cdots+\frac{195}{3}$＝1＋3＋5＋…＋65＝(1＋65)×33÷2＝**1089**

(5) Aさんが25－5＝20(m)泳ぐ間にお姉さんは25＋5＝30(m)泳いだことになるので，Aさんとお姉さんの
泳ぐ速さの比は20：30＝2：3である。1分20秒＝80秒だから，お姉さんが50m泳ぐのにかかる時間は
80×$\frac{50}{100}$＝40(秒)であり，同じ距離を泳ぐのにかかる時間の比は速さの比の逆比である3：2に等しいので，
Aさんが50m泳ぐのにかかる時間は40×$\frac{3}{2}$＝60(秒)とわかる。よって，求める時間は，80－60＝**20(秒後)**

(16)

3 (1) 角ＡＢＥ＝180－(90＋70)＝20(度)であり，折って重なる角だから，角ＦＢＥ＝角ＡＢＥ＝20度

したがって，角ＦＢＣ＝90－20×2＝50(度)

また，ＦＢ＝ＡＢであり，四角形ＡＢＣＤは正方形なのでＣＢ＝ＡＢだから，ＦＢ＝ＣＢとなり三角形ＢＣＦは

二等辺三角形とわかる。これより，アの角度は，(180－50)÷2＝**65**(度)

(2) 1つの頂点を共有する三角形の面積の比は，頂点をはさむ2辺の長さの積の比に等しいことを利用する。

例えば，三角形ＡＥＨの面積は(三角形ＡＥＨ)＝(三角形ＡＢＤ)$\times\dfrac{AE}{AB}\times\dfrac{AH}{AD}$で求められる。また，平行四辺形

ＡＢＣＤの面積を1とすると，三角形ＡＢＤ，ＢＣＡ，ＣＤＢ，ＤＡＣの面積はすべて等しく$\dfrac{1}{2}$である。

したがって，(三角形ＡＥＨ)＝(三角形ＡＢＤ)$\times\dfrac{1}{2}\times\dfrac{2}{3}=\dfrac{1}{6}$　　(三角形ＢＦＥ)＝(三角形ＢＣＡ)$\times\dfrac{1}{3}\times\dfrac{1}{2}=\dfrac{1}{12}$

(三角形ＣＧＦ)＝(三角形ＣＤＢ)$\times\dfrac{1}{4}\times\dfrac{2}{3}=\dfrac{1}{12}$　　(三角形ＤＨＧ)＝(三角形ＤＡＣ)$\times\dfrac{1}{3}\times\dfrac{3}{4}=\dfrac{1}{8}$

以上より，四角形ＥＦＧＨの面積は$1-\left(\dfrac{1}{6}+\dfrac{1}{12}+\dfrac{1}{12}+\dfrac{1}{8}\right)=\dfrac{13}{24}$となり，これにあたるのが52㎠だから，求める

面積は，$52\div\dfrac{13}{24}=$**96**(㎠)

(3) 半径が4㎝の円の面積は4×4×3.14＝50.24(㎠)であり，正方形ＡＢＣＤは対角線の長さが4×2＝8(㎝)

だから面積は8×8÷2＝32(㎠)である。よって，体積を求める立体の底面の面積は50.24－32＝18.24(㎠)だか

ら，求める体積は，18.24×10＝**182.4**(㎤)

(4) 2つの立体にはともに面ＢＤＮＭがふくまれており，面ＡＢＤと面ＣＢＤは面積が等しいから，

これらの面をのぞいた表面積の差を求めればよい。

まず，点Ａをふくむ立体について考える。ＥＭ＝ＥＮ＝6÷2＝3(㎝)より，三角形ＥＭＮの面積は3×3÷2＝

4.5(㎠)，四角形ＡＥＭＢと四角形ＡＥＮＤの面積はともに(6＋3)×6÷2＝27(㎠)である。

よって，点Ａをふくむ立体の，面ＢＤＮＭと面ＡＢＤをのぞいた表面積は，4.5＋27＋27＝58.5(㎠)

次に，点Ｇをふくむ立体について考える。三角形ＢＭＦと三角形ＤＮＨの面積はともに3×6÷2＝9(㎠)，

四角形ＢＦＧＣと四角形ＣＧＨＤの面積はともに6×6＝36(㎠)，五角形ＭＦＧＨＮの面積は6×6－4.5＝31.5(㎠)

これより，点Ｇをふくむ立体の，面ＢＤＮＭと面ＣＢＤをのぞいた表面積は，9＋9＋36＋36＋31.5＝121.5(㎠)

したがって，求める表面積の差は，121.5－58.5＝**63**(㎠)

4 アとイの中のおうぎ形の面積は，$3\times3\times3.14\times\dfrac{90}{360}=\dfrac{9}{4}\times3.14$(㎠)

ウの中のおうぎ形の面積は，$2\times2\times3.14\times\dfrac{90}{360}=3.14$(㎠)

(1) 右図の2通りが考えられる。面積を求める図形

を右図のように太線で区切って考えると，いずれの

場合でもおうぎ形の部分の面積の合計は

$\left(\dfrac{9}{4}\times3.14\right)\times4+3.14\times1=31.4$(㎠)であり，長方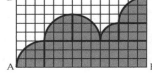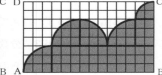

形の部分の面積の合計は3×11＋3×2＝39(㎠)である。よって，求める面積は，31.4＋39＝**70.4**(㎠)

(2)　2点AとCの結び方は，(1)以外に右の図1〜3
の場合がある。この中では明らかに図1の場合が最
も面積が大きいので，図1の場合の面積と(1)で求め
た面積を比べる。

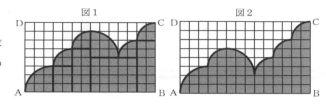

図1の場合，おうぎ形の部分の面積の合計は
$(\frac{9}{4} \times 3.14) \times 2 + 3.14 \times 4 = 26.69$（cm²）であり，長方形の部分の面積の合計は
$3 \times 2 + 5 \times 2 + 4 \times 5 + 6 \times 2 = 48$（cm²）である。これらの面積の和は

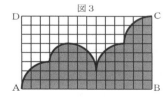

$26.69 + 48 = 74.69$（cm²）で，(1)で求めた面積よりも大きいから，求める面積は，
74.69 cm²

5　(1)　お父さんが出発してから3分間はAさんが移動していないので，この間のグラフはお父さんだけの移動のよ
うすを表している。したがって，お父さんは3分間で1.2km進んだことになるので，そのバイクの速さは$1.2 \div 3 =$
0.4より，**分速0.4km**

また，お父さんが出発してから3分から13分までの10分間はAさんが歩いており，グラフからこの間に2人の間
の距離は$4.2 - 1.2 = 3$（km）長くなったことがわかる。したがって，2人の間の距離は1分あたり$3 \div 10 = 0.3$（km）
長くなったから，Aさんの歩く速さは$0.4 - 0.3 = 0.1$より，**分速0.1km**

(2)　お父さんが出発してから20分から40分までの20分間はAさんがバスに乗っていたので，グラフよりこの間
にバスは7km先にいたバイクを追い越し，バイクより3km先まで進んだことがわかる。したがって，バスとバイ
クが進む距離の差は1分あたり$(7 + 3) \div 20 = 0.5$（km）だから，バスの速さは$0.4 + 0.5 = 0.9$より，**分速0.9km**

(3)　(1)，(2)の解説をふまえる。7km先にいるバイクにバスが追いつくまでにかかる時間は$7 \div (0.9 - 0.4) =$
14（分）とわかるから，$\boxed{ア}$は，$20 + 14 = $**34**

また，3km先にいるAさんにバイクが追いつくまでにかかる時間は$3 \div (0.4 - 0.1) = 10$（分）とわかるから，
$\boxed{イ}$は，$40 + 10 = $**50**

社 会

令和 ② 年度 解答例・解説

=《解答例》=

1　(1)兵庫県　　(2)(エ)　　(3)(ア)　　(4)四日市ぜんそく　　(5)(ウ)　　(6)(エ)　　(7)(い)の大阪府に隣接する府県から，通勤・通学する人が多くいるから。

2　(1)(ア)　　(2)問1．遣隋使　問2．(ウ)　問3．(ウ)　　(3)問1．(ア)　問2．(ⅰ)楽市・楽座　(ⅱ)商工業の発展を妨げるのは座にあると考え，座の特権を廃止し，自由に経済活動を行うことで，領内を豊かにしようとしたから。　　(4)問1．朱印状　問2．大名に1年おきに江戸に参勤させる制度。　問3．(イ)　　(5)問1．(イ)　問2．(エ)　問3．日中平和友好条約

3　問1．ＮＧＯ　　問2．(ア)　　問3．(ウ)　　問4．(ウ)　　問5．(ウ)

=《解　説》=

1　(あ)は兵庫県，(い)は大阪府，(う)は和歌山県，(え)は奈良県，(お)は三重県。

(2)　Xの若狭湾ではリアス海岸が見られるので，(エ)が誤り。入口のせまいリアス海岸は大型船の入港に不便な上に平地が少ないため，工場が多くつくられない。

(3)　(ア)Aは6，7，8月の降水量が多いから，夏の南東季節風の影響を受ける太平洋側の高知市である。Bは年間降水量が少ないから，瀬戸内の高松市である。Cは12，1，2月の降水量が多いから，冬の北西季節風の影響を受ける日本海側の鳥取市である。

(4)　四大公害病は，三重県の四日市ぜんそく，熊本県の水俣病，新潟県の新潟水俣病，富山県のイタイイタイ病。四日市では，石油化学工場から出た硫黄酸化物などで大気が汚染され，ぜんそくを発症する人が多く出た。

(5)　(ウ)が正しい。　(ア)Aは1トンあたりの輸送距離が481.4㎞になる。　(イ)貨物輸送量は自動車＞鉄道＞国内航空だから，Bは自動車である。　(エ)1年分の貨物輸送量しかあらわしてないので，「年々減ってきている」と判断できない。

(6)　(エ)が誤り。トラックの時速制限は追突事故を防ぐための対策である。

(7)　大阪府の周辺には，昼間は大阪府で働いたり学んだりして，夜間に家に帰ってきて生活する人々が多くて，このような人々が住む町のことを「ベッドタウン」と呼ぶ。

2　(1)　弥生時代についての記述である(ア)を選ぶ。志賀島で発見された漢委奴国王と刻まれている金印は，『後漢書』東夷伝に記述のある，1世紀に後漢の皇帝から奴国の王に授けられたものと考えられている。(イ)は縄文時代，(ウ)は古墳時代，(エ)は奈良時代についての記述である。

(2)問1　聖徳太子は日本から小野妹子などの遣隋使を送った。　　問2　(ウ)が誤り。冠位十二階は，「家柄」でなく「個人の能力」によって役人を取り立てようと制定された。　　問3　遣唐使の派遣の停止は平安時代だから，(ウ)を選ぶ。③は摂関政治についての記述である。①は奈良時代についての記述である。④は「平氏」が「奥州藤原氏」であれば正しい。

(3)問1　両方とも正しいので(ア)を選ぶ。①は「頼朝様の時代の例にならって，決められた仕事以外を禁止する」，②は「律令では禁止されているが，頼朝様の時代から…変わらぬしきたりとして…認めるべき」とあることから判断する。　　問2　座とは，公家や寺社などに税を納めて保護を受け，営業を独占した商工業者らによる同業者の組合のこと。

(4)問1　朱印船貿易は，江戸初期の鎖国政策が確立する前まで主に東南アジアの国々と行われた。　　問2　参勤交代は武家諸法度に追加された法令で，「参勤」には，将軍と大名の主従関係を確認する意味合いがあった。

問3　(イ)鎖国政策下，Aの長崎がオランダ・中国，Bの対馬藩が朝鮮，Cの松前藩がアイヌの人々(蝦夷地)，Dの薩摩藩が琉球王国との窓口になった。

(5)問1　(イ)の地租改正を選ぶ。税収を安定させるため，土地の所有者に税の負担義務を負わせて地券を交付し，課税の対象を収穫高から地価の3％に変更して現金で税を納めさせた。八幡製鉄所の設置は明治時代後半，満蒙開拓移民は昭和時代，ラジオ放送の開始は大正時代。　　問2　韓国併合は1910年，太平洋戦争の終結は1945年なので(エ)が正しい。東南アジア進出は日中戦争中(1937年〜1945年)，日独伊三国軍事同盟の締結は1940年。

(ア)日露戦争後のポーツマス条約の締結(1905年)は，韓国併合以前の出来事である。　　(イ)不平等条約の改正(1894年に領事裁判権(治外法権)の撤廃／1911年に関税自主権の完全回復)は，第一次世界大戦開始(1914年)以前の出来事である。　　(ウ)「韓国併合」が「満州国」であれば正しい。　　問3　日中共同声明によって国交が回復し，記念としてジャイアントパンダ2頭が中国から贈られた。日中平和友好条約では，国交樹立後の日中の経済や文化関係の発展をうたっている。

3　問1　NGOは，国境なき医師団のように多くの国にまたがって活動することが多い。

問2　(ア)を選ぶ。IoTはモノのインターネット，TPPは環太平洋パートナーシップ協定，iPSは人工多能性幹細胞，BODは生物化学的酸素要求量の略称である。

問3　(ウ)が誤り。グローバル社会では，さまざまな民族や文化の違いを理解し，共生していくことが重要である。

問4　(ウ)が正しい。累進課税によって，所得が高い人ほど所得税が高くなり，低い人ほど所得税が低くなる。所得を公平に分配するため，租税制度，社会保障制度，公共事業などを通じて所得を移すことを「所得の再分配」という。(イ)・(エ)社会保障費に含まれる年金を含めると，高齢者の所得は増加するため，所得の格差は縮まり，グラフは(Z)へと変化する。

問5　(ウ)が正しい。パリ協定では，すべての国で，地球温暖化の抑制に向けた温室効果ガスの排出量の具体的な数値目標を掲げることが求められている。ラムサール条約は1971年，京都議定書は1997年，INF全廃条約は1987年に採択された。

═══ 《解答例》 ═══

1 (1)問１．江の川　問２．（ア）　問３．場所…臨海部　理由…工業原料や工業製品などを船で運ぶため。

問４．（イ）　　(2)(ウ)　　(3)(ア)

2 (1)問１．（ウ）　問２．（エ）　問３．ムラ同士の争いが起こっていた。　問４．（イ）　　(2)問１．平清盛

問２．（カ）　問３．（ウ）　　(3)問１．A．（カ）　B．（ウ）　C．（キ）　D．（エ）　問２．（ア）　問３．広い平野の

地形で，原爆の爆風による効果を測定するのに適していたから。

3 (1)ワーク／ライフ　　(2)(イ)　　(3)問１．持続可能　問２．（ウ）　　(4)(エ)　　(5)(ア)

═══ 《解　説》 ═══

1 (1)問１　江の川は広島県北西部から島根県中部を流れて日本海に注ぐ。　　問２　（ア）●は人口密集地や工業地帯に近く，大量の水を得やすい海岸近くにあるので火力発電所，▲は河川の近くや貯水ダムを作ることのできる山間部にあるので水力発電所，■は人口密集地から離れた，冷却水の得やすい海岸近くにあるので原子力発電所と判断する。

問３　日本は，石油化学の原料となる原油を輸入に頼っている。また，原油は重量が重いため海上輸送が移動に利用されている。

問４　Aの区間は干拓地であるため海面より低く，高低差が大きい。干拓とは，水深の浅い海や湖などの水を，堤防で仕切って干上がらせ陸地にすることである。

(2)　（ウ）①は誤り。2014 年の従業者数は 1985 年より減っているので，<u>化学の従業者数も減っている</u>。②は正しい。2014 年は 1985 年より，製造品出荷額が増えていて従業者数が減っているので，一人当たりの製造品出荷額は増加している。

(3)　広島県は，比較的温暖で１年を通して降水量が少なく，梅雨時期の降水量が最も多い（ア）である。（イ）は山梨県，（ウ）は沖縄県，（エ）は新潟県である。

2 (1)問１　（ウ）が誤り。<u>旧石器時代</u>の人々の生活についての記述である。縄文時代の人々は，食料が得やすい場所に，竪穴住居と呼ばれる家をつくって定住していた。　　問２　（エ）が正しい。佐賀県にある吉野ケ里遺跡は，環濠集落（集落のまわりを柵や濠で囲んだ集落）として有名である。なお青森県にある三内丸山遺跡は<u>縄文時代</u>の遺跡である。

問３　米づくりが広まっていた弥生時代には，人口が増加し水田も拡大したため，ムラとムラの間で土地や水の利用をめぐる争いが生じた。その後，争いに勝ったムラは周辺のムラを従えて，有力なクニとして誕生した。

問４　平城京が置かれていたのは奈良時代なので，（イ）を選ぶ。聖武天皇の治世のころ，全国的な伝染病の流行やききんが起きて災いが続いたので，聖武天皇と妻の光明皇后は仏教の力で国家を守るため，国ごとに国分寺や国分尼寺を，都には総国分寺として東大寺を建て，大仏を造らせた。（ア）は「行基」でなく「鑑真」であれば正しい。（ウ）と（エ）は<u>平安時代</u>についての記述である。

(2)問1　保元の乱(1156年)・平治の乱(1159年)に勝利した平清盛は，一族の者を朝廷の高い位につけ，自らは太政大臣の地位に就いて政治の実権をにぎった。また，清盛が進めたのは日宋貿易であり，大輪田泊を修築し瀬戸内海の水運をさかんにした。　　問2　(カ)③鎌倉時代→②室町時代→①戦国時代の順となる。　　問3　(ウ)②と③が正しい。①は「勘定奉行」でなく「寺社奉行」であれば正しい。④の歌舞伎は，江戸時代，庶民の娯楽であった。

(3)問1　それぞれの説明文から，てがかりになる文言を見つけよう。　A　は「アメリカ軍の上陸」から(カ)太平洋戦争，　B　は「1894～95年」から(ウ)日清戦争，　C　は「1905年」から(キ)日露戦争，　D　は「1917年」から(エ)第一次世界大戦である。　　問2　(ア)が正しい。　　(イ)大日本帝国憲法で，軍隊を統率する権限をにぎったのは天皇である。　　(ウ)八幡製鉄所は，日清戦争で得た賠償金の一部によって建設された。　　(エ)ヨーロッパを主戦場とした第一次世界大戦(1914～1918)が始まると，日本はヨーロッパへは軍需品，ヨーロッパの影響力が後退したアジアへは綿織物の輸出を拡大し好景気(大戦景気)となった。　　問3　広島市内に広島平野が広がることを，【資料1】の「原爆の効果をはかるため…威力がはっきりと表れるような地形」と，【資料2】の「原爆の主な威力を…爆風によるものと考えていた」に関連付けて考えよう。なお，1945年8月6日に広島，8月9日に長崎に原子爆弾が投下されたが，長崎市では山に囲まれた地形によって爆風や熱線が遮られた。

3 (1)　ワーク・ライフ・バランスの考え方の背景には，国内外における企業間競争の激化や，長期的な経済の低迷，産業構造の変化による非正規労働者の増加などがある。

(2)　(イ)が正しい。【資料1】に「これまでにも力を入れてきた経済分野に加え」，【資料2】に「前年度に続き『200万人広島都市圏構想』を掲げ」とある。　　(ア)【資料1】に「18年度予算案　広島県2年連続減」とある。(ウ)広島市の人口は120万弱である。また，【資料2】に「市の約3分の2を占める中山間地域」とある。(エ)「(イ)」の解説参照。

(3)問1　持続可能な開発目標は，将来の世代の暮らしを持続可能な形で改善することを目指している。広島県では次代を担う若者を対象に被爆の実相や復興の過程を伝え，核兵器廃絶を含む平和の創出や持続可能な社会の構築に向けた取り組みを行っている。　　問2　(ウ)が正しい。　　(ア)原爆ドームは1996年に世界遺産に登録されている。(イ)アメリカの核の傘に守られる安全保障政策などを理由に，日本政府は核兵器禁止条約に署名しなかった。(エ)国際連合本部はアメリカ・ニューヨークにある。

(4)　(エ)両方とも誤り。　　①　市長が予算案をつくって議会に提案し，議会の議決を経て使うことができる。

②　住民による議会の傍聴は認められている。

(5)　(ア)が誤り。内閣総理大臣は間接選挙で選ばれる。

――――――――――――――《解答例》――――――――――――――

1 (1)じゃがいも〔別解〕ばれいしょ　　(2)問1.（う）　問2.同じ耕地に異なる種類の作物を一定の期間をおいて周期的に栽培する方法。　　(3)トレーサビリティ　　(4)（エ）　　(5)②

2 (1)問1.前期では司祭者的な役割をもつ人，中期以降では軍事指導者的な役割をもつ人であったと考えられる。
問2.（ア）　　(2)問1.（ウ）　問2.（エ）　　(3)問1.承久の乱　問2.（ア）　　(4)問1.関ヶ原の戦い
問2.（ウ）　問3.（イ）　　(5)問1.（ウ）　問2.政府に対する批判の統制が強化されていく中で，治外法権の撤廃により，外国人のビゴーも処罰を受ける対象となり，風刺雑誌を刊行できなくなったから。

3 (1)問1.核兵器禁止　問2.（イ）　　(2)教育　　(3)問1.（ア）　問2.非正社員は正社員に比べて賃金が低く，生活が安定しないため，多額の養育費がかかる子育てをすることが難しいから。　　(4)国民投票

――――――――――――――《解　説》――――――――――――――

1 (1)　「でんぷん」が含まれること，「北海道では…作付面積が減り続けている」こと，「スナック菓子大手各社が…商品を販売休止や終了にし」たことなどから考えよう。2016年は台風が複数上陸したことから，じゃがいもを原料とするポテトチップスなどが影響を受け，一時販売休止になり店頭から姿を消した。

(2)　（う）は十勝平野である。輪作は同じ耕地に同じ種類の作物を続けて植える連作によって生じる悪い影響（土地の養分のバランスがくずれて作物が病気になりやすくなったり，害虫が多く発生したりして，収穫量が少なくなること）を防ぐために行われている。

(3)　トレーサビリティでは，食品の仕入れ先や，生産・製造方法などの情報を調べられる。

(4)　（あ）は函館，（い）は札幌，（う）は十勝，（え）は知床，（お）は北方領土である。知床では酪農（牛などを飼育して生乳を加工する農業）をしていないので，（エ）が誤り。

(5)　それぞれのグラフの，農業産出額の割合が高いものに着目しよう。①は米の割合が高いので新潟県を含む北陸，③は畜産の割合が高いので北海道，④は野菜の割合が高いので関東・東山だとわかり，残った②が中国地方となる。

2 (1)問1　それぞれの時期の古墳に埋葬された副葬品に着目しよう。前期には銅鏡や勾玉などの祭りの道具，中期以降には鉄製の武器などが納められていることから，前期には司祭者的な役割をもつ人，中期以降には軍事指導者的な役割をもつ人が権力者であったことが読み取れる。また，史料の「卑弥呼（女王）はよくうらないをして，人々をひきつけるふしぎな力をもっていた」「私（大王）の祖先は，みずからよろいやかぶとを身につけ…95国を平定しました」などからも，それぞれの時期の権力者の性質の違いを読み取れる。

問2　飛鳥時代，中大兄皇子や中臣鎌足らは蘇我氏を滅ぼした後，人民や土地を国家が直接支配する公地公民の方針を示し，政治改革に着手した。この頃，「大化」という元号が初めて用いられたので，この改革を大化の改新という。　（ア）の留学生や留学僧は唐から帰った高向玄理と旻のことで，大化の改新時，政治顧問である国博士に任命された。　（イ）十七条の憲法は聖徳太子が制定したので誤り。　（ウ）藤原京は天智天皇（中大兄皇子）の死後，皇后の持統天皇がつくったので誤り。　（エ）奈良時代の内容なので誤り。

(2)問1　（ウ）の阿弥陀仏に対する信仰とは浄土信仰のことである。11世紀中頃，社会に対する不安から，阿弥陀如来にすがって死後に極楽浄土へ生まれ変わることを願う浄土信仰が広まり，平等院鳳凰堂をはじめとする多くの阿弥陀堂がつくられた。　（ア）は奈良時代，（イ）・（エ）は室町時代の文化なので誤り。

問2　②後三年の役(奥州藤原氏が登場するきっかけとなった戦い)は1083年→③保元の乱は1156年→①安徳天皇の即位は1180年

(3)問1　1221年，源氏の将軍が3代で途絶えたのをきっかけに，後鳥羽上皇は鎌倉幕府打倒をかかげて挙兵した。鎌倉幕府方は，北条政子の呼びかけのもと，これを打ち破った(承久の乱)。この後，幕府は西国の武士や朝廷の監視を目的に，京都に六波羅探題を置き，幕府の支配は九州〜関東に及んだ。

問2　(イ)の中尊寺や毛通寺は平泉(宮城県)にあるので誤り。　(ウ)の「京都所司代」は，江戸幕府で置かれた職なので誤り。　(エ)は「武家諸法度」ではなく「御成敗式目」なので誤り。

(4)問1　関ヶ原の戦い(1600年)は，徳川家康を中心とする東軍と石田三成を中心とする西軍の戦いである。この戦いに勝利した徳川家康は，天下統一を果たし，全国支配の実権をにぎった。

問2　(ア)・(イ)は江戸時代，(エ)は室町時代。

問3　(イ)島原・天草一揆は，幕府のキリスト教徒への弾圧や，領主のきびしい年貢の取り立てに対する不満から，天草四郎を総大将として起こしたが，幕府が送った大軍によって鎮圧された。　(ア)誤り。徳川家光は武力によって大名を制圧したので，取りつぶされる大名の数が多かった(武断政治)。　(ウ)誤り。参勤交代は，大名を江戸と領地に1年おきに住まわせる制度である。将軍と大名の主従関係の確認という意味合いを持ったが，参勤交代にかかる費用は大名が負担したため，藩の財政は苦しくなった。　(エ)誤り。蘭学(オランダ語で西洋の学術や文化を学ぶ学問)は，八代将軍徳川吉宗によって実施された享保の改革の中で発展した。

(5)問1　資料1は「士族による最後の武力反乱」から西南戦争だとわかる。明治政府を去り鹿児島に帰った西郷隆盛が，政府の政策に不満を持った士族らにかつぎあげられて起こしたが，敗れて亡くなった。　資料2は「秩父地方(埼玉県)の農民」「借金の支払い延期」などから秩父事件だとわかる。自由党員を中心として，借金の減額や免除を求めた農民らが暴動を起こしたが，鎮圧された。

問2　年表2で「新聞紙条例が改正され，新聞や雑誌に対する統制が強化され」た後，1894年に「5年後(1899年)に治外法権が撤廃されることが約束される(アメリカ・フランスなどとも同様の条約を結ぶ)」とあることを，年表1で1899年にビゴーが「フランスに帰国」したことに結び付けて考えよう。治外法権とは，外国人が在留している国で罪を犯しても，その国の法律では裁かれず，本国の法律で裁判を受ける権利のことをいう。ビゴーはフランス人であったため，雑誌に対する取り締まりが強化された当初は処罰の対象にならなかったが，治外法権の撤廃により日本の法律で裁かれることが決まったので，政府を批判する風刺雑誌が刊行できなくなり帰国した。

3　(1)　核兵器禁止条約は，核廃絶に向けて，核兵器の開発や保有，使用などを法的に禁止している。これに対して，核兵器を保有するアメリカ，ロシア，中国などが反対し，日本もアメリカの核の傘に守られる安全保障政策などを理由に賛成しなかった。

(2)　平和主義を規定する第9条，教育を受ける権利を規定する第26条，憲法改正の手続きを規定する第96条は，いずれもその内容を含めて覚えておこう。

(3)問1　(ア)2016年度の男性の育児休業取得率は3.16％と低いので誤り。

問2　資料1で，非正社員の賃金が，どの年代も正社員に比べて低く上がりにくいことから，非正社員の生活が安定しにくいことが読み取れる。これらのことと，資料2の子育てに養育費として約1640万円もの多額の費用が必要となることを関連付けてまとめよう。

― 《解答例》 ―

1 (1)(ア)　(2)問1.(エ)　問2.大規模な農園で大型機械を使って大量生産するため，日本産の小麦より価格が安い。　(3)問1. ♂　問2.A　(4)石炭　(5)(ア)

2 (1)(ウ)　(2)問1.大和朝廷の首長である大王を中心として，近畿地方の有力豪族が

　問2.大和朝廷の勢力が，東北地方南部から九州地方まで広がっていたこと。　(3)問1.(イ)　問2.(エ)

　(4)問1.伊能忠敬　問2.(ア)　(5)問1.(ア)　問2.(エ)　問3.(イ)

3 (1)問1.(イ)　問2.(ウ)　(2)問1.条例　問2.(イ)

― 《解　説》 ―

1 (1)　「みかんは年々，生産量が減っており，キウイフルーツに転作する農家も増えています」に着目する。みかんの生産量上位3県は和歌山県＞愛媛県＞静岡県なので，上位に愛媛県と和歌山県が入っている(ア)が正答となる。(イ)はぶどう，(ウ)はりんご，(エ)はももである。

(2)問1　自給率について，米が90％台後半，野菜が80％前後，肉類が50％台半ば，果物が40％前後，小麦が10％台前半，大豆が10％未満と覚えておこう。

(3)問2　橋の手前に建物がある地点は，Aだけである。

(4)　製鉄所では，鉄鉱石や石炭を高熱で蒸し焼きにしてできたコークスなどを利用して鉄鋼をつくる。

(5)　現在，日本では，(商業などの第三次産業)＞(工業などの第二次産業)＞(農林水産業などの第一次産業)の順に就業人口が多いから，(ア)が正答となる。

2 (1)　日本全体の工業生産額の増減を折れ線グラフに表しても，地域ごとの工業の特徴はわからない。また，地域ごとの工業の特徴を調べることは，歴史学習ではなく地理学習といえる。

(2)問1　古墳時代，大和(現在の奈良県)や河内(現在の大阪府)の豪族は強い勢力をほこっていた。やがて彼らは大和政権(大和王権)を中心にまとまるようになり，大和政権の中心となった者は，大王(後の天皇)と呼ばれるようになった。

問2　埼玉県の稲荷山古墳から出土した鉄剣と，熊本県の江田船山古墳から出土した鉄刀の両方に刻まれた「獲加多支鹵大王」の文字から，大和政権は関東から北九州までを支配していたことがわかっている。

(3)問1　都を移したことを，3つの資料から読み取ることはできないので，(ア)は誤り。朝廷が東北地方の蝦夷と戦ったことは資料1から読み取れるので，(イ)は正しい。資料3をみると，東北地方・北海道から特産物が都に送られていないことが読み取れるので，(ウ)は誤り。国分寺に役人が派遣されたことは資料2から読み取ることはできないので，(エ)は誤り。なお，守護は，鎌倉時代に国ごとに置かれた軍事・警察の役割を担う職である。

問2　正倉院に収められているのは天智天皇の愛用した品々ではなく聖武天皇の愛用した品々なので，(ア)は誤り。『枕草子』は清少納言が，『源氏物語』は紫式部が著したので，(イ)は誤り。末法の考え方が広まって平等院鳳凰堂がつくられたのは平安時代のことなので，(ウ)は誤り。

(4)問2　18世紀前半，徳川吉宗によって実施された享保の改革のなかで，キリスト教に関係しないヨーロッパの書物の輸入が認められた。これによって西洋の学問が学ばれるようになり，後に蘭学として発展した。よって，「日本的な文化ばかりが発展した」とする（ア）は誤り。

(5)問1　（イ）は昭和時代のできごと（太平洋戦争中のできごと）である。（ウ）は「男子」としている点が誤り。学制は，男女すべてが小学校に通うことを定めた。（エ）について，徴兵令で徴兵されたのは士族だけでなく農民も含むので，（エ）は誤り。

問2　シベリア出兵により，米が不足して米の価格が急に高くなったことが米騒動の原因なので，（ア）は誤り。男女普通選挙は太平洋戦争終結後に実施されたので，（イ）は誤り。なお，Aの時期には満25歳以上の男子に選挙権を認める普通選挙法が成立した。鹿鳴館が建設されたのは1883年（明治時代）のことなので，（ウ）は誤り。

問3　Bの年は1931年である。1931年，柳条湖事件（関東軍が南満州鉄道の線路を爆破した事件）を契機として始まった一連の軍事行動を満州事変という。関東軍は満州に兵を進め，翌年満州国を建国した。しかし，リットン調査団の報告を受けた国際連盟は満州国を認めないとする決議を行ったので，1933年，日本は国際連盟に対して脱退を通告し，1935年に正式に脱退した。（ア）は1914年，（ウ）は1937年，（エ）は1941年に始まった。

3　(1)問1　（ア）について，70歳代以上は一貫して60歳代より投票率が低いから，誤り。（ウ）について，2013年は18歳・19歳に選挙権がなかったので誤り。グラフ2は，2016年の参議院議員選挙の年齢別投票率に関するグラフである。2016年の40歳代の投票率は全体の投票率より低かったので，（エ）は誤り。

問2　（ウ）の権限をもつ機関はない。なお，国会は内閣に対して国政調査権をもち，正しい政策の決定に必要な情報を収集・調査したり，必要に応じて証人を議会に呼んで質問したりすることができる。また，裁判所は内閣に対して，内閣の出した政令が憲法に違反していないか判断する違憲審査権をもつ。

(2)問1　条例は法律の範囲内で制定することができ，必要に応じて刑罰を定めることもできる。

問2　議会で賛成か反対かを投票できるのは，その議会の議員だけなので，（イ）は誤り。

平成28年度　解答例・解説

── 《解答例》──

1　(1)問1．ユーラシア　問2．（エ）→（ア）→（イ）→（ウ）　(2)(エ)　(3)ハザードマップ　(4)③
(5)関税を引き下げたり撤廃したりするＴＰＰによって，海外の安い農作物が国内に大量に流入し，日本の農作物が売れなくなるのではないかと予想されているから。

2　(1)問1．福沢諭吉　問2．（ア）　問3．（ア）　(2)問4．(a)(オ)　(b)(ウ)　(c)(イ)　問5．（ウ）
(3)問6．藤原頼通　問7．（ウ）　(4)問8．（エ）　問9．大量の鉄砲が戦いに用いられている点。
問10．鉄砲の生産地である堺を支配下に治めていたから。

3　(1)(ウ)　(2)(エ)　(3)ユニバーサルデザイン　(4)(ア)　(5)(イ)

《解　説》

1　あ三重県　い岐阜県　う愛知県　え静岡県

(1)問１．ユーラシア大陸は，世界で最も面積の

広い大陸である。

問２．右図参照。(ア)中国の首都はペキン，

(イ)モンゴルの首都はウランバートル，

(ウ)ロシア連邦の首都はモスクワ，

(エ)韓国の首都はソウルである。

(2)それぞれの都市の位置は右図参照。尾鷲は，梅雨前線や台風の影

響を強く受けるため，夏の降水量がほかの太平洋側の地域に比べて

極めて多くなる。したがって，年降水量が 4000 ㎜に近い(エ)が正

答。高松は，１年を通して降水量が少ない瀬戸内の気候に属するか

ら(イ)である。那覇は，１年を通して温暖で雨の多い南西諸島の気

候に属するから(ア)である。残った(ウ)は新潟である。新潟は，北

東季節風の影響を受けて冬の降水量が多い日本海側の気候に属する。

(3)ハザードマップ(防災マップ)には，火山噴火のほか，洪水や津波，

土砂災害などの自然災害について，災害が起きたときに被害が発生

しやすい地域や緊急避難経路，避難場所などが地図に示されている。

(4)愛知県は，三重県とともに中京工業地帯を形成しており，特に豊田市で自動車(輸送用機械のうちの１つ)の生産が

さかんである。また，愛知県は日本で最も工業がさかんな都道府県であり，製造品出荷額が日本一多い。よって，③

が正答。①は「よう業・土石」が上位であり，製造品出荷額が４県中最も少ないから，美濃焼の生産がさかんな岐阜

県である。②と④で「石油・石炭製品」が上位の④は，大規模な石油化学コンビナートがある三重県である。よって，

②は静岡県となる。

(5)ＴＰＰは，太平洋地域における高い水準の貿易自由化を目標とする協定である。関税の撤廃のみならず，知的財産

権など関税が関わらない分野を含めたルールの統一が図られている。ＴＰＰが発効すると，日本は，自動車など工業

に関する部分では輸出額が多いため優位に立てるが，米や野菜など農林水産業に関する部分では海外の安い農産物に

対抗できず，劣位に立たされると考えられている。

2　(1)問２．(イ)陸奥宗光ではなく小村寿太郎ならば正しい。　　(ウ)第一次世界大戦ではなく第二次世界大戦(日中戦

争)ならば正しい。　　(エ)元号が昭和から平成に変わったのは 1989 年のことであり，政府が「もはや戦後ではない」

と宣言したのは 1956 年のことである。

問３．「1900 年」は，日清戦争(1894～1895 年)と日露戦争(1904～1905 年)の間である。したがって，日清戦争の講和

条約である下関条約で獲得した領土だけが図示されているものを選べばよいから(次ページ表参照)，(ア)が正答。

(イ)は，千島列島が日本の領土となっているから，千島・樺太交換条約(1875 年)が結ばれた後から下関条約が結ばれ

るまでの日本の領土である。(エ)は，南樺太が日本の領土となっているから，日露戦争の講和条約であるポーツマス

条約が結ばれた後の日本の領土である。(ウ)は，南樺太に加えて朝鮮半島が日本の領土となっているから，韓国併合

(1910 年)が行われた後の日本の領土である。

下関条約(1895 年)の主な内容	ポーツマス条約(1905 年)の主な内容
○清国は日本に賠償金を支払う	○賠償金規定はなし
○清国は日本に台湾・澎湖諸島・遼東半島を譲り渡す ※ロシア主導の三国干渉を受け,遼東半島は後に清に返還	○ロシアは旅順・大連の租借権,南満州鉄道の利権,南樺太を日本に譲り渡す
○清国は朝鮮の独立を認める	○ロシアは日本の韓国に対する優越権を認める

(2)問 4 ．(a)は鎌倉幕府を示したものだから,（オ）の位置が適当である。(b)は「東大寺」から,平城京を示したものだとわかるので,（ウ）の位置が適当である。(c)は出島が描かれていることから,（イ）の位置が適当である。（ア）は琉球王国,（エ）は平安京,（カ）は江戸の位置をそれぞれ示している。

(3)問 6 ．11 世紀中頃,藤原頼通は,極楽浄土をこの世にあらわすことを目的として平等院鳳凰堂を建てた。

問 7 ．中尊寺金色堂は 12 世紀に奥州藤原氏によって建てられたから,（ウ）が正答。足利義満によって金閣が建てられたのは 14 世紀末のことである。

(4)問 8 ．（エ）18 世紀前半,徳川吉宗によって実施された享保の改革のなかで,キリスト教に関係しないヨーロッパの書物の輸入が認められた。これによって西洋の学問が学ばれるようになり,後に蘭学として発展した。

問 9 ．【資料 1 】は,織田信長・徳川家康の連合軍が武田勝頼の騎馬隊に大勝した長篠の戦い(1575 年)を描いたものである。

問 10．「堺」が【資料 2 ・ 3 】で共通していることに着目する。なお,1576 年に信長が築城を開始した安土城は,国友と同じ近江国(現在の滋賀県)にあったが,【資料 2 】中の長篠の戦い(1575 年)以前の近江国に関する情報は「比叡山延暦寺の焼きうち」だけなので,国友は解答に含めない方がよい。

3 (1)(あ)の位置には議長,（う）の位置には市議会議員が座る。

(2)(ア)（イ）たとえば,1994 年から 1996 年にかけては 2 年連続で減少した。（ウ）【グラフ 2 】は「派遣中の人数と割合」を示したものであり,「派遣が終了した人数と割合」は示されていない。したがって,過去にヨーロッパに青年海外協力隊が派遣されていたかどうかを,【グラフ 2 】から読み取ることはできない。

(4)国民は,最高裁判所の裁判官を国民審査によって辞めさせることができる。

(5)(イ) 2 …少なくとも満 25 歳以上でなければ,国会議員をつとめることはできない(右表参照)。

選挙権	満 18 歳以上
衆議院議員・都道府県の議会議員・市(区)町村長・市(区)町村の議会議員の被選挙権	満 25 歳以上
参議院議員・都道府県知事の被選挙権	満 30 歳以上

※2016 年の夏に実施される参議院議員通常選挙以降

平成 ㉗ 年度 解答例・解説

── 《解答例》 ──

1 (1)石川県　(2)冬に北西から吹く季節風を防ぐため。　(3)(ウ)　(4)二酸化炭素　(5)(ウ)

2 (1)(エ)　(2)問 2 ．西郷隆盛　問 3 ．(エ)　(3)問 4 ．(ウ)　問 5 ．(イ)　(4)元寇が起こった頃,武士の領地は分割相続のため狭くなり,生活が苦しくなっていた。元寇は防衛戦だったので,幕府は承久の乱のときのように武士に新たな領地を与えることができず,そのため幕府に対する武士の不満が高まっていったから。　(5)(ウ)

(6)(エ)　(7)問 9 ．吉野ヶ里遺跡　問 10．(ウ)

3 (1)ニューヨーク　(2)(ア)　(3)(ウ)　(4)(ウ)　(5)(イ)

《解　説》

1　(1)石川県は，日本海に突き出た能登半島が特徴的である。

(2)県[う]は富山県である。富山県の砺波平野(となみ)にある家屋は，防風林(屋敷林)を植えて，冬に北西から吹きつける季節風対策を行っている。なお，写真のように家屋が点在して見られることを散村という。

(3)県[あ]は福井県である。

公害名	原因	発生地域
水俣病	水質汚濁(メチル水銀)	八代海沿岸(熊本県・鹿児島県)
新潟水俣病	水質汚濁(メチル水銀)	阿賀野川流域(新潟県)
イタイイタイ病	水質汚濁(カドミウム)	神通川流域(富山県)
四日市ぜんそく	大気汚染(硫黄酸化物など)	四日市市(三重県)

(ウ)富山県では，四大公害病の１つであるイタイイタイ病が発生した。四大公害病の発生地については，上表参照。

(4)二酸化炭素は温室効果ガスの１つである。森林は，二酸化炭素を取りこんで酸素をつくる。

(5)(ウ)森林資源量の変化のグラフは「体積(㎥)」を示している。グラフを見ると，人工林の体積が年々増加していることがわかる。森林面積の変化のグラフは「面積(ha)」を示したものである。グラフを見ると，森林面積にはほとんど変化がないことがわかる。これら２つのグラフから，かつて植林された木々(人工林)が，あまり伐採されずにどんどん伸びていることがわかる。近年は，林業従事者が高齢化しているうえ，後継者が不足しているため，かつて植林された木々が手入れされないままになっていることが多い。

2　(1)問１．(エ)米や衣料といった日用品の不足から，配給制が実施されるようになった。

(2)問２．征韓論が退けられた後，政府を去った西郷隆盛は，鹿児島に帰郷して私塾を開いていたが，特権をうばわれたことに不満を持っていた士族らにかつぎ上げられ，1877年に西南戦争を起こした。

問３．(エ)１．政府軍は農民を中心として構成されていた。　２．西南戦争で士族らの反乱が鎮圧されたことで，武力による反乱はなくなり，以後は言論によるものが中心となった。

(3)問４．(ウ)【資料う】は，1637～1638年にかけて起こった島原・天草一揆のようすを描いたものである。この一揆を鎮圧した幕府は，いっそうキリスト教の弾圧を強め，1639年，ポルトガル船の来航を禁止し，1641年，オランダの商館を平戸から出島に移して，鎖国体制を完成させた。(ア)1612年に幕領に禁教令が出され，1613年に全国に禁教令が出された。　(イ)1615年　(エ)1635年

問５．(イ)1637～1638年は，江戸時代初期である。　(ア)の雪舟，(エ)の観阿弥・世阿弥は室町時代の人物である。(ウ)について，「東海道五十三次」は，歌川広重の作品である。

(4)【文１】について…1221年，源氏の将軍が３代で途絶えたのを契機に，後鳥羽上皇は鎌倉幕府打倒をかかげて挙兵した。鎌倉幕府方は，北条政子の呼びかけのもと，これを打ち破った(承久の乱)。この後，幕府は御恩として東国の武士を新たに西国の地の地頭に任命した。しかし，元寇(1274年文永の役・1281年弘安の役)は防衛戦だったため，幕府は新たな領地を与えることができず，奉公の役目を果たした武士の不満は高まっていった。

【文２】について…たとえば，当初は「１」あった領地を４人の兄弟で均等に分ければ，それぞれの領地は「0.25」となる。さらに兄弟のうちの一人が亡くなり，その子ども５人で均等に分ければ，領地は「0.05」となる。このように，分割相続を繰り返していくと，どんどん領地は狭くなっていくため，十分な収入が得られず，生活に困窮する武士が多かった。これら２つを主な理由として，武士らの幕府への不満は高まっていった。

(5)平治の乱に勝利した平氏のかしらとは平清盛のこと。　(ウ)明ではなく宋ならば正しい。中国の明との貿易をさかんに行ったのは，足利義満である。

(6)東大寺の大仏が造られたのは奈良時代のことである。　(ア)聖武天皇は，中国から鑑真を招いた。　(イ)・(ウ)平安時代の出来事について述べた文である。

(7)問９．吉野ヶ里遺跡は，弥生時代の遺跡である。

問 10. (ア)縄文時代について述べた文である。 (イ)『日本書紀』ではなく『魏志』倭人伝ならば正しい。『日本書紀』は，720 年に舎人親王らによって編纂された日本の歴史書である。 (エ)古墳時代について述べた文である。

3 (2)(ア)イスラム教では，不浄な動物とされる豚を食べることを禁じている。牛肉を食べないのは，インドに信者の多いヒンドゥー教徒である。

(3)(ウ)「ある国」とはウクライナのこと。ウクライナでは，2014 年 3 月に，南部のクリミア半島にあるクリミア自治共和国でロシアへの編入を問う住民投票が実施され，圧倒的多数がロシア編入を支持していると発表された。これを受けて，ロシアのプーチン大統領はクリミアのロシア編入を表明した。 (ア)フランス (イ)エジプト (エ)イラン

(4)(ウ)内閣が条約を結び，国会が条約を承認する。

(5)(イ)２．政府開発援助には，ＪＩＣＡ(国際協力機構)などを通じて，知識や技術をもった人々を現地に派遣する活動も含まれる。

平成 ㉖ 年度 解答例・解説

《解答例》

1 (1)あ．筑紫 い．九州 う．宮崎 え．屋久 (2)問１．河口からの距離が短く，急流である。 問２．(イ)
(3)(ウ) (4)問１．(ウ) 問２．(エ) 問３．(ア)

2 (1)(ウ) (2)太平洋ベルト (3)(イ)，(オ) (4)中国
(5)日本よりもほかのアジアの国・地域の方が賃金が安くすむから。

3 (1)問１．卑弥呼 問２．(ウ) (2)問１．聖徳太子 問２．(カ) (3)問１．源氏物語 問２．娘を天皇にとつがせ，生まれた子を天皇に立てて，天皇の外せきとなった。 (4)問１．豊臣秀吉 問２．(イ)
(5)問１．喜多川歌麿 問２．(エ) (6)問１．津田梅子 問２．日露戦争 問３．サンフランシスコ平和条約
問４．(エ) 問５．(C)…(う) (D)…(お) 問６．子どもを保育園に入園させることができず，出産や育児のために仕事をやめざるを得ない 30 代の女性が多いから。

4 (1)(ア) (2)第一次世界大戦 (3)少子高齢化にともなって，年金や医りょうなどにかかる社会保障費が増大したから。 (4)A．(ア) B．(イ) C．(ウ) (5)問１．(イ) 問２．(ウ) (6)裁判員制度

《解 説》

1 (1)あ/筑紫平野では二毛作，う/宮崎平野では促成栽培がさかんである。また，え/屋久島は，世界自然遺産に登録されている。

(2)問２．(イ)２ 日本の河川は急流であるため，上流でたくさん雨が降ると，下流域で水害が起こりやすくなる。

(3)(ウ) 沖縄は台風の通り道となるため，強風に備えて屋根を低くし，家屋の周りを防風林で囲み，瓦を漆喰で固めた伝統的住居が見られる。 (ア)富山県・岐阜県などに見られる合掌造り (イ)木曽三川の下流域などに見られる輪中内の水屋 (エ)兵庫県伊丹市にある旧岡田家住宅

(4)問１．(ウ) 問題文中「中央の『カルデラ床』とよばれる平地」より，線Ａ−Ｂの通るところは，火口付近や外周を除いて平地がほとんどである。また，「陥没地形(カルデラ)」とあるように，カルデラの外周はカルデラより標高が高い。平地の標高は，「いこいのむら」駅付近にある標高点 727ｍなどを参考にしよう。なお，Ａ地点・Ｂ地点付近の標高点に着目すると，真っ先に(ア)・(イ)を除外できる。

問2．(エ)マングローブ林は，熱帯地方に見られる。

問3．(イ)なす　(ウ)すいか　(エ)いぐさ

2　(1)(A)日本は主に工業製品を輸出しているから，鉄鋼。　(B)1970年・2011年ともに日本の輸入品目第1位だから，石油。残った(C)は鉄鉱石となり，(ウ)が正答。

(2)太平洋ベルトでは，日本のほかの地域に比べて臨海型工業(原料を輸入しやすく製品を輸出しやすい沿岸部に工場が集中すること)が発達している。

(3)(ア)日本は原料の多くを輸入にたよっている。　(ウ)太平洋ベルト内に人口の半数以上が集中している。
(エ)製品は船で輸送されることが多い。

(4)現在，日本の最大の貿易相手国となっているアジアの国がどこかを考えよう。

(5)主に製造業の分野で，企業が賃金の安い海外に工場を移しているため，国内の産業が衰退する産業の空洞化が起こっている。

3　(1)問1．問題文中「邪馬台国」から考えよう。

問2．(ウ)1　③は，大型古墳よりも中型・小型古墳の方が実例数が多い。

(2)問1．聖徳太子は，憲法十七条を定めたほか，家柄によらず，手柄や功績に応じて役人に取り立てる冠位十二階の制度を定めた。

問2．(カ)①8世紀中頃(奈良時代)　②710年(奈良時代の始まり)　③7世紀(飛鳥時代)　③中の「天智天皇」は中大兄皇子のこと。

(3)問1．『源氏物語』は，平安王朝の宮廷や貴族の日常生活などを描いた長編小説である。

問2．天皇の外せきとなった藤原氏は，天皇が幼い間は摂政として代わりに政治を行い，成人した後は関白として政治を補佐した。

(4)問1．豊臣秀吉は1585年に関白に任じられ，1590年に北条氏を滅ぼして全国統一を果たした。

問2．(ア)北条政子は鎌倉時代の人物である。すみ絵は室町時代，茶の湯は安土桃山時代の文化である。　(ウ)オランダではなくスペイン。　(エ)御成敗式目は，3代執権北条泰時が定めた。

(5)問1．(う)は『ポッピンを吹く女』である。

問2．①『東海道中膝栗毛』は，十返舎一九の著したこっけい本である。近松門左衛門は，『曽根崎心中』などの人形浄瑠璃の脚本を書いた。　③ポルトガル語ではなくオランダ語。鎖国体制が完成していた日本が，ヨーロッパの国で唯一国交を持っていた国がオランダであることから考えよう。

(6)問1．津田梅子は帰国した後，女子教育の普及につとめ，女子英学塾(後の津田塾大学)を開いた。

問2．1904年に始まった日露戦争で，日本とロシアはともに多額の戦費を使ったうえに多数の犠牲者を出したため，戦争の続行が難しくなり，1905年にアメリカの仲介でポーツマス条約を結んで戦争を終わらせた。

問3．1951年，日本は，サンフランシスコ平和条約と同時に，アメリカ軍の日本駐留を認める日米安全保障条約を結んだ。

問4．(ア)生糸をつくる工場(製糸工場)などで働く女性がいた。　(イ)新幹線の開業は東京オリンピック開催の1964年。　(ウ)(い)の時期ではなく(お)の時期。

問5．(C)1918年(大正時代)のできごとだから，(う)。満州事変は1931年に起こった。　(D)1945〜1946年(昭和時代)のできごとだから，(お)。太平洋戦争は，1941年に始まった。

問6．仕事に就いている女性の割合は，15〜19才や65才以上を除くと30代が最も低い。これは，30代になると結婚

や出産のために仕事をやめ，育児がひと段落するまで家事に専念する女性が多いからである。【資料２】・【資料３】は出産・育児に関する資料なので，特に育児にからめて30代の仕事に就いている女性の割合が低い理由をまとめよう。

4　(1)下線部①の１〜２行後「だれにとっても正しいと思える道徳的な行いを自分の意志で行うことこそ自由である」より，（ア）が正答。（イ）は「人にほめられたいという気持ち」があるため，（ウ）・（エ）は「自分の欲望にしばられた状態」であるため，それぞれ不適。

(2)第一次世界大戦は，オーストリアの皇太子夫妻がセルビアの青年に暗殺されたサラエボ事件をきっかけに，1914年に始まり，1918年に終わった。

(3)現在，日本では保険料を納める現役世代が減少し，社会保障の給付を主に受ける高齢者世代が増加している。そのため，現在の社会保障は保険料と国からの補助で何とか維持できているが，社会保障にかかる費用は年々増加しているため，社会保障制度の維持そのものが困難な状況にある。

(4)いずれも本文中にヒントがある。　A：本文第３段落６行目「政府にさまたげられなく自由に活動できる（自由）」より，自由権にあたる（ア）。　B：本文第４段落４行目「（政府の積極的な）援助によって保障される自由」より，社会権にあたる（イ）。　C：本文第５段落２〜３行目「国民主権が発展してきました」より，参政権にあたる（ウ）。

(5)問１．（イ）ある小説の内容が私人のプライバシーに踏みこんだ内容であった場合，「どんな小説を書いてもよい」とする表現の自由を保護すべきか，「明かされたくない個人の秘密を守るべきだ」とするプライバシーを守る権利のどちらを優先させるかという問題が生じる。

(6)裁判員は，原則として満20歳以上の男女からくじで選ばれる。

理 科

令和 ② 年度 解答例・解説

《解答例》

1　(1)(イ)，(オ)　　(2)(オ)　　(3)(ウ)　　(4)4

2　(1)①(シ)　②(ケ)　③(エ)　④(カ)　　(2)ブラックホール　　(3)(ア)

3　(1)問１．③，④　問２．(エ)　　(2)(ウ)　　(3)全身からもどった血液が混ざり合わない

4　(1)(オ)　　(2)(イ)　　(3)(ウ)　　(4)(ウ)，(エ)

5　(1)(イ)　　(2)二酸化炭素　　(3)(ウ)　　(4)酸素と結びついた

6　(1)14　　(2)水の温度が下がると，とける量が少なくなる　　(3)(エ)

7　(1)25　　(2)4　　(3)(オ)　　(4)(エ)　　(5)(ウ)　　(6)(ウ)　　(7)(エ)

《解　説》

1　(1)　(イ)○…かたむきが大きいところほど川の流れが速く，しん食作用が大きくなる。上流は川幅（かわはば）がせまいため，川底が大きくけずられてＶ字谷ができやすい。　　(オ)○…河口付近では川の流れが非常におそく，たい積作用が大きくなって，三角州ができる。なお，川が山から平地に出て，流れが急におそくなるところでは，たい積作用が大きくなって，扇状地（せんじょうち）ができる。

(2)　川の曲がっているところでは，内側（Y）より外側（X）で水の流れが速くなる。したがって，X側ではしん食作用が大きく，川底や川岸がけずられてがけができやすい。また，Y側ではたい積作用が大きく，河原ができやすい。

(3)　(ア)○…川岸をしん食されにくくする。　　(イ)○…水の流れをゆるやかにし，しん食作用を小さくする。(エ)○…土砂の流出を防ぐことで，土砂によって川岸がけずられないようにする。

2　(1)　③④図Ⅰのようにして，北斗七星やカシオペア座から探すことができる。　図Ⅰ

(3)　南の空を観察しているとき，太陽と同じように東から西の方へ動いていたとあるので，(ア)が正答となる。(ア)では，北極星が北の空に見えているので，北極星の位置も正しく表されている。

$a:b=c:d=1:5$

北極星

3　(1)問１　酸素は肺で血液中に取り入れられるので，肺を通った後の③を流れる血液と，それが心臓から全身に送られる④を流れる血液が動脈血である。　　問２　(エ)×…血液中の二酸化炭素は肺で放出される。肺で，酸素と二酸化炭素の交換（こうかん）が行われていると考えればよい。

(2)　魚類では，エラで酸素が取り入れられるので，エラを通った後の⑧を流れる血液が動脈血である。

(3)　肺からもどった血液は動脈血で，全身からもどった血液は静脈血である。カエルやヘビの心臓では，動脈血の一部が再び肺へ，静脈血の一部がそのまま全身へ送り出されてしまい，酸素を効率よく全身に送ることができない。

4　(2)(3)　植物は光に当たると，水と二酸化炭素を材料にして，でんぷんと酸素をつくりだす光合成を行う。したがって，北半球にあるＡとＢでは，春から夏にかけて日照時間が増えて，植物が光合成をさかんに行うため，二酸化炭素の割合が春から夏にかけて減少する。また，南極にあるＣでは，光合成を行う植物がほとんどないため，二酸化炭素の割合が１年間であまり変化しない。

(4) （ウ）×…オゾン層の減少の主な原因はフロンである。　（エ）×…化石燃料を大量に消費することで，大量の二酸化炭素が発生し，地球温暖化の原因となっている。

5 (2)～(4)　石灰水を白くにごらせる気体は二酸化炭素である。わりばしには炭素がふくまれていて，燃えるのに使われた酸素が炭素と結びつき，二酸化炭素となって空気中に出ていくため，わりばしは燃えると軽くなる。これに対し，スチールウールが燃えると，使われた酸素がスチールウールと結びつき，結びついた酸素の分だけ燃える前よりも重くなる。

6 (1)　〔水溶液の濃さ(%)＝$\dfrac{とけている物質の重さ(g)}{水溶液の重さ(g)}$×100〕で求める。図より，Aは30℃の水100gに約16gまでとけるので，$\dfrac{16}{100+16}$×100＝13.7…→14%が正答となる。

(2)　例えば，Aを50℃の水100gにとけるだけとかした後，水の温度を30℃に下げると，約40－16＝24(g)の結晶を取り出すことができるが，Bで同様の操作をしても結晶をほとんど取り出すことができない。Bのような物質の結晶を取り出すには，水溶液を加熱して水を蒸発させればよい。

(3)　（ア）×…物質がとける量は水の重さに比例するから，水200gに60gがとけるということは，水100gに30gとけるということである。Aは40℃の水100gに約24gまでしかとけない。　（イ）×…Aは60℃の水100gに57gまでとけるから，60℃の水50gには約57gの半分の約28.5gまでしかとけない。　（ウ）×…Bは20℃の水100gに約36gまでとけるから，この操作では結晶が出てこない。　（エ）○…（イ）と同様に考えると，20℃の水50gに，Aは約11÷2＝5.5(g)まで，Bは約36÷2＝18(g)までとけるから，Aだけが約10－5.5＝4.5(g)出てくる。

7 (1)　図2より，小球の重さが同じであれば，木片の移動距離は高さに比例することがわかる。重さ20gの小球では，高さが5cmのときの木片の移動距離が10cmだから，木片の移動距離を50cmにするには，高さを5×$\dfrac{50}{10}$＝25(cm)にすればよい。

(2)　重さ10gの小球を高さ10cmから転がしたときの木片の移動距離は10cmだから，高さ12cmから転がしたときの木片の移動距離は12cmである。また，重さ30gの小球を高さ10cmから転がしたときの木片の移動距離は30cmだから，木片の移動距離を12cmにするには小球を高さ10×$\dfrac{12}{30}$＝4(cm)から転がせばよい。

(3)　（オ）○…図2より，木片の移動距離は，高さと小球の重さのそれぞれに比例することがわかる。したがって，小球の重さを3倍にして，転がす高さを2倍にすれば，木片の移動距離は3×2＝6(倍)になる。また，小球の重さが半分であれば，転がす高さを2倍にすれば，木片の移動距離は$\dfrac{1}{2}$×2＝1(倍)，つまり，等しくなる。

(4)　（エ）○…表1より，高さが5.0cm大きくなるごとに，Aでの速さの増加がだんだん小さくなっている。

(5)　（ウ）○…図2で，「小球の重さ」×「高さ」の値が等しくなるのは，〔10g×10cm〕と〔20g×5cm〕，〔20g×15cm〕と〔30g×10cm〕などの組み合わせがある。これらは，それぞれ木片の移動距離が等しいが，表1からもわかるとおり，高さがちがうのでAでの速さもちがう。

(6)　表2で，飛んだ距離は，飛びだす角度が40°になるまではだんだん大きくなり，50°からはだんだん小さくなる。また，40°と50°のときが最大である。したがって，実際に最も遠くまで飛ぶのは，40°と50°の間のどこかだと考えられる。この範囲にある値になっているのは（ウ）だけである。

(7)　（ア）○…実験1からわかる。　（イ）○…実験2からわかる。　（ウ）○…実験1と2からわかる。
（エ）×…(6)より，投げ上げる高さは45°のときに最も遠くまで飛ぶと考えられる。また，投げ上げる速さを変えることで飛ぶ距離がどのように変化するかについては調べていない。

――――《解答例》――――

1 (1)(ウ)　(2)(ア)　(3)(イ)　(4)(カ)　(5)月食　(6)G　(7)(ア)

2 (1)リュウグウ　(2)火星

3 (1)A.（ウ）　B.（エ）　C.（ア）　D.（オ）　E.（イ）
　(2)(ウ)　(3)(イ)　(4)2500

4 (1)アルカリ性　(2)水に溶けやすい性質。　(3)(ウ)

5 (1)問1.右グラフ　問2.22.8　(2)①比例している　②3.5
　(3)①4.2　②21

6 (1)①(ウ)　②(ア)　(2)問1.（エ）　問2.300　問3.9　(3)7.5

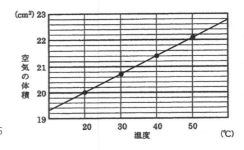

解説はこのあとからはじまります。

――――《解　説》――――

1 (1)　月は地球の周りを約1か月で1周している。

(2)　月は何も見えない新月から，右側が細く光って見える三日月，右半分が光って見える 上弦（じょうげん）の月，満月と変化し，さらに満月から右側が欠けていって，左半分が光って見える下弦の月，次の新月というように変化する。よって，Xのように満ち欠けする。また，図1で，新月は太陽と同じ方向にあるCで，右半分が光って見える上弦の月はAだから，月はaの方向へ動く。

(3)　菜の花がさいているので春である。また，日(太陽)が西にあるので夕方ごろである。

(4)　観察者から見て，太陽と月が反対方向にあるのは，月がGの位置にあるときである。この月を地球から見ると，太陽の光があたっている面だけが見えるから満月である。

(5)(6)　月食が起こるのは，太陽，地球，月の順に一直線に並び，月が地球の影（かげ）に入るときである。この並び順になるのはGの満月のときである。なお，月食には部分月食と皆既月食（かいき）があり，右図のようなときにそれぞれの月食が起こる。

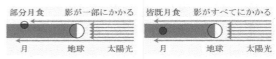

(7)　図1で，すべての月と地球は，右半分に太陽の光があたっているから，Fの位置にある月から見る地球の光り方は，地球から見るBの位置にある月の光り方と同じである。(2)解説より，Bの位置にある月は，新月から上弦の月に変化すると中の月だから，右側が細く光る(ア)のような形(三日月)に見える。

2 (1)　はやぶさ2が到着した小惑星（わくせい）リュウグウは，地球に近い軌道（きどう）を公転している直径900mほどの小惑星である。なお，はやぶさが到着したのは小惑星イトカワである。

(2) 火星と地球が接近するのは約2年2か月に1回であるが，接近したときの火星と地球の距離_{きょり}はいつも同じではない。2018年の接近は火星と地球の距離が大変近く，2003年以来15年ぶりの大接近となった。

3 (2) ツバメは春になると日本より南の地域から日本にやってきて，産卵と子育てをし，秋になると南の地域へ戻_{もど}り，冬は南のあたたかい地域で生活する。

(3) こん虫が，卵→幼虫→さなぎ→成虫の順に育つことを完全変態という。完全変態に対し，さなぎの時期がなく，卵→幼虫→成虫の順に育つことを不完全変態という。完全変態をするおもなこん虫は，チョウ，ガ，ハエ，ハチ，アリ，甲虫(カブトムシ，クワガタムシ，テントウムシなど)である。一方，不完全変態をするおもなこん虫は，セミ，トンボ，カマキリ，バッタ，ゴキブリなどである。

(4) 池で100匹のメダカをつかまえて印をつけて池にもどしたので，池全体のメダカのうち印がついているメダカの割合は(100÷池全体のメダカ)である。この割合が，一週間後に50匹のメダカをつかまえたときの印がついていたメダカ2匹の割合2÷50＝0.04と同じになるから，池全体のメダカの数は100÷0.04＝2500(匹)である。

4 (1) フラスコ内にたまった水溶液_{すいようえき}は青色に変化したから，アルカリ性である。

(2) フラスコ内に水を少量入れたことで，フラスコ内にたまっていたアンモニアが水に溶_とけ，溶けたアンモニアの体積と同じ体積のＢＴＢ溶液を入れた水を吸い上げる。フラスコ内にたまっていた気体が水に溶けにくい気体であれば，ＢＴＢ溶液を入れた水がガラス管の先から勢いよく出てくることはない。

(3) (ア)の集め方を下方置換法，(イ)の集め方を水上置換法，(ウ)の集め方を上方置換法という。水に溶けにくい_{ちかん}気体は水上置換法で集め，水に溶けやすい気体は，空気より重ければ下方置換法，空気より軽ければ上方置換法で集める。アンモニアは水に溶けやすく，空気より軽い気体である。

5 (1) グラフの縦軸_{じく}が，1目もり0.2℃になっていることに注意しよう。また，温度が10℃上がるごとに注射器内の気体の体積が0.7㎤ずつ増えているから，10℃のときには20－0.7＝19.3(㎤)，60℃のときには22.1＋0.7＝22.8(㎤)になっていると考えられる。

(2) ①20℃のときの注射器内の空気の体積が20㎤から40㎤，20㎤から80㎤と2倍，4倍になると，温度を10℃上げるごとに増加する空気の体積が0.7㎤から1.4㎤，0.7㎤から2.8㎤と2倍，4倍になっているから，比例していることが分かる。②0.7÷20×100＝3.5(%)

(3) 実験2では，20㎤の空気を20℃から40℃にすると体積が21.4－20＝1.4(㎤)増えたから，20㎤の3倍の60㎤の空気では1.4×3＝4.2(㎤)増え，これによってガラス管内のゼリーが持ち上げられる。ガラス管の断面積が0.2㎤だから，ゼリーの位置は矢印の方向へ4.2÷0.2＝21(cm)動くと求められ，実験1の結果(20.8cm)とほぼ同じであることが確かめられる。

6 (1) てこの種類を考えるときは，3点のうち，どの点が真ん中にあるのかで区別するとよい。ピンセットは力点が真ん中にあるから(ウ)，缶_{かん}のプルタブは支点が真ん中にあるから(ア)のてこ同じである。

(2)問1 糸を引っぱる①が力点，おもりを持ち上げる②が作用点，③が支点である。　　問2 輪軸_{りんじく}は，支点の左右で輪軸を回転させるはたらき〔おもりの重さ×支点からの距離〕が等しいとき，動かなくなる。大輪につり下げた200gのおもりが輪軸を時計回りに回転させるはたらきが200(g)×12(cm)＝2400だから，小輪につり下げたおもりXが輪軸を反時計回りに回転させるはたらきも2400になるように，おもりXの重さを2400÷8(cm)＝300(g)にすればよい。　　問3 小輪と大輪が回転する角度は同じだから，動く距離は半径に比例する。したがって，半径8cmの小輪につり下げたおもりを6cm引き上げるには，半径12cmの大輪につり下げたおもりを$6×\frac{12}{8}＝9$(cm)下げればよい。

(3) ギアを小輪，タイヤを大輪と考えて，(2)問3と同様に計算すればよい。$1×\frac{30}{4}＝7.5$(cm)が正答である。

=======《解答例》=======

1　(1)9，10　　(2)記号…(ウ)　③集中　　(3)ひまわり　　(4)(イ)

2　(1)(ア)　　(2)D　　(3)③　　(4)(オ)

3　(1)(イ)　　(2)(エ)　　(3)②　　(4)(カ)

4　(1)1.2　　(2)問１．B　　問２．A，B，C

5　(1)(イ)，(エ)，(カ)　　(2)(ア)　　(3)(エ)　　(4)(ウ)　　(5)でんぷんがだ液によって消化されるから。

6　①1　　②3　　③2　　④18

7　(1)○　　(2)×　　(3)○　　(4)○　　(5)×

8　(1)1700　　(2)おそい　　(3)①多い　　②少ない　　(4)(エ)

=======《解　説》=======

1　(1)　気象観測における天気は，空全体を 10 とした場合の雲が占める面積の割合で決める。雲の割合が 0 から 8 のときが「晴れ」（0 と 1 のときを特に「快晴」という），9 と 10 のときが「くもり」である。また，雲の量にかかわらず，雨が降っているときは「雨」である。

　(2)　あたたかい空気と冷たい空気がぶつかる面の地表の境目を前線という。前線には温暖前線と寒冷前線があり，温暖前線ではあたたかい空気が冷たい空気にゆるやかに乗り上げるため，ゆるやかな上昇気流が発生して，広くなだらかな雲である乱層雲が発生し，弱い雨が長い時間降る。一方，寒冷前線では，冷たい空気があたたかい空気にもぐりこんであたたかい空気を急におし上げるため，急激な上昇気流が発生して，背の高い雲である積乱雲が発生し，はげしい雨が短時間降る。大きな積乱雲が次々と通過すると，せまい範囲に集中的にはげしい雨が降る集中豪雨となるため，土砂災害などによって大きな被害が出ることがある。

　(3)　日本の気象衛星は「ひまわり」といい，2018 年現在動いている最新のものは「ひまわり 8 号」である（9 号もすでに打ち上げられており 2022 年から運用開始予定）。常に日本の上空の同じ位置から観測できるように，地上から見て同じ位置に止まって見える速度で地球を回っている(静止衛星という)。

　(4)　北半球の低気圧である台風には，中心に向かって反時計回りに風が吹きこむため，AとBの位置では右図のように風向きが変わっていく。

2　(1)　(ア)けがを防止するため，地層の観察時の服装は長そでと長ズボンが適するので誤りである。(イ)まず遠くから地層全体のようすを観察し，その後，近くから詳しい観察をするとよい。(ウ)土地の持ち主や管理者に許可を取った上で，必要な場合は，地層や岩石などを少量けずってもよい。(エ)岩石を採取するときに破片が飛び散ることがあるので保護メガネをする。

　(2)　大地の変動により，上下の逆転が起こっていない限り，下に積もっている地層ほど古く，上に積もっている地層ほど新しい。

(3) 最も粒の大きなれきはすぐに沈むため河口に最も近い①に堆積し，次に粒の大きな砂が②に堆積し，最も粒の小さなどろが最も沖の③に堆積する。

(4) 図1のB，C，Dの地層は，D（れきと砂），C（砂），B（どろ）の順に下から堆積した。Dは河口近くの浅い海，Bは沖の深い海，Cはその中間の海に堆積したとわかるので，この地域の海が浅い海から深い海に変化していったことがわかる。したがって，(オ)が正答である。

3 (1) ろうそくが燃え続けるためには，常に新しい空気（酸素）がろうそくにとどく必要がある。あたためられた空気は軽くなって上に移動する性質があるため，(イ)のように上下に空気の出入り口をあけておけば，燃えたあとの二酸化炭素が多くなったあたたかい空気は上に逃げ，かわりに酸素の多い新しい空気が下から入ってくるため，ろうそくが燃え続けることができる。

(2) (1)と同様，下から新しい空気が入り中を通って上に逃げていくことを考えれば，缶の下の方に穴があいていて，中にも空気の通り道がある(エ)が最もよく燃えると考えられる。

(3) 空気にふくまれる気体の体積の割合は，最も多いちっ素（①）が約78%，次に多い酸素（②）が約21%，アルゴンが約0.9%，二酸化炭素（③）が約0.04%である。

(4) ろうそくが燃えるとき，空気中の酸素が使われ，二酸化炭素が発生する。したがって，①のちっ素はほとんど変わらず，②の酸素が減り，③の二酸化炭素が増えるので(カ)が正答である。

4 (1) 28.8÷24＝1.2（g）

(2)問1 同じ気体であれば密度が等しく，重さは体積に比例する。つまり，同じ気体であれば，図1のグラフにおいて原点を通る同じ直線上にくることになる。右図のように，原点からA〜Eに向かって直線を引くと，AとBが同じ気体だとわかる。　問2　(1)より，空気の重さは1Lあたり1.2gなので，〔重さ÷体積〕が1.2になる（50L，60g）の点を通る直線を引く（右図）。この直線よりも上にある気体が1Lあたりの重さが空気より重い気体なので，手をはなすと床に落ちる風船は気体A，B，Cでふくらませたものである。

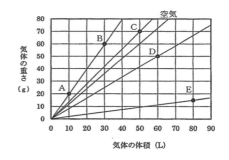

5 (1) 食物は，口→食道→胃→小腸→大腸→肛門と進む。口から肛門までのひと続きの管を消化管という。

(2) 消化された食物の養分は，小腸から吸収されたあと，門脈という血管を通って肝臓に運ばれる。

(3) 豚のたんぱく質はアミノ酸に分解されて小腸から吸収され，その後，合成されてヒトのたんぱく質になる。

(4) 植物は，葉などの緑色の部分（葉緑体）で光を受けると，水と二酸化炭素を材料にして，でんぷんと酸素をつくり出す。このはたらきを光合成という。イモは土の中にあって光があたらないので，光合成を行わない。

(5) でんぷんは，だ液の中のアミラーゼという酵素によって，粒の小さな麦芽糖に分解されるため，かんでいるとあまく感じるようになる。

6 ① 図1から，植物が1時間（60分）あたり1gのデンプンを使うことがわかる。　② 図2から，植物が1時間（60分）あたり3gのデンプンをつくることがわかる。　③ ①，②の結果から，1時間（60分）あたりにたくわえられるデンプンの量は3－1＝2（g）である　④ 光があたる14時間でたくわえられるでんぷんが2×14＝28（g），光があたらない10時間で使われるでんぷんが1×10＝10（g）となるので，1日でたくわえられるでんぷんは28－10＝18（g）である。

7 (1) 電池を直列につなぐと大きな電流が流れるので正しい。なお，電池を並列につなぐと長持ちする。

(2) 細い電熱線より太い電熱線のほうがより大きな電流が流れるので，より多く発熱する。

(3) 冷やされた空気は体積が小さくなるので正しい。

(4) くぎぬきでは力点と作用点で，〔力×支点までの距離〕が等しくなる。力点から支点までの距離を大きくすると，小さな力でくぎをぬくことができるので正しい。

(5) ふりこの長さが長いほど，ふりこが１往復する時間は長い。図のふりこは，右半分がくぎの位置を支点とする短いふりこになって，右半分を半往復する時間が左半分を半往復する時間より短くなるので，１往復する時間はくぎがないときに比べて短くなる。

8 (1)(2) 〔距離＝速さ×時間〕であるが，光の速さは非常に速いため，とくに指示のない問題では，光ったと同時に目にとどいたと考えてよい。したがって，光に比べてはるかにおそい音の速さだけを考えればよく，$340 \times 5 = 1700(m)$となる。

(3)(4) 振動数（しんどうすう）が多いほど高い音になり，振動数が少ないほど低い音になる。弦（げん）を強く張ると，はじかれた弦がもどる速さが速くなるため，振動数が多くなり高い音になる。弦を長くすると，はじかれた弦がもどるまでに時間がかかるため，振動数が少なくなり低い音になる。

平成㉙年度 解答例・解説

===《解答例》===

1 (1)A．小麦粉　B．ミョウバン　C．砂糖　D．食塩　(2)問１．①(エ)　②(キ)　問２．4.8　(3)(エ)
(4)(オ)

2 (1)A→C→B　(2)(キ)　(3)(ク)

3 (1)(エ)　(2)問１．(ウ)　問２．⑤　(3)問１．(ウ)　問２．アンタレス　問３．(イ)　問４．(エ)

4 (1)○　(2)×　(3)○　(4)×　(5)×　(6)○

5 (1)(ウ)　(2)(エ)　(3)C，G

6 (1)(イ)　(2)5　(3)2500　(4)①２　②2500　(5)(エ)

===《解　説》===

1 (1) 実験１より，水にほとんどとけなかったAは小麦粉だとわかる。また，実験２より，黒くこげたCは砂糖だとわかり，実験３より，水溶液の温度を下げてもつぶが出てこないDは食塩，つぶが出てくるBはミョウバンだとわかる。実験２で小麦粉や砂糖が燃えて黒くこげたのは，炭素をふくんでいるからである。また，実験３で水溶液の温度を下げても食塩の固体が出てこなかったのは，食塩は水の温度によってとける量がほとんど変わらないからである。

(2)問１　水 100ｇに食塩５ｇをとかした水溶液の重さは $100 + 5 = 105(g)$ である。ただし，水溶液は透明であり，食塩が水にとけると目に見えなくなる。　問２　〔濃度(%)＝$\dfrac{とけているものの重さ(g)}{水溶液の重さ(g)} \times 100$〕より，$\dfrac{5}{100+5} \times 100 = 4.76\cdots \rightarrow 4.8$%となる。

(3) (ア)20℃の水 100ｇにBは 10ｇとけるので，水 250ｇでは，$10 \times \dfrac{250}{100} = 25(g)$とける。したがって，20ｇはすべてとける。(イ)60℃では水 100ｇにBは 60ｇとけるので，20℃では水 100ｇにBは 10ｇとけ，水 100ｇのときは $60 - 10 = 50(g)$のつぶが出てくる。したがって，水 300ｇでは，$50 \times \dfrac{300}{100} = 150(g)$のBが出てくる。(ウ)水 50ｇに30ｇとけるということは，水 100ｇに 60ｇとけるということである。グラフより，このような温度は 60℃だとわかる。(エ)水の重さ

がちがっても，同じ温度でとけるだけとかした水溶液の濃さは同じである。したがって，(エ)が正答となる。

(4) ミョウバンをナスのつけものを作るときに使用することで，鮮やかな色を保つことができる。

2 (1) 金属を加熱したとき，加熱部分に近いところから順に熱が伝わる。加熱部分に近い方から順にA，C，Bとなる。なお，このような熱の伝わり方を伝導という。

(2) 水を加熱すると，加熱された部分は軽くなって上にあがり，かわりに横から新たな水が流れこむ。このようにして水の流れができ，やがて全体があたたまる。したがって，加熱部分の上にあるEが最初にあたたまり，次にD，Fの順にあたたまる。なお，このような熱の伝わり方を対流という。

(3) 空気は水と同様に対流によってあたたまる。したがって，暖房では吹き出し口を下向きにすることで，あたたかい空気が下から上にあがって，部屋全体があたたまりやすくなる。また，冷房では吹き出し口を上向きにすることで，冷たい空気が上から下にさがって，部屋全体が冷えやすくなる。

3 (1) (ア)月は太陽の光を反射してかがやいている。(イ)月が夕方に東の空に見えるのは，満月とそれに近い形のときだけである。(ウ)下弦の月は南の空にあるとき，左半分がかがやいて見える。南の空で右半分がかがやいて見えるのは上弦の月である。(オ)月の表面には水がほとんどないと考えられている。

(2)問1 (1)解説より，満月の(ウ)である。　　　問2 満月が見えるとき，太陽，地球，月の順にほぼ一直線に並ぶので，月の位置は⑤である。

(3)問1 星座早見を使って観察するときは，観察したい方向を下にして持ち，上にかざす。円の中心に北極星があるので，わくと外側の円の距離がせまくなっているほうが南である。　　　問2 アンタレスはさそり座の一等星である。　　　問3 デネブ，リゲル，シリウスはいずれも白色～青白色の温度が高い一等星である。

問4 星座も月や太陽と同様に，東の地平線からのぼり，南の空で最も高くなって，西の地平線にしずむ。したがって，南の空にあるさそり座は，この後西の地平線にしずむ。

4 (1) ふりこが1往復する時間はふりこの長さによって決まり，振れ幅やおもりの重さによって変わらない。

(2) 地球は北極がS極，南極がN極の大きな磁石である。

(4) ピンセットは，力点が支点と作用点の間にあるてこである。

(5) 電流計の3つの−端子のうち，大きさがわからない電流を測定するときには，最も大きい5Aの−端子から使う。これは，針がふりきれて電流計がこわれないようにするためである。

(6) 電池を直列つなぎにすると，豆電球に流れる電流が最も大きくなるが，並列つなぎにしても豆電球に流れる電流は変わらない。また，豆電球を直列つなぎにすると，豆電球に流れる電流は小さくなるが，豆電球を並列つなぎにしても，豆電球に流れる電流は変わらない。以上のことから，電池は直列つなぎ，豆電球は並列つなぎの(イ)が最も明るくなる。

5 (1) 図Iのように，光は(ウ)を通る。

(2) 図IIのように，光は(エ)で反射してあやめさんに届く。

(3) 図IIIのように，鏡の左はしで反射する光はBとCの間，鏡の右はしで反射する光はGとHの間を通るので，CからGまでである。

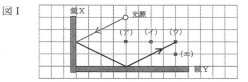

図I

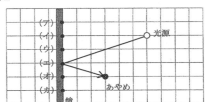
図Ⅱ

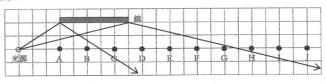
図Ⅲ

6　(2)　小魚の20%が大型肉食魚の重さに変わるので，1÷0.2＝5（kg）となる。

　　(3)　(2)の続きを計算していく。小魚5kgに変わるのは動物プランクトン5÷0.1＝50（kg），動物プランクトン50kgに変わるのは植物プランクトン50÷0.02＝2500（kg）となる。

　　(4)①　20×0.1＝2（kg）　　②　$1×\dfrac{1000}{0.4}＝2500$（g）

平成 ㉘ 年度　解答例・解説

―――――《解答例》―――――

1　(1)右図　　(2)(ウ)　　(3)受精　　(4)親が卵を食べることがあるから。

　　(5)(ウ)，(オ)　　(6)①(ウ)　②(キ)　　(7)(エ)

2　(1)二酸化炭素　　(2)へこむ　　(3)水に溶けるから。　　(4)(エ)　　(5)黄

　　(6)ドライアイス　　(7)(ウ)　　(8)問1．3.3　問2．(イ)，(エ)

3　(1)(カ)　　(2)16　　(3)20　　(4)3.5

4　(1)百葉箱　　(2)(ウ)　　(3)(エ)　　(4)(エ)　　(5)(ア)

―――――《解　説》―――――

1　(1)切れこみのある背びれをかき足せばよい。メダカのオスとメスのひれの形のちがいを覚えておこう（下図）。

オス
切れ込みがある
平行四辺形に近い形

メス
切れ込みがない
三角形に近い形

(2)ヒメダカの卵がかえるのは，〔温度(℃)×日数(日)〕の値が 250 になったときとされている。したがって，水温が25℃のときには 250÷25＝10（日）で卵はかえるので，最も近い(ウ)が正答となる。　　(5)(ア)オスとメスは卵を産ませるとき以外も同じ水そうに入れておく。(イ)水道水には塩素がとけているので，1日くみ置きにするなどして，塩素を抜いてからヒメダカを入れる。(エ)水は一度にすべて入れかえるのではなく，$\dfrac{1}{2}～\dfrac{1}{3}$を入れかえる。　　(6)②小川がコンクリート化することでメダカの数が減るのは，メダカのかくれ場所や産卵場所がなくなるためである。

(7)(エ)プレパラートを観察するときには，観察物を見つけやすいように，まずは低倍率の対物レンズを使用する。対物レンズは短いものほど倍率が低いので，最も短い対物レンズを使用する。なお，接眼レンズは短いものほど倍率が高いので，注意が必要である。

2　(1)石灰水に二酸化炭素を通すと，石灰水が白くにごる。　　(2)(3)二酸化炭素は水に溶けるので，ペットボトル内の気体の体積が小さくなり，ペットボトルがへこむ。　　(4)水に溶けていたものは気体の二酸化炭素なので，水を蒸発させ

ると，溶けていた二酸化炭素は空気中に出ていき，蒸発皿には何も残らない。　(5)ＢＴＢ溶液は酸性で黄色，中性で緑色，アルカリ性で青色に変化する。水に二酸化炭素を溶かしたものを炭酸水といい，炭酸水は酸性を示す。　(6)二酸化炭素はふつう気体から固体(固体から気体)へ直接変化する。このような変化を昇華という。　(7)ふたをすると物質の出入りがなくなるので，物質の状態が変化してもペットボトル全体の重さは変化しない。なお，ペットボトル内のＢがすべて気体になった後，ふたをあけて重さをはかると最初と比べて軽くなる。　(8)問１.表より，炭酸カルシウムが１ｇ大きくなると発生した気体の体積が225mL大きくなることがわかる。ただし，炭酸カルシウムが３ｇから４ｇになったときに発生した気体の体積が225mL大きくなっていないのは，そのと中で塩酸がすべて反応してしまったためである。発生した気体の体積は炭酸カルシウムの重さに比例するので，発生した気体の体積が最大値の740mLになるのは炭酸カルシウムが $1×\dfrac{740}{225}＝3.28…→3.3$ ｇのときである。　問２.（ア）（イ）図２のグラフが水平になっているところでは，塩酸がすべて反応し，炭酸カルシウムが溶け残っている。（ウ）20％の塩酸20mLでは，10％のときの２倍の炭酸カルシウム(約6.6ｇ)を溶かすことができる。ここでは炭酸カルシウムが４ｇしかないので，４ｇの炭酸カルシウムがすべて溶けて $225×\dfrac{4}{1}＝900$ (mL)の気体が発生する。（エ）５％の塩酸10mLで溶かすことができる炭酸カルシウムの重さは，10％の塩酸20mLのときの $\dfrac{5(\%)}{10(\%)}×\dfrac{10(mL)}{20(mL)}＝\dfrac{1}{4}$ (倍)の約 $3.3×\dfrac{1}{4}＝0.825$ (ｇ)なので，溶け残りが見られる。（オ）10％の塩酸10mLでは炭酸カルシウムが20mLのときの半分の約 $3.3÷2＝1.65$ (ｇ)まで溶けるので，１ｇの炭酸カルシウムがすべて溶け，225mLの気体が発生する。

3 (1)右のおもりの重さと位置は変化しないので，右のおもりが棒を右にかたむけようとするはたらきは一定である。これと同じように，棒が水平になったとき(表１)の棒を左にかたむけようとするはたらきを一定にするには，左のおもりの重さと支点から左のおもりまでの長さの積が800になればよい。なお，右のおもりの重さと支点から右のおもりまでの長さの積も800になる。　(2)800÷50(ｇ)＝16(cm)　(3)棒を右にかたむけようとするはたらきの大きさが100(ｇ)×10(cm)＝1000なので，棒を左にかたむけようとするはたらきも1000になればよい。したがって，40(ｇ)×④(cm)＋20(ｇ)＋10(cm)＝1000が成り立つので，④＝20(cm)となる。　(4)ばねを上向きに引くと，棒を左にかたむけようとする。棒を左にかたむけようとするはたらきの合計と棒を右にかたむけようとするはたらきが等しくなれば棒は水平になる。ばねは支点から20cmの位置にあり，ばねを上向きに引く力の大きさを□ｇとすると，□(ｇ)×20(cm)＋30(ｇ)×10(cm)＝100(ｇ)×10(cm)が成り立つので，□＝35(ｇ)となる。図４より，このばねは20ｇのおもりをつるすと２cm伸びることがわかるので，35ｇでは $2×\dfrac{35}{20}＝3.5$ (cm)伸びる。

4 (1)(2)百葉箱は木製で，太陽の光を反射するように白色でぬられ，風通しがよくなるようによろい戸になっている。また，とびらは直射日光が中に入らないように北向きにつけられており，地面からの熱の反射を防ぐために下にしばふを植えてある。中にある温度計地面から1.2m〜1.5mの高さになるように設置されている。　(4)晴れの日は，気温が最高になる午後２時ごろ以降は気温が下がり続け，日の出直前に最も低くなる。これは，太陽からとどく光の量が少なくなっていく(とくに日の入り後は，太陽から光がとどかなくなり，熱が宇宙空間に出ていくだけになる)ためである。(5)①は平均気温が最も高く，気温が低いときと高いときの差が最も大きいので晴れの日の気温変化である。また，③は平均気温が最も低く，気温が低いときと高いときの差が最も小さいので雨の日の気温変化である。残りの②がくもりの日の気温変化である。

平成㉗年度 解答例・解説

《解答例》

1　(1)(イ)，(ウ)，(エ)　(2)でんぷん　(3)(エ)　(4)(ウ)　(5)(ア)，(カ)，(ケ)

2　(1)問１．(エ)　問２．(オ)　(2)右図　(3)(イ)　(4)(ウ)

3　(1)問１．(ウ)　問２．２　問３．４　(2)(エ)　(3)240mA

4　(1)(ウ)　(2)(イ)　(3)問１．8　問２．8，23，45　問３．8，24，35

《解説》

1　(1)インゲンマメの種子の発芽には水，空気(酸素)，適当な温度が必要であり，光は必要ではない。（ア）は空気，（オ）は適当な温度，（カ）は水が不足しているため，発芽しない。　(4)トウモロコシの受粉は風によって行われるため，お花が上の方にあることで，花粉が下の方にあるめ花につきやすくなる。　(5)ヒョウタン，ヘチマ，ツルレイシなどのウリ科の植物は一つの株にめ花とお花を別々に咲かせる。なお，イチョウもめ花とお花を咲かせるが，一つの株にはめ花かお花のどちらか一方だけを咲かせる。

2　(1)問１．Ａさん…正しい。Ｂさん…正しい。Ｃさん…30ｇのミョウバンは0℃のときにはとけ残りがあるが，60℃のときにはすべてとける。問２．20℃で100mLの水にミョウバンは約12ｇまで，食塩は約36ｇまでとける。Ａさん…最初に加えた量が6ｇより小さければ，これと同じ量を加えてもどちらもすべてとける。Ｂさん…最初に加えることができる物質の量は最大で12ｇであり，これと同じ量を加えても合計で12×2＝24（ｇ）であるため，食塩がとけ残ることはない。Ｃさん…最初に加えた量が6ｇよりも大きく12ｇよりも小さければ，食塩はすべてとけるが，ミョウバンはとけ残りができる。　(2)ろうとの足の長い方を，ビーカーのかべにつけて，ろ過した液が飛び散らないようにする。
(3)氷(固体)が水(液体)にとけるとき，質量は変化しないが，体積は減る。したがって，Ｂさんが正しい。なお，水以外の物質は固体から液体に変化するときに体積は増える。　(4)石灰石に塩酸をかけたときに発生する気体は二酸化炭素である。Ａさん…二酸化炭素を水にとかしたものを炭酸水といい，酸性を示す。酸性の水よう液は青色リトマス紙を赤色に変化させ，赤色リトマス紙を変化させない。Ｂさん…空気中に体積で約20％ふくまれていて，ものを燃やすはたらきがあるのは酸素である。Ｃさん…正しい。二酸化炭素はふつう液体にならず，気体から固体(固体から気体)へ直接変化する。

3　(1)問１．電流は乾電池の＋極から−極に向かって流れる。また，図１の回路では，流れる電流の大きさはどこでも等しい。問２．図１と図４は同じ明るさで，乾電池２個を直列につないだ図２の豆電球の明るさがもっとも明るい。なお，図３の豆電球は光らない。問３．図４のように乾電池２個を並列につなぐと，電池が長持ちする。　(3)電流計の−端子を500mAの端子につなぐと1目盛りは10mAになるので，240mAが正答となる。

4　(1)（ウ）マグニチュード(M)は地震の規模を，震度は地震のゆれの程度を表す。　(3)問１．2地点の震源からの距離の差とP波の到着時刻の差を利用して，P波の伝わる速さを求める。観測点ＡとＢでは震源からの距離の差が144−96＝48(km)で，P波の到着時刻の差が8時24分03秒−8時23分57秒＝6秒であるので，P波の伝わる速さは毎秒48÷6＝8（km）である。問２．観測点ＡにP波が到着したのは地震発生から96÷8＝12(秒後)であるので，地震発生時

刻は8時23分57秒－12秒＝8時23分45秒である。問3．観測点CにP波が到着したのは地震発生の8時24分10秒－8時23分45秒＝25秒後であるので，観測点Cの震源からの距離は8×25＝200(km)である。S波の伝わる速さを問1と同様に求めると毎秒48÷12＝4(km)となるので，観測点CのS波の到着時刻は地震発生の200÷4＝50(秒後)の8時23分45秒＋50秒＝8時24分35秒である。

平成 26 年度 解答例・解説

《解答例》

1 (1)右表 (2)モミジ (3)ミカン (4)右図

2 ①(ア) ②(ウ) ③(エ)，(オ) ④(イ)，(カ)

3 (1)(カ) (2)れき岩 (3)(ウ)

4 (1)(イ)，(ウ)，(オ) (2)(イ) (3)(イ) (4)(エ)，(オ)

5 (1)水素 (2)(ウ) (3)310 (4)0.4

  (5)気体の体積…744 残ったアルミニウム…0.1

  (6)問1．(イ) 問2．(ア) 問3．(イ)，(オ)

  (7)a．二酸化炭素 b．酸 c．酸性雨 d．工場〔別解〕自動車

6 (1)点A…作用点 点B…支点 点C…力点

  (2)問1．2.5 問2．60 問3．点Bを点Aに近づける

  (3)問1．Ⅰ．(ウ)，(オ) Ⅱ．(イ) Ⅲ．(ア)，(エ)，(カ) 問2．Ⅲ

7 (1)(ウ) (2)(イ) (3)(イ) (4)(イ)，(エ)，(オ)

	アサガオ	イチョウ	インゲンマメ	ミカン	モミジ
葉の形	(ウ)	(イ)	(オ)	(ア)	(エ)
実の形	(キ)	(カ)	(コ)	(ケ)	(ク)

《解説》

1 (2)風でよくとぶようにプロペラのような形をしている。 (3)アゲハチョウはミカンやサンショウなどのミカン科の葉に卵を産みつけ，卵からかえった幼虫はその葉を食べる。 (4)本葉とふた葉の形が異なることに注意しよう。

2 ①は春，②は冬，③は夏，④は秋の様子である。(ア)は春，(イ)と(カ)は秋，(ウ)は冬，(エ)と(オ)は夏の様子である。

3 (1)水に運ばれた距離(きょり)が長いほど石の大きさは小さくなる(下流ほど小さな石が多い)。 (2)ふくまれる粒の大きさによって，れき岩，砂岩，でい岩にわけられる。れき岩は粒の直径が2mm以上，砂岩は0.06mm〜2mm，でい岩は0.06mm以下である。 (3)河川が大きく曲がっている場所では，外側の方が流れがはやいため，外側の川岸や川底がけずられる。

4 (1)(ア)月の合計の降水量が最も多いのはC市である。 (ウ)A市の月の合計の降水量は184mmで，これは平年の7月の降水量の $\frac{184mm}{230mm} \times 100 = 80\%$ である。 (エ)B市のこの年の7月の合計の降水量は286.5mmで，1日〜10日の期間の降水量はこれの $\frac{31.5mm}{286.5mm} \times 100 = 10.9\cdots \rightarrow$ 約11%である。 (2)10mm→0.01mより，1m²×0.01m＝0.01m³

5 (1)うすい塩酸に金属を加えたときに発生する気体は水素である。 (2)水素の特徴と合わせて，(ア)が二酸化炭素や水蒸気，(イ)が酸素，(エ)がちっ素についてのべた文であることも覚えておこう。 (3)(4)表から，うすい塩酸10cm³とアルミニウム0.4gがちょうど反応することがわかる。したがって，塩酸10cm³にアルミニウム0.25gはすべてとけるので，アルミニウム0.2gのときに248cm³の気体が発生したことから，$248cm³ \times \frac{0.25g}{0.2g} = 310cm³$ が正答となる。

(5)塩酸 10 ㎤とアルミニウム 0.4 g がちょうど反応することから，塩酸 15 ㎤と反応するアルミニウムは 0.4 g×$\frac{15㎤}{10㎤}$ ＝0.6 g だとわかる。したがって，発生する気体の体積は 248 ㎤×$\frac{0.6 g}{0.2 g}$＝744 ㎤，とけずに残ったアルミニウムは 0.7 g－0.6 g＝0.1 g である。 (6)問１．ガスを出す操作とマッチに火をつける操作の順番に注意しよう。 (7)白色の粉末は水にも塩酸にもとけるが，このとき気体は発生しない。

6 (2)問１．支点の左右で，支点からの距離と加わる力の積が等しくなるとき，棒はつり合う。点Ｃを□kgの力で押すとすると，20 ㎝×10 kg＝(100－20)㎝×□kg より，□kg＝2.5 kg となる。 問２．右図のように考える。三角形ＡＢＤと三角形ＣＢＥは大きさの異なる同じ形の三角形なので，対応する辺の比は等しい。ＡＢ：ＢＣ＝20 ㎝：80 ㎝＝1：4 より，ＣＥ＝15 ㎝×$\frac{4}{1}$＝60 ㎝ となる。 問３．作用点を支点に近づけ，力点を支点から遠ざけると，より小さな力でおもりを持ち上げることができる。

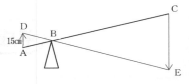

7 (3)電池は直列につないだ方がコイルに流れる電流が大きくなり，速く回転させることができる。 (4)モーター，電流計，スピーカーが電気を運動に変かんしているのに対し，発電機は運動を電気に変かんしていることを覚えておこう。

■ ご使用にあたってのお願い・ご注意

（1）問題文等の非掲載

著作権上の都合により，問題文や図表などの一部を掲載できない場合があります。

誠に申し訳ございませんが，ご了承くださいますようお願いいたします。

（2）過去問における時事性

過去問題集は，学習指導要領の改訂や社会状況の変化，新たな発見などにより，現在とは異なる表記や解説になっている場合があります。過去問の特性上，出題当時のままで出版していますので，あらかじめご了承ください。

（3）配点

学校等から配点が公表されている場合は，記載しています。公表されていない場合は，記載していません。

独自の予想配点は，出題者の意図と異なる場合があり，お客様が学習するうえで誤った判断をしてしまう恐れがあるため記載していません。

（4）無断複製等の禁止

購入された個人のお客様が，ご家庭でご自身またはご家族の学習のためにコピーをすることは可能ですが，それ以外の目的でコピー，スキャン，転載（ブログ，ＳＮＳなどでの公開を含みます）などをすることは法律により禁止されています。学校や学習塾などで，児童生徒のためにコピーをして使用することも法律により禁止されています。

ご不明な点や，違法な疑いのある行為を確認された場合は，弊社までご連絡ください。

（5）けがに注意

この問題集は針を外して使用します。針を外すときは，けがをしないように注意してください。また，表紙カバーや問題用紙の端で手指を傷つけないように十分注意してください。

（6）正誤

制作には万全を期しておりますが，万が一誤りなどがございましたら，弊社までご連絡ください。

なお，誤りが判明した場合は，弊社ウェブサイトの「ご購入者様のページ」に掲載しておりますので，そちらもご確認ください。

■ お問い合わせ

解答例，解説，印刷，製本など，問題集発行におけるすべての責任は弊社にあります。

ご不明な点がございましたら，弊社ウェブサイトの「お問い合わせ」フォームよりご連絡ください。迅速に対応いたしますが，営業日の都合で回答に数日を要する場合があります。

ご入力いただいたメールアドレス宛に自動返信メールをお送りしています。自動返信メールが届かない場合は，「よくある質問」の「メールの問い合わせに対し返信がありません。」の項目をご確認ください。

また弊社営業日（平日）は，午前９時から午後５時まで，電話でのお問い合わせも受け付けています。

2025 春

株式会社教英出版

〒422-8054　静岡県静岡市駿河区南安倍３丁目 12-28

TEL　054-288-2131　　FAX　054-288-2133

URL　https://kyoei-syuppan.net/

MAIL　siteform@kyoei-syuppan.net

教英出版 2025　26 の 1　広島女学院中７年分

２０２０年度

広島女学院中学校入学試験

算　数

５０分／１２０点満点

１．次の計算をしなさい。

（1）76923×682

（2）$\dfrac{9}{8}\times\dfrac{7}{6}-\dfrac{5}{4}\div\left(\dfrac{3}{2}+1\right)$

（3）13.5×0.4＋5.84÷0.4

（4）$1.7\div\left(1.5+\dfrac{1}{6}\right)+5.3\times\left(\dfrac{5}{2}-2.1\right)$

２．次の問に答えなさい。

（１）仁美さんは 1200 円，由希子さんは 2800 円持っています。２人が同じケーキを１個ずつ買うと，所持金の比は１：３になりました。２人が買ったケーキの値段はいくらですか。

（２）冷蔵庫に牛乳があります。朝 $\frac{1}{4}$ L を飲み，昼に 150mL を飲み，夜に残りの $\frac{2}{5}$ を飲むと，180mL 残っていました。最初にあった牛乳は何 L ですか。

（３）家から学校までの距離は 900m です。家から学校まで，陽子さんは 15 分で，お姉さんは 12 分で行くことができます。ある朝，陽子さんが８時ちょうどに家を出て，お姉さんは５分後に家を出ました。陽子さんが学校に着いたとき，お姉さんは学校から何 m のところにいるでしょうか。

- 2 -

（4） 79 と 115 をある整数で割ると，ともに余りが7になりました。このような整数の中で，最も大きい数と最も小さい数をそれぞれ求めなさい。

（5） 3, 4, 5, 6, 7 の5枚のカードがあります。この中から1枚のカードを選んだら，2の倍数でした。次に残りの4枚のカードから1枚を選び，最初のカードの右か左に並べて2桁の整数を作ったら，3の倍数になりました。さらに残りの3枚のカードから1枚を選び，先の2枚のカードの右か左に並べて3桁の整数を作ったら，4の倍数になりました。このようなカードの並べ方は何通りありますか。図や説明もかきなさい。

3．次の問に答えなさい。

（1）図のように，6個の正方形でできている紙が
　　あります。この紙を線に沿って折り曲げて，
　　ふたのない立方体の箱を作ります。このとき，
　　重なり合うのはどの面とどの面ですか。図の
　　ア～カ で答えなさい。

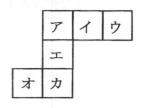

（2）1辺が1cmである3個の正方形を，図のように
　　辺が重なるようにして，棒にはりつけました。
　　この棒を中心として1回転させたときにできる
　　立体の体積と表面積を，それぞれ求めなさい。
　　ただし，円周率は3.14とします。

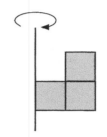

- 4 -

２０２０年度
広島女学院中学校入学試験

社会・理科

社会・理科合わせて４５分／各５０点満点

社 会

1. 下の地図であらわした地域について，後の問に答えなさい。

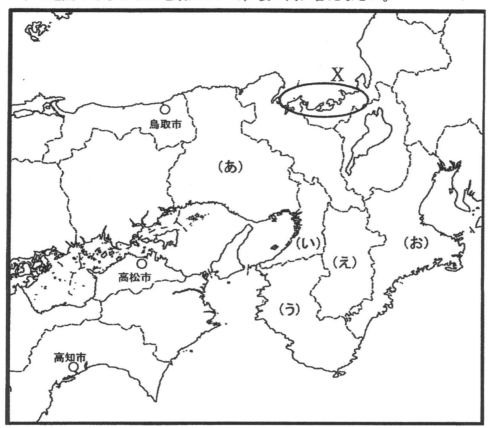

（１）　地図中の（あ）で示した県の名を答えなさい。

（２）　地図中の線で囲んだＸの地域では，海岸線が複雑に入り組んでいます。このような地形の場所について述べた文として**適当でないもの**を，次の（ア）～（エ）の中から１つ選び，記号で答えなさい。

（ア）波がおだやかなため，養殖が行いやすい。

（イ）山が海岸付近までせまっており，景色が美しく観光地にもなっている。

（ウ）奥に行くほど湾がせまくなっているため，津波の被害が大きくなりやすい。

（エ）大型船の入港に便利なため，工場が海岸線にそって集中している。

（3）　下の【グラフ１】および【表１】は，地図中の高知市，高松市，鳥取市についてあらわしたものです。【グラフ１】および【表１】中の都市Ａ〜Ｃの組み合わせとして正しいものを，後の（ア）〜（カ）の中から１つ選び，記号で答えなさい。

【グラフ１】　年間降水量に対する３ヶ月ごとの降水量がしめる割合

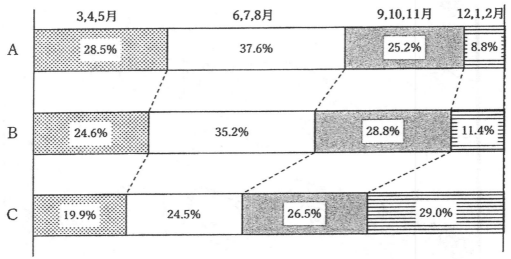

（『統計要覧 2018 年版』より作成）

【表１】　三都市の年間降水量

都市	年間降水量
Ａ	2547.5 mm
Ｂ	1082.3 mm
Ｃ	1914.0 mm

（『統計要覧 2018 年版』より作成）

（ア）	Ａ　高知市	Ｂ　高松市	Ｃ　鳥取市
（イ）	Ａ　高知市	Ｂ　鳥取市	Ｃ　高松市
（ウ）	Ａ　高松市	Ｂ　高知市	Ｃ　鳥取市
（エ）	Ａ　高松市	Ｂ　鳥取市	Ｃ　高知市
（オ）	Ａ　鳥取市	Ｂ　高知市	Ｃ　高松市
（カ）	Ａ　鳥取市	Ｂ　高松市	Ｃ　高知市

（4）　地図中の（お）の県では，かつて四大公害病の１つが発生しました。この公害病の名前を答えなさい。

【社・

（5）　水産物や工業製品などは様々な輸送手段で全国に運ばれます。次の【表２】は、日本の国内における貨物輸送のうち、国内航空、自動車、鉄道のいずれかについてあらわしたものです。【表２】からわかることについて述べた文として正しいものを、後の（ア）～（エ）の中から１つ選び、記号で答えなさい。

【表２】　国内の貨物輸送量

輸送機関	輸送量 （百万トン）	輸送トンキロ※ （百万トンキロ）
A	45	21,663
B	4,509	212,522
C	1	1,068

※　輸送したそれぞれの貨物について、その重さ（トン）に輸送した距離（km）をかけて全部合計したもの

（『日本のすがた 2019』より作成）

（ア）輸送トンキロを輸送量で割ると、Aは 1km あたり 481.4 トンの貨物を運んでいることがわかる。

（イ）Bは輸送量がA、Cに比べ一番多いので、一度にたくさんの貨物を運ぶことができる鉄道であることがわかる。

（ウ）Cは貨物１トンあたりの輸送距離が 1068km であり、他のA、Bに比べて長いので国内航空であることがわかる。

（エ）Cは輸送量が他と比べて少ないので、輸送量が年々減ってきていることがわかる。

（6）　現在、トラックの運転手が不足していることが社会問題となっています。この問題を解決するための対策として**適当でないもの**を、次の（ア）～（エ）の中から１つ選び、記号で答えなさい。

（ア）道路を走行できる車両の長さの上限はこれまで 21m だったが、一部の道路では 25m まで認められた。

（イ）自動運転の導入が進められており、前を走るトラックを自動で追って走る実験が行われている。

（ウ）トラックの一部は 20 歳以上にならないと運転できなかったが、18 歳から運転できる新しい免許制度が導入された。

（エ）トラックは時速 90km 以上出せない装置の着用が義務づけられた。

（7）　次の【表３】は地図中の府県（あ）～（え）の人口についてあらわしたものです。表中の夜間人口は，その県に暮らしている人口とされています。【表３】によると（い）は，昼間人口が夜間人口を上回っていますが，それはなぜですか。その理由について簡潔に説明しなさい。

【表３】　各県の人口の比較（単位　千人）

府県	昼間人口	夜間人口
（あ）	5,294	5,535
（い）	9,224	8,839
（う）	1,228	1,364
（え）	946	964

（矢野恒太記念会『日本国勢図会 2019/20』より作成）

2. 日本の歴史をふりかえってみると，中国や朝鮮半島の国々との関わりが深い点が特徴としてあげられます。古代から現代にいたる日本と周辺諸国との関わりについて述べた次の文章や資料を読んで，後の問に答えなさい。

（1） 志賀島で発見された金印は，中国の皇帝から送られたものだと考えられています。この時代の日本では，多くの国にわかれて争いが起こっており，各地の王が中国の皇帝に対して定期的に使いを送っていました。

問1　文章（1）の時代の日本の様子について述べた文として正しいものを，次の（ア）～（エ）の中から1つ選び，記号で答えなさい。

（ア）中国から九州北部に伝わったとされる稲作が，南西諸島や北海道をのぞく広い地域で行われるようになった。

（イ）食料を獲得する手段が多様化したことで，縄の文様がついた土器を使用するようになった。

（ウ）大きな力をもった王の墓である前方後円墳が各地で作られるようになった。

（エ）各地の人々の生活の様子や地域の自然を記した『風土記』などの書物が作られるようになった。

（2）　(A)聖徳太子は新しい国づくりのために，進んだ制度や文化が必要だと考え，これらを取り入れるために，中国に使者を派遣しました。この使者のことを　あ　といいます。その後，中国で新たな国が成立してからも，交流は続きましたが，その国が衰退したことを受けて，(B)正式な使者は派遣されなくなりました。

問1　文中の空らん　あ　に当てはまる語句を答えなさい。

問2　下線部(A)について，聖徳太子の行ったこととして**誤っているもの**を，次の（ア）～（エ）の中から1つ選び，記号で答えなさい。

（ア）仏教をあつく信仰し，現存する最古の木造建築である法隆寺を建てた。

（イ）十七条の憲法を定め，天皇に仕える役人としての心構えを説いた。

（ウ）冠位十二階を制定し，家柄によって役人の地位が決まるようにした。

（エ）当時大きな力を持っていた蘇我氏と協力して新しい国づくりを進めた。

問3　下線部(B)について，この頃の日本の様子について説明した文①～④のうち，正しいものの組み合わせを，後の（ア）～（エ）の中から１つ選び，記号で答えなさい。

① 仏教の力で社会の不安をしずめるために，国ごとに国分寺が建てられた。
② 貴族は寝殿造の大きなやしきで暮らし，和歌や蹴鞠などを楽しむようになった。
③ 藤原氏がむすめを天皇のきさきにして天皇とのつながりを強め，大きな力をもつようになった。
④ 平泉を拠点として東北地方に勢力を広げた平氏が，中尊寺や毛越寺といった寺院を多数建てた。

（ア）　①・③　　（イ）　①・④　　（ウ）　②・③　　（エ）　②・④

（3）　(C)鎌倉時代になってからも中国との間に正式な国交はありませんでした。しか
し室町時代になると，足利義満は中国の明と正式な国交を結び，日明貿易が始ま
りました。開始当初は幕府が貿易を独占していましたが，幕府の力がおとろえる
と，次第に(D)戦国大名の手に貿易の実権はうつっていきました。

問1　下線部(C)について，鎌倉時代には「御成敗式目」が制定されましたが，次の
【資料1】を読んで，この法令について述べた文①・②の正誤の組み合わせと
して正しいものを，後の（ア）～（エ）の中から1つ選び，記号で答えなさい。

【資料1】　御成敗式目
一．守護の職務・権限のこと
　　このことについて，源頼朝様の時代に定められたのは，京都の警備に
国内の武士を向かわせること，謀叛人・殺害人の逮捕などのことがらであ
る。ところが，近年，守護は勝手に税を課して，国司の政治を妨げている。
　　（中略）頼朝様の時代の例にならって，決められた仕事以外を禁止する。
一．女性が養子を迎えること
　　これについては，律令では禁止されているが，頼朝様の時代から今日に
いたるまで，子のいない女性が自分の領地を養子に譲りわたすことは武家
社会では変わらぬしきたりとして数え切れないほどある。各地でも前例と
しても多いため，認めるべきだといえる。

（『詳説　日本史史料集』より作成）

①　この法令は，源頼朝の頃からの決まりやしきたりにもとづいて成立した
といえる。
②　当時の朝廷の法律である律令と，新たに成立したこの法令とでは異なる
規定があったことがわかる。

（ア）　①　正　　②　正　　　　（イ）　①　正　　②　誤

（ウ）　①　誤　　②　正　　　　（エ）　①　誤　　②　誤

問2　下線部(D)について，戦国大名の中には【資料2】のような政策を行うものも
　　いました。これを読んで，後の問に答えなさい。

【資料2】
　　安土城下の町中に対する命令
　　　一．一部の商工業者がもっている特権は全て廃止する。あわせて新たに商
　　　　　売を行う際に徴収していた税についても廃止する。
　　　一．他国からやってきてここに住みついた商人は，前から住んでいた者と
　　　　　全て同様であり，以前誰の家来であったとしても異議を唱えてはなら
　　　　　ない。
　　　上記の条文に違反する者がいれば，ただちに罰を与えることとする。

　　　　　　　　　　　　　　　　　　　　　　　（『詳説　日本史史料集』より作成）

（ⅰ）【資料2】の政策を何というか答えなさい。

（ⅱ）戦国大名たちはなぜこのような法令を出したのでしょうか。この法令の特徴
　　　にふれながら説明しなさい。

（４）　天下統一を成しとげた豊臣秀吉は，海外にも目を向け，中国の明を征服しようと二度にわたって朝鮮半島に大軍を派遣しました。その後，成立した江戸幕府は，朝鮮との関係回復につとめるとともに，大名や商人に(E)貿易の許可状を与えて外国との貿易を保護しました。しかし，外国の貿易船に乗ってきた宣教師たちにより，国内のキリスト教信者が増えていくと，(F)三代将軍徳川家光の時代には，次第にキリスト教の禁止を徹底するとともに，海外渡航に際しては新たに老中の発行する「老中奉書」も必要とする方針をとるなど，(G)外国との貿易を制限するようになっていきました。

問１　下線部(E)について，この許可状を何というか答えなさい。

問２　下線部(F)について，三代将軍徳川家光は，参勤交代を制度として定めました。どのような制度か説明しなさい。

問３　下線部(G)について，江戸時代の交易窓口と，その主な相手の組み合わせとして正しいものを，次の（ア）～（エ）の中から１つ選び，記号で答えなさい。

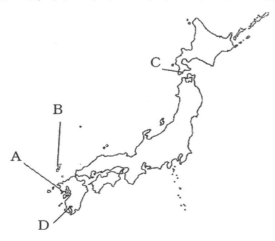

（ア）　A－中国　　　　B－アイヌ　　C－琉球　　　　D－朝鮮
（イ）　A－オランダ　　B－朝鮮　　　C－アイヌ　　　D－琉球
（ウ）　A－中国　　　　B－琉球　　　C－アイヌ　　　D－朝鮮
（エ）　A－オランダ　　B－アイヌ　　C－朝鮮　　　　D－琉球

（5）　日本は(G)明治の初めに，朝鮮に不平等な条約を結ばせて勢力を伸ばそうとしました。朝鮮では中国の清の影響力が強かったため，日本と清は対立を深め，日清戦争が起こりました。その後，(H)韓国併合を行った日本は，列強の一員としてアジア各地へと進出していきましたが，次第に中国やアメリカとの関係が悪化し，日中戦争や太平洋戦争へと突入していきました。再び，(I)中国や韓国と国交が回復するのは，戦後二十年以上たってからになりました。

問1　下線部(G)について，明治初めに政府によって行われた政策として正しいものを，次の（ア）〜（エ）の中から１つ選び，記号で答えなさい。

（ア）官営製鉄所の設置

（イ）税制改正のための測量

（ウ）満州移住の推進

（エ）ラジオ放送の開始

問2　下線部(H)について，韓国併合から太平洋戦争の終結までの国際関係について述べた文として正しいものを，次の（ア）～（エ）の中から1つ選び，記号で答えなさい。

（ア）日露戦争で勝利した日本は，賠償金を得ることはできなかったが，樺太南部の支配権を獲得した。

（イ）ヨーロッパで第一次世界大戦が起こると，日本もこれに加わり，その結果不平等条約の改正に成功した。

（ウ）国際連盟が韓国併合を無効とする決定を下したため，日本は国際連盟を脱退した。

（エ）石油などの資源を求める日本は，東南アジアに進出するとともに，ドイツ・イタリアと軍事同盟を結んだ。

問3　下線部(I)について，中国とは1972年に国交が正常化された後，1978年にある条約を結びました。この条約の名前を答えなさい。

３．　次の文章を読んで，後の問に答えなさい。

　　1945 年に終戦を迎えてから現在までの間に，日本の社会ではさまざまな変化が見られました。戦後の復興から高度経済成長を経て現在にいたるまで，人々の生活はしだいに豊かになっていきましたが，その一方で多くの社会問題も発生しました。現在では少子高齢化の進行や(A)インターネットの普及にともなう問題などが深刻になっています。
　　世界規模で見ても，大きな変化がおこっています。(B)人やモノ，お金が国境を越えて自由に行き来するようになり，世界の結びつきが強まる一方で，(C)貧富の格差が広がるなどの問題が発生しています。また各地で頻発する内戦や紛争にともない，多くの難民が発生しており，(D)地球環境問題などと並んで，一国で解決することが難しい問題が多くあります。
　　こうした問題を解決する上では，各国の政府の役割が重要になってきますが，民間人や民間の団体がつくる非政府組織（＝　あ　）の果たす役割も大きく，この両者が協力していくことが必要不可欠です。

問１　文中の空らん　あ　に当てはまる語句を，アルファベット３文字で答えなさい。

問２　下線部(A)について，現在では家電製品などに通信機能をもたせ，生活を便利にする仕組みが作られてきています。この仕組みを何といいますか，次の（ア）〜（エ）の中から１つ選び，記号で答えなさい。
　　（ア）　ＩｏＴ　　　（イ）　ＴＰＰ　　　（ウ）　ｉＰＳ　　　（エ）　ＢＯＤ

問３　下線部(B)について，こうした状況で私たちに求められることとして，**適当でないもの**を，次の（ア）〜（エ）の中から１つ選び，記号で答えなさい。
　　（ア）自分たちとは異なる他国の文化について学ぶ際には，他国の文化を軽視しないように注意する必要がある。
　　（イ）宗教によって制限されている食べ物もあるため，相手がどのような宗教を信じているかに配慮することは重要である。
　　（ウ）他の民族について学ぶことは，自分たちとの違いを強調することにつながるため，できるだけ避けた方がよい。
　　（エ）安価な商品を購入する際には，生産者の不利益によってもたらされていないか検討する必要がある。

問4　下線部(C)について，次の【グラフ1】の（X）は日本における所得格差をあら
わしています。グラフ中のジニ係数とは，所得の格差を示す数値で，0に近いほ
ど格差が小さく，1に近づくほど格差が大きいことを示しています。ただしこの
グラフは，所得の高い人ほど税率が高くなる累進課税の影響と，年金などの社会
保障費をふくめずに作成したものです。これらをふくめた際に，グラフがどう変
化するかを述べた文として正しいものを，後の（ア）～（エ）の中から1つ選び，
記号で答えなさい。

【グラフ1】　所得格差の推移

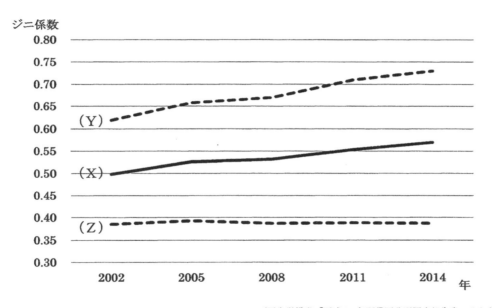

（厚生労働省「平成26年所得再分配調査報告書」より作成）

（ア）累進課税によって，所得の高い人ほど税率が高くなると，所得格差は広が
り，グラフは（Y）へと変化する。

（イ）社会保障費に含まれる年金を含めると，高齢者の所得は増加するため，所
得の格差は縮まり，グラフは（Y）へと変化する。

（ウ）累進課税によって，所得の低い人は税率が低くなるため，所得格差は縮ま
り，グラフは（Z）へと変化する。

（エ）社会保障費に含まれる年金を含めると，高齢者の所得は減少するため，所
得の格差は広がり，グラフは（Z）へと変化する。

問5　下線部(D)について，地球温暖化の解決に向けて 2015 年に採択された国際的
　　な合意の名前として正しいものを，次の（ア）〜（エ）の中から１つ選び，記
　　号で答えなさい。
　　（ア）　ラムサール条約　　　（イ）　京都議定書
　　（ウ）　パリ協定　　　　　　（エ）　ＩＮＦ全廃条約

ここで社会は終わり。理科は次ページから。

理　科

1.　図1はある地域の山から流れ出る川のようすを表したものです。図2は図1中の
　　AからDの各地点の河口からの高さとA地点からの距離をそれぞれ表したグラフ
　　です。後の問に答えなさい。

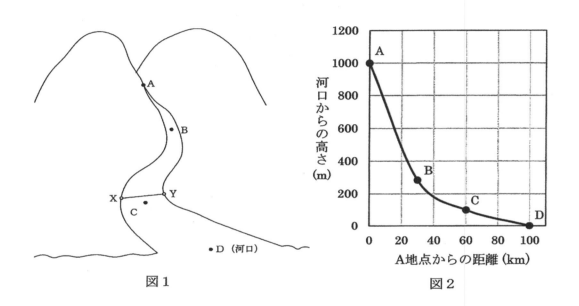

図1　　　　　　　　　　　　　　　図2

（1）　流れる水のはたらきによる，A－B，B－C，C－Dの各区間のようすを説明し
　　　た文として正しいものを，次の（ア）～（カ）から2つ選び，記号で答えなさい。

　　（ア）区間A－Bは川の流れが最もおそく，運ぱん作用が小さいため，大きくて角
　　　　　ばった石がたくさん見られる。
　　（イ）区間A－Bは川の流れが最も速く，しん食作用によりV字谷（V字形の谷）
　　　　　ができる。
　　（ウ）区間B－Cは上流より川の流れがおそく，上流から運ばれた土砂がたい積し
　　　　　て，急な斜面ができる。
　　（エ）区間B－Cは川の流れが最も速く，大きな石も運ばれる。
　　（オ）区間C－Dは川の流れがゆるやかで，運ばれてきた土砂がたい積し，三角州
　　　　　（三角形の土地）ができる。
　　（カ）区間C－Dは川の流れが最も速く，しん食作用により川岸をけずるため，川幅
　　　　　が広くなる。

2020年度
算数　　解答用紙

受験番号		名前	

※120点満点
（配点非公表）

※のらんには記入しないこと

※

1

（1）		（2）		（3）		（4）	

2

（1）	円	（2）	L	（3）	m

（4）	最も大きい数	最も小さい数	

（5）	（図や説明）

A	※

B	※

C	※

2020年度
社会　解答用紙

受験番号		名前	

※50点満点
（配点非公表）

※のらんには記入しないこと

1

(1)		(2)	
(3)		(4)	
(5)		(6)	
(7)			

※

A　※

B　※

2

(1)	問1

2020年度
理科　解答用紙

受験番号		名前	

※50点満点
（配点非公表）

※のらんには記入しないこと

1

（1）			（2）		（3）		（4）	

※

2

（1）	①		②		③		④	
（2）			（3）					

A ※

3

（1）	問1			問2		（2）		
（3）	肺からもどった血液と							
								こと。

4

5

(1)		(2)		(3)	

(4)									

6

(1)	%

(2)	Aは									
									から。

(3)	

C ※

7

(1)	cm	(2)	cm	(3)	

(4)		(5)		(6)		(7)	

D ※

(3)	問1	問2（i）
	問2（ⅱ）	
(4)	問1	
	問2	
	問3	
(5)	問1	問2
	問3	

C　※

D　※

3

問1		問2	問3
問4		問5	

E　※

3

(1)	と	(2) 体積 cm³	表面積 cm²
(3)	cm²	(4) 度	

D ※

4

(1) ア	イ	(2) ウ	エ	(3) オ	カ

E ※

5

(1)	ア	イ
	ウ	

(2)	エ	オ
	カ	キ

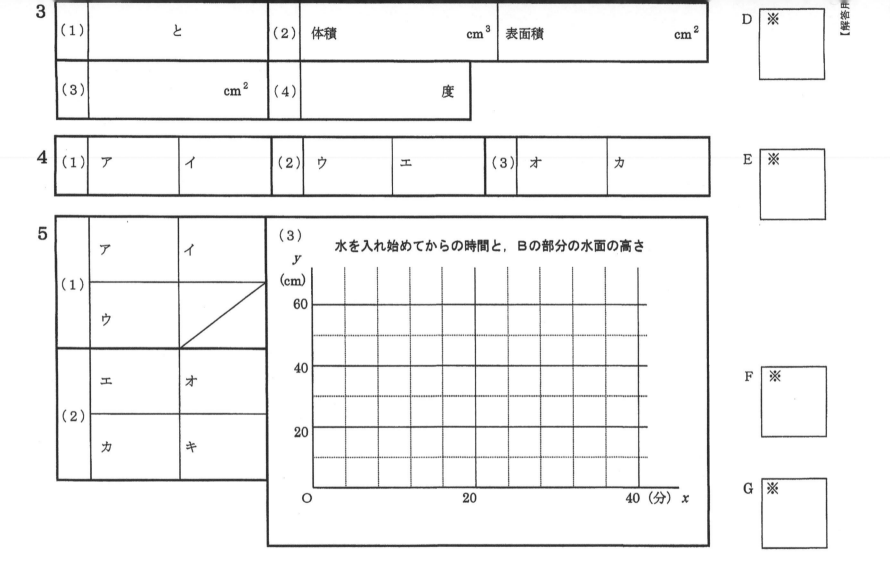

(3)

水を入れ始めてからの時間と，Bの部分の水面の高さ

y
(cm)

60

40

20

O   20   40 (分) x

F ※

G ※

（2）　C地点付近は，図1のように川が曲がっていました。川の曲がり角について説明した次の文の空らん（　①　）〜（　③　）にあてはまるのは，図1中のXとYのどちら側ですか。あてはまるXとYの組み合わせとして正しいものを，下の（ア）〜（カ）から1つ選び，記号で答えなさい。

> 　　図1のように，川の曲がり角をX－Yの線で切ってその断面を見ると，水深は（　①　）側が浅いことがわかります。水深に差ができるのは，水の流れが（　②　）側が速く，しん食作用がはたらくためです。このはたらきは川岸のようすに違いを生み，（　③　）側に川原が広がることになります。

	①	②	③
（ア）	X	X	Y
（イ）	X	Y	X
（ウ）	X	Y	Y
（エ）	Y	X	X
（オ）	Y	X	Y
（カ）	Y	Y	X

（3）　川の曲がり角を自然のままにして長い年月が経つと，（2）の文のように川岸が変化していくことが予想されます。この変化を生じさせないための方法として**誤っているもの**を，次の（ア）〜（エ）から1つ選び，記号で答えなさい。

（ア）てい防をつくる。
（イ）川岸にブロックを置く。
（ウ）川の流れをまっすぐにする。
（エ）砂防ダムをつくる。

（4）　水の流れはときに大きな災害をもたらします。2019年の3月に「避難勧告等に関するガイドライン」が改定され，自治体や気象庁などから防災情報が出るときに，5段階の警戒レベルをつけて発表されるようになりました。警戒レベル1〜5のうち，「対象地域の全員が速やかに避難する必要がある」のはどのレベルですか。1〜5の数字で答えなさい。

2． 2019年7月のある日の20時から，あやめさんは広島県のある場所で星空の観察
を行いました。次の文章は，観察の後にあやめさんが書いたレポートの一部です。
後の問に答えなさい。

　東の空に，とても明るい3つの星を見つけました。この3つの星を
結んでできる形は「夏の大三角」と呼ばれています。夏の大三角を形
づくるのは，はくちょう座のデネブ，こと座のベガ，（　①　）座のア
ルタイルです。
　南の空に目を向けると，低い位置に赤っぽい色をした星を見つけま
した。この星は（　②　）座のアンタレスです。東の空と南の空の星
を観察していると，太陽と同じように東から西の方へ動いていました
が，北の空には時間が経ってもほとんど動かない星がありました。こ
の星は北極星といいます。北極星を見つけるには，星座早見を使う方
法のほかに，（　③　）座の北斗七星や（　④　）座から探す方法があ
ります。
　2019年4月に　A　の画像を撮影できたことが発表されました。
撮影された　A　は，私が観察を始めた20時に西の空に見えるおと
め座の方向に位置するものです。この天体は地球や太陽よりとても重
く，光すら出てこられないといわれていて，観測が難しいそうです。

（1）　文中の空らん（　①　）〜（　④　）に当てはまる星座の名前として正しいも
のを，次の（ア）〜（シ）からそれぞれ1つずつ選び，記号で答えなさい。

　　（ア）いて　　　　（イ）うしかい　　　（ウ）おおいぬ　　（エ）おおぐま
　　（オ）オリオン　　（カ）カシオペア　　（キ）こいぬ　　　（ク）こぐま
　　（ケ）さそり　　　（コ）しし　　　　　（サ）みずがめ　　（シ）わし

（2）　文中の　A　にあてはまる天体の名前を答えなさい。

（3）　地上から夜空を見上げても，星々の距離の
　　　ちがいを感じることはなく，どの星も図のよう
　　　に，自分を中心とした大きな球形の天井にち
　　　りばめられたように見えます。このような見か
　　　け上の球形の天井を「天球」といいます。天球
　　　は実在するものではありませんが，星の動きを
　　　表すのに便利です。文中の下線部のように，あ
　　　やめさんが観察した星の動きを表している天
　　　球として正しいものを，次の（ア）～（カ）の
　　　図から１つ選び，記号で答えなさい。ただし，
　　　図中の実線についた矢印の方向が星の動きを，
　　　図中の黒い点が北極星を表しています。

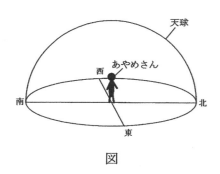

図

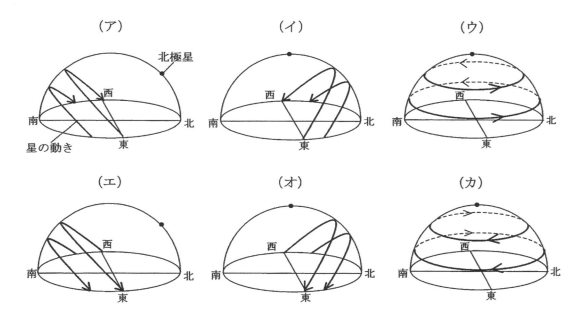

3．　一般に血液は，酸素を多く含む血液（動脈血）と二酸化炭素を多く含む血液（静脈血）に分けられます。血液の流れについて，後の問に答えなさい。

（1）　図1はヒトの血液の流れを示したものです。

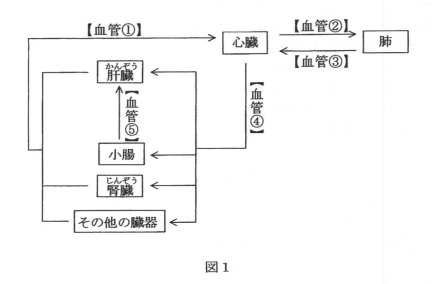

図1

問1　図1の【血管①】～【血管⑤】のうち，動脈血が流れている血管を①～⑤からすべて選び，番号で答えなさい。

問2　ヒトの血液の流れについて説明した文として**誤っているもの**を，次の（ア）～（エ）から1つ選び，記号で答えなさい。

（ア）食物の養分は小腸で血液に吸収されるので，食後に【血管⑤】を流れる血液中には養分が多く含まれている。

（イ）血液中の養分は肝臓にたくわえられたり，肝臓から再び血液中に送り出されたりして全身で利用される。

（ウ）腎臓は血液中の不要物を取り除くはたらきをするので，腎臓に入る前の血液よりも腎臓から出た後の血液のほうが，不要物が少ない。

（エ）全身から戻った血液中の二酸化炭素は心臓で放出され，肺で新しい酸素を取り入れてから，再び全身へ送り出される。

（2）　図2はフナの血液の流れを示したものです。【血管⑥】～【血管⑧】のうち，動脈血が流れている血管として正しいものを，下の（ア）～（キ）の組み合わせの中から1つ選び，記号で答えなさい。

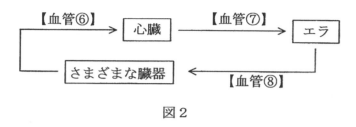

図2

（ア）⑥のみ　　　（イ）⑦のみ　　　（ウ）⑧のみ
（エ）⑥・⑦　　　（オ）⑦・⑧　　　（カ）⑥・⑧　　　（キ）⑥・⑦・⑧

（3）　図3はカエル，ヘビ，ヒトの心臓のつくりをそれぞれ表しています。カエルやヘビの血液は，図1のヒトと同じような流れ方をしますが，ヒトの心臓にはかべがあるおかげで，カエルやヘビに比べて酸素を効率よく全身に送ることができます。心臓にかべがあることの良い点を，解答らんにあてはまる形で 20 字以内で書きなさい。

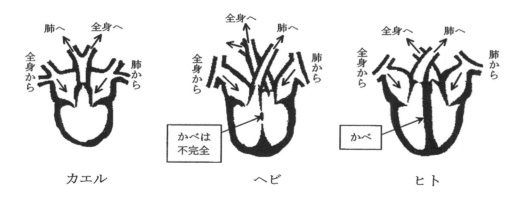

図3

4. 　図は，ある地点A～Cにおける 2008 年から 2017 年までの大気中に含まれる二酸化炭素の割合(%)の変化を表したグラフです。また，表は，A～Cのそれぞれの地点のようすについてまとめたものです。後の問に答えなさい。

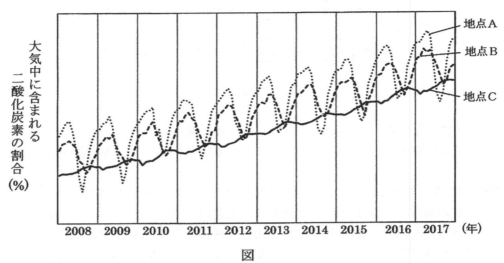

図

(ただし，縦軸の数値は省略しており，最小値が 0 ではありません。)

表

地点	A	B	C
	日本の東北地方にある町	日本の南東にある小さな島	南極
植物のようす	ゆたかな森が発達している	ところどころにヤシの木がみられる	植物はほとんどみられない
人口	約 3000 人	ほとんどいない	ほとんどいない

（1）　大気中に含まれる二酸化炭素の割合は現在どのくらいですか。正しいものを，次の（ア）～（オ）から1つ選び，記号で答えなさい。

（ア）80%　　　（イ）20%　　　（ウ）16%　　　（エ）1%　　　（オ）0.04%

（2）　図より，地点Ａ，Ｂでは大気中の二酸化炭素の割合が，１年間のうち春から夏にかけて減少していることがわかります。この理由として最も適当なものを，次の（ア）〜（エ）から選び，記号で答えなさい。

（ア）温度が上昇して，動物の呼吸がさかんになるから。
（イ）日照時間が増えて，植物によく光が当たるから。
（ウ）冷房機器の使用が増えて，発電量が増えるから。
（エ）海にとける気体の量が減少するから。

（3）　図より，地点Ａ，Ｂと比べて地点Ｃでは，大気中の二酸化炭素の割合が１年間であまり変化しないことがわかります。この理由として最も適当なものを，次の（ア）〜（エ）から選び，記号で答えなさい。

（ア）人が少ないから。
（イ）南半球にあるから。
（ウ）植物が少ないから。
（エ）雪がよく降るから。

（4）　図より，どの地点でも，大気中の二酸化炭素の割合が毎年上昇していることがわかります。二酸化炭素は温室効果ガスといわれ，地球温暖化の原因の１つとなっています。温暖化の影響により起こると考えられるものとして，**誤っているもの**を，次の（ア）〜（カ）から２つ選び，記号で答えなさい。

（ア）海面上昇
（イ）異常気象の増加
（ウ）オゾン層の減少
（エ）化石燃料の不足
（オ）生物の生息地の変化
（カ）食料生産量の低下

5. 次の文を読んで，後の問に答えなさい。

　図1のようにてんびんをつくり，両側にわりばしをつり下げて，棒を水平にしました。右側のわりばしに火をつけて燃やすと，右側が上にかたむきました。

　次に，図2のように，てんびんの両側にスチールウールをつり下げて棒を水平にしました。右側のスチールウールに火をつけて燃やすと，右側が下にかたむきました。

　燃える前後で重さが軽くなるものと重くなるものがあるのはどうしてか調べるために，【実験1】を行いました。

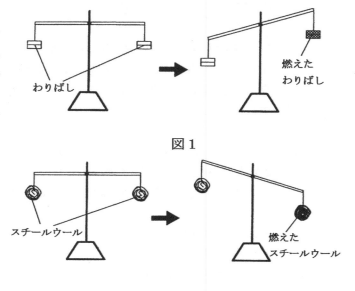

図1

図2

【実験1】
　図3のように，燃焼さじの上に火のついたわりばしをのせ，ガラス板でふたをしてわりばしを燃やしました。燃え終わった後，びんから燃焼さじを取り出し，すばやく石灰水を入れて，図4のようにびんをよくふりました。同じようにしてスチールウールもびんの中で燃やし，燃えた後，びんに石灰水を入れてよくふりました。

　その結果，わりばしを燃やした後では石灰水が白くにごりましたが，スチールウールを燃やした後は石灰水がにごりませんでした。

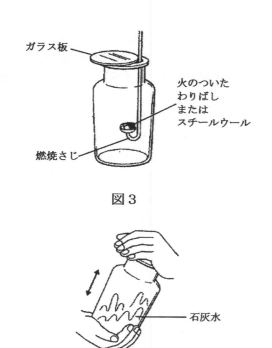

図3

図4

（1）　　【実験1】で使う石灰水の性質について，次の文の空らん（　①　）～（　③　）にあてはまる言葉の組み合わせとして正しいものを，下の（ア）～（エ）から1つ選び，記号で答えなさい。

> 石灰水にリトマス紙をつけると，（　①　）色リトマス紙が（　②　）色に変化することから，石灰水は（　③　）性である。

	①	②	③
（ア）	赤	青	酸
（イ）	赤	青	アルカリ
（ウ）	青	赤	酸
（エ）	青	赤	アルカリ

（2）　　【実験1】の結果からわかることについて述べた次の文の（　　）にあてはまる気体の名前を答えなさい。ただし，（　　）には同じ気体が入ります。

> わりばしが燃えてできた（　　　　　　）が空気中に出ていったため，わりばしは燃えると軽くなった。一方，スチールウールは燃えても（　　　　　　）ができていないことがわかった。

次に，スチールウールが燃えるときに何が起こっているか調べるために【実験2】を行いました。

【実験2】
　図5のように，水をはったバットの中に台を置き，その上でスチールウールに火をつけ，酸素を入れたびんをかぶせました。燃えた後，びんの中の水面が上がっていました。

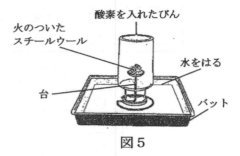

図5

（3）　【実験2】で，びんの中の水面が上がった理由として最も適当なものを，次の（ア）～（エ）から選び，記号で答えなさい。

　　（ア）スチールウールが燃えた熱でびんの中があたためられ，水が蒸発したから。
　　（イ）スチールウールが燃えるのに水が使われたから。
　　（ウ）スチールウールが燃えるのに酸素が使われたから。
　　（エ）びんの中の酸素が水にとけたから。

（4）　【実験2】の結果からわかることについて述べた次の文の（　　　）にあてはまる言葉を10文字以内で書きなさい。

> 　スチールウールを燃やすとスチールウールが（　　　　　　　　）ため，燃やす前よりも重くなることがわかった。

6. 図はある温度でAとBの２つの物質（固体）が，水 100ｇに何ｇまでとけるかを
表したグラフです。ただし，AとBのとける量は，ほかのものが混ざっていても，
たがいに影響しないものとします。後の問に答えなさい。

（1） 30℃の水 100ｇに，Aをとける
だけとかした水溶液の濃さは
何％ですか。割り切れないときは
小数第 1 位を四捨五入して整数
で答えなさい。

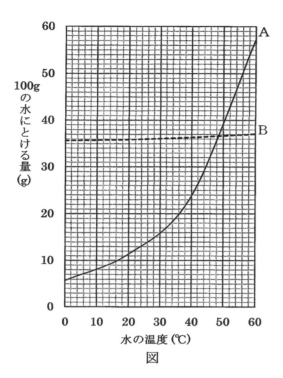

図

（2） 水溶液からとけているものを
取り出す方法として，①水溶液の
温度を下げる方法と，②水溶液の
水の量を減らす方法の２つがあ
ります。Aの水溶液からAを取り
出すときに適しているのは，①の
方法です。その理由を解答らんに
あてはまる形で 20 字以内で書き
なさい。

（3） 図からわかることを説明した文として正しいものを，次の（ア）〜（エ）から
１つ選び，記号で答えなさい。

（ア）20℃の水 200ｇにAを 60ｇとかそうとすると，とけ残りが見られるが，温度
を上げて 40℃にするとすべてとける。
（イ）60℃の水 50ｇにはAが 57ｇとける。
（ウ）60℃の水 100ｇにBを 30ｇとかした。この水溶液を 20℃に冷やすと，Bが
10ｇ出てくる。
（エ）60℃の水 50ｇにAを 25ｇ，Bを 10ｇ混ぜてとかした。この水溶液を 20℃に
冷やすと，Aだけ出てくる。

7． 　小球の運動について調べるために，次の【実験１】〜【実験３】を行いました。
　　後の問に答えなさい。

【実験１】
　図１のように，水平な台上になめらかな斜面をつくりました。斜面上で静かに手をは
なして小球を転がすと，Ａの位置にきたとき，台の上に置いた木片に当たって，木片が
すべり出します。小球の重さや手をはなす高さを変え，木片がすべり始めてから止まる
までに移動する距離を調べました。図２はその結果を表したグラフです。

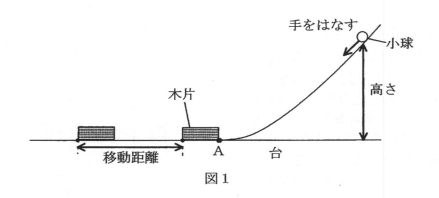

図１

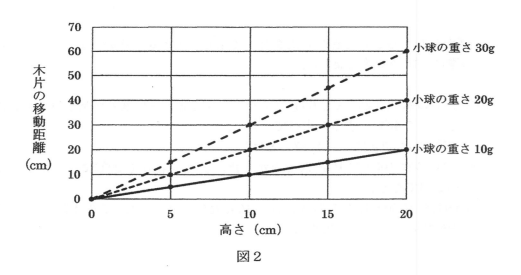

図２

（1）　重さ 20g の小球を転がして，木片の移動距離を 50cm にしたいとき，手をはなす高さは何cmにするとよいと考えられますか。

（2）　重さ 30g の小球を転がして，重さ 10g の小球を高さ 12cm から転がしたときの木片の移動距離と同じ移動距離にしたいとき，手をはなす高さは何cmにするとよいと考えられますか。

（3）　次の文は図2からわかることを説明したものです。文中の（　①　）・（　②　）にあてはまる数値の組み合わせとして正しいものを，下の（ア）〜（カ）から1つ選び，記号で答えなさい。

> 小球の重さを3倍にして，転がす高さを2倍にすると，木片の移動距離は（　①　）倍になる。また，小球の重さが半分でも，転がす高さを（　②　）倍にすると，木片の移動距離は等しくなる。

	①	②
（ア）	3	4
（イ）	3	2
（ウ）	5	3
（エ）	5	4
（オ）	6	2
（カ）	6	3

【実験2】

　木片の移動距離とAの位置での速さとの関係を調べるために，図3のようにAの位置に速度計を置いて，小球の速さを調べられるようにしました。手をはなす高さを変えて，Aでの速さを調べると，表1のような結果になりました。小球の重さを変えて同じ実験をしても，すべて同じ結果になりました。ただし，表1中の(cm/秒)は，1秒間に何cm進むかを表した速さの単位です。

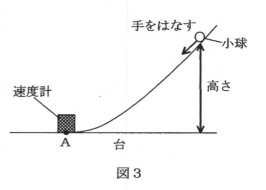

図3

表1

高さ(cm)	5.0	10.0	15.0	20.0	25.0	30.0	35.0	40.0
Aでの速さ(cm/秒)	100	141	173	200	224	245	265	283

（4）　「高さ」と「Aでの速さ」の関係を表したグラフとして正しいものを，次の（ア）〜（オ）から1つ選び，記号で答えなさい。

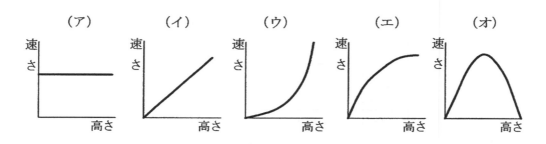

（5）　【実験1】と【実験2】の結果からわかることを説明した文として正しいものを，次の（ア）〜（エ）から1つ選び，記号で答えなさい。

（ア）同じ高さから転がしたとき，小球の重さがちがっても，Aでの速さは同じなので，木片の移動距離は同じになる。
（イ）同じ高さから転がしたとき，小球の重さがちがうと，Aでの速さがちがうので，木片の移動距離は小球の重さが重いほうが長くなる。
（ウ）「小球の重さ」×「高さ」の値が等しいと，Aでの速さがちがっても，木片の移動距離は同じになる。
（エ）「小球の重さ」＋「高さ」の値が等しいと，Aでの速さは同じなので，木片の移動距離は同じになる。

【実験3】

　図4のように，斜面を転がった小球がななめ上向きに飛びだすようにしました。A地点から小球が落下した点までの距離を「飛んだ距離」とします。小球の重さと手をはなす高さは同じにし，飛びだす角度だけを変えて，小球が飛んだ距離を調べると，表2のような結果になりました。

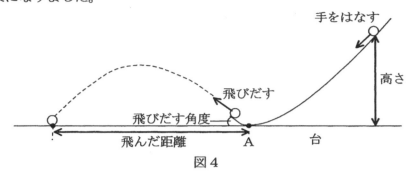

図4

表2

飛びだす角度	10°	20°	30°	40°	50°	60°	70°	80°
飛んだ距離(cm)	60	113	150	175	175	150	113	60

（6）　表2より，小球の飛びだす角度を何度にすれば最も遠くまで飛ぶと考えられますか。最も適当なものを，次の（ア）〜（オ）から選び，記号で答えなさい。

（ア）　25°　　（イ）　35°　　（ウ）　45°　　（エ）　55°　　（オ）　65°

（7）　【実験1】〜【実験3】の結果からわかることをもとに，物体の運動について説明した文として**誤っているもの**を，次の（ア）〜（エ）から1つ選び，記号で答えなさい。ただし，まさつや空気などによる抵抗はないものとします。

（ア）ボーリングの球を同じ速さで転がすとき，重い方がボーリングのピンを遠くまで移動させることができる。

（イ）すべり台上の同じ高さから同じ大きさのスーパーボール(ゴムでできた球)と鉄球を同時に転がすと，2つの球は同時に地面にたどり着く。

（ウ）坂道の上の同じ高さから同じ大きさのサッカーボールとボーリングの球を同時に転がすと，坂道の下での速さは同じだが，ぶつかったときの影響はボーリングの球の方が大きい。

（エ）ボールを遠くまで飛ばすためには，ボールを投げる速さも投げ上げる角度も大きい方がいい。

【社・

【社

（3） 図1のように，等しい辺の長さが8cmである直角二等辺三角形の紙があります。最も長い辺ABと，線CDが重なるように折ったところ，図2のような図形になりました。図2の斜線の部分の面積を求めなさい。

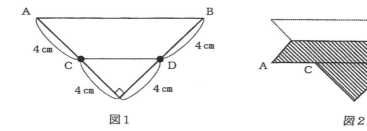

図1　　　　　　　　　　　図2

（4） 図は，点Oを中心とした2つの半円を，中心を通る1本の直線で分けた図で，大きい半円の半径と小さい半円の半径の比は 3：2 です。斜線のアの部分の面積とイの部分の面積が等しいとき，ウの角度は何度ですか。

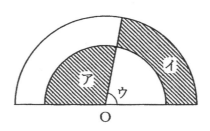

4．図のように，白い石と黒い石を，１段目には１個，２段目には２個，３段目には３個，…と，左から順に並べて置いていきます。ただし初めから数えて６番目ごとの石は黒い石で，その他は白い石を並べます。このとき，ア～カにあてはまる数値を入れなさい。

1段目 ……… ○

2段目 ……… ○ ○

3段目 ……… ○ ○ ●

4段目 ……… ○ ○ ○ ○

5段目 ……… ○ ● ○ ○ ○

6段目 ……… ○ ○ ● ○ …

- 6 -

（1）10 段目まで石を並べ終えたとき，全部で　ア　個の石を使い，その中で黒
　　い石は　イ　個あります。

（2）図のように，3 段目の右端は黒い石になります。次に右端が黒い石になる
　　のは　ウ　段目で，このとき，黒い石は全部で　エ　個使っています。

（3）初めて右端に黒い石が 2 段続いて並ぶのは，　オ　段目と　カ　段目です。

5. 1辺が 60cm の立方体の水そうがあり
ます。この水そうに，高さが違う厚
みのない2枚の仕切りを同じ間かく
で入れて，底面を A，B，C の3つ
の部分に分けます。AとBの間の仕
切りは高さ 20cm，BとCの間の仕切
りは高さ 40cm です。この水そうの
Aの部分に，毎分6Lの割合で水を
入れていきます。

目盛

C B A

水を入れ始めてからの時間につい
て，次の問に答えなさい。ただし，
ア〜キ にはあてはまる数値を入れなさい。

（1）Bの部分に水が入り始めるのは ア 分後で，Cの部分に水が入り始める
のは イ 分後，水そうに水がいっぱいになるのは ウ 分後です。

（2）Bの部分の水面が最も速く上昇するのは エ 分から オ 分の間で，
最もゆっくりと上昇するのは カ 分から キ 分の間です。

（3）水を入れ始めてからの時間を x 分とし，Bの部分の水面の高さを y cm と
したとき，水そうがいっぱいになるまでの，x と y の関係を表すグラフを
かきなさい。

-8-

２０１９年度

広島女学院中学校入学試験

算　数

５０分／１２０点満点

1．次の計算をしなさい。 （4）では， $\boxed{}$ にあてはまる数を求めなさい。

(1) $69+68+67+66+65-61-62-63-64$

(2) $57-18\div(32-28)\times4$

(3) $\dfrac{3}{13}\div0.75+\dfrac{3}{5}\div\left(1.6-\dfrac{5}{8}\right)$

(4) $\left(0.5-\boxed{}\right)\div0.25\times\dfrac{3}{4}+2\dfrac{1}{6}=2\dfrac{2}{3}$

2．次の間に答えなさい。

（1）カーネーションとバラが合わせて67本あります。カーネーション5本で1つの花束，バラ3本で1つの花束をつくったとき，合わせて15束になりました。カーネーションとバラの本数をそれぞれ求めなさい。

（2）2019年1月24日は木曜日です。2019年8月6日は何曜日ですか。ただし，2019年は，うるう年ではありません。

（3）Aさん1人では2時間，Bさん1人では3時間かかる仕事があります。AさんとBさんがこの仕事を一緒に10分して，10分休むことをくり返します。この仕事が終わるまでに何時間何分かかりますか。

（4）下の2つの筆算で，$\boxed{A}$，$\boxed{B}$，$\boxed{C}$，$\boxed{D}$，$\boxed{E}$ には，それぞれ異なる1けたの整数が入ります。ただし，1と4と9は入りません。また，同じアルファベットには，同じ数字が入ります。$\boxed{A}$ から $\boxed{E}$ に入る整数をそれぞれ求めなさい。

（5）1個126円の商品を50個仕入れて，1個150円の定価で売りました。20個売れ残ったので，値引きをして全て売ろうと思います。赤字にならないようにするには，定価の何割引きまでしてよいですか。この問題は，式や説明もかきなさい。

3．次の問に答えなさい。

（1）下の図の，角 x と角 y の大きさが等しいとき，角アと角イの大きさをそれぞれ求めなさい。

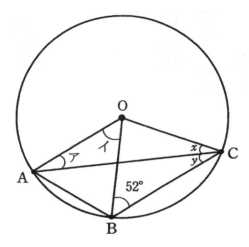

（2）図1のような左右対称の将棋の駒があります。
① 角アの大きさを求めなさい。
② この駒を図2のように隙間なく並べ，輪を作るとき，駒は何枚必要ですか。

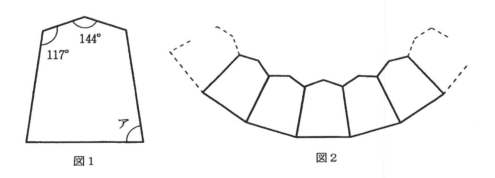

図1　　　　　　　　　　　　図2

２０１９年度
広島女学院中学校入学試験

社会・理科

社会・理科合わせて４５分／各５０点満点

2019(H31) 広島女学院中

K教英出版

【社・

社　会

1.　　広島県の産業や自然について，後の問に答えなさい。

（1）　　【地図1】は，広島県とその周辺にある主な河川と発電所，石油化学コンビナートの位置を表しています。

【地図1】

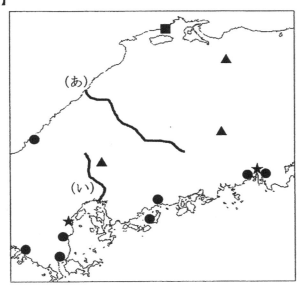

（ホームページ「日本の発電所」，および中国四国農政局ホームページ「2．管内の主要河川」をもとに作成）

問1　（あ）の河川を何というか答えなさい。

問2　●▲■は発電所を表しています。それらの発電方法の組み合わせとして正しいものを，次の（ア）～（カ）の中から1つ選び，記号で答えなさい。

（ア）●	火力	▲	水力	■	原子力
（イ）●	火力	▲	原子力	■	水力
（ウ）●	水力	▲	火力	■	原子力
（エ）●	水力	▲	原子力	■	火力
（オ）●	原子力	▲	水力	■	火力
（カ）●	原子力	▲	火力	■	水力

問3　【地図1】の★は，石油化学コンビナートを表しています。石油化学コンビ
　　　ナートはどのような場所につくられていますか。また，その理由も答えなさい。

問4　【地図2】は，【地図1】中の（い）の河口部を表しています。（い）の河川
　　　は，長い時間にわたって土砂を運び，河口部に平野を形成しました。そこに広
　　　島市がありますが，場所によっては高低差があります。
　　　【地図2】に示すAの区間とBの区間のうち，より高低差が大きい方とそ
　　　の理由の組み合わせとして正しいものを，後の（ア）〜（エ）の中から1つ選
　　　び，記号で答えなさい。

【地図2】

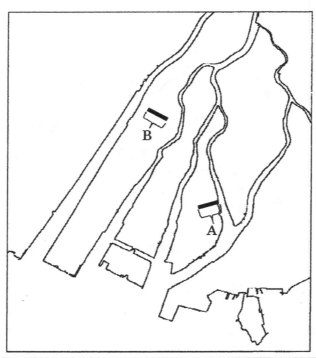

	より高低差が大きい方	理由
（ア）	A	川の流れによって河岸がけずられるため
（イ）	A	川沿いには堤防がつくられているため
（ウ）	B	中州（＊1）の両側で，たい積する土砂の量が異なるため
（エ）	B	中州には土砂がたい積し，中央が山がちになるため

＊1：川の中で，上流から流れてきた土砂などがたい積し陸地となっている地形のこと

（２）　次の表は，広島県の工業の従業者数と製造品出荷額の割合を表しています。

従業者数の割合(単位%)

産業分野	食料品	繊維	印刷関連	化学	鉄鋼	輸送用機械器具	その他	従業者数総計
1985 年	8.8	2.3	3.0	2.6	6.5	22.6	54.2	27.8 万人
2014 年	13.3	3.3	2.4	2.6	4.5	23.0	50.9	20.9 万人

製造品出荷額の割合(単位%)

産業分野	食料品	繊維	印刷関連	化学	鉄鋼	輸送用機械器具	その他	製造品出荷額総計
1985 年	5.7	1.5	1.6	5.3	14.8	29.0	42.1	6.9 兆円
2014 年	6.0	1.2	0.9	4.0	12.8	33.4	41.7	9.6 兆円

（広島県ホームページ「工業統計調査」1985 年，「経済センサス」2016 年をもとに作成）

　　この表の内容を説明した次の文①・②の正誤の組み合わせとして正しいものを，後の（ア）～（エ）の中から１つ選び，記号で答えなさい。

①　1985 年と 2014 年を比べると，化学ではほとんど従業者数に変化がないことがわかる。

②　1985 年と 2014 年を比べると，工業全体では従業者一人当たりの製造品出荷額が増加していることがわかる。

（ア）　①　正　　　②　正　　　　　（イ）　①　正　　　②　誤
（ウ）　①　誤　　　②　正　　　　　（エ）　①　誤　　　②　誤

（3）　日本列島各地で，それぞれの地域の気候をいかした農作物の生産がおこなわれています。次の（ア）〜（エ）のグラフは，コメの生産が盛んな長岡(新潟県)，ブドウの生産が盛んな勝沼(山梨県)，レモンの生産が盛んな生口島(広島県)，パイナップルの生産が盛んな名護(沖縄県)のうち，いずれかの降水量と平均気温を表しています。このうち，生口島(広島県)のものはどれか，次の（ア）〜（エ）の中から１つ選び，記号で答えなさい。

（ア）

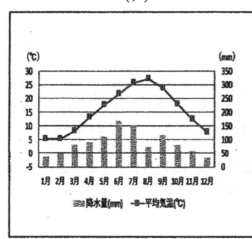

（イ）

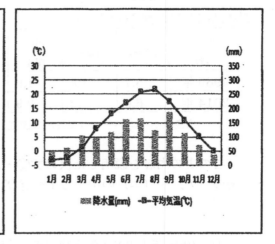

（ウ）

（エ）

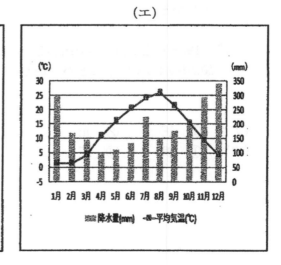

（1981〜2010年の気象庁のデータをもとに作成）

【社・

２． 広島県・広島市の歴史に関する文章や資料を読んで，後の問に答えなさい。

（１） 広島県には数多くの遺跡が残っており，その調査から人々の暮らしや社会のあり方を理解することができます。例えば，馬渡遺跡では，(A)縄文時代のはじめごろの層から，大型動物の骨・貝・土器・石の矢じりなどが発見されており，生活の様子がよくわかります。弥生時代の遺跡である亀山遺跡からは，(B)集落を取り囲む大きな濠が確認されています。

奈良県の(C)平城京のあとからは，現在の広島県から来た人々や物資のようすを記した木簡や文書がみつかっています。

問１　下線部(A)に関して，縄文時代の人々の生活について述べた文として**誤っているもの**を，次の（ア）～（エ）の中から１つ選び，記号で答えなさい。

（ア）火を使って食物を調理するために，土器が使われていた。
（イ）食料として食べた動物の骨が，貝塚から発見されている。
（ウ）人々は食べ物を求めて移住をくり返しながら生活していた。
（エ）動物や魚の骨をけずって，道具として使用していた。

問２　下線部(B)と同じような濠が発見された遺跡名と，その場所①・②の組み合わせとして正しいものを，次の（ア）～（エ）の中から１つ選び，記号で答えなさい。

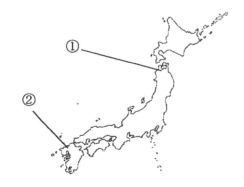

	遺跡名	場所
（ア）	三内丸山遺跡	①
（イ）	三内丸山遺跡	②
（ウ）	吉野ケ里遺跡	①
（エ）	吉野ケ里遺跡	②

問3　下線部(B)から，弥生時代の社会にどのような変化が起こっていたと考えられるか。簡潔に説明せよ。

問4　下線部(C)に関して，平城京に都が置かれていた時代について説明した文として正しいものを，次の (ア) 〜 (エ) の中から１つ選び，記号で答えなさい。

(ア) 唐から日本に渡って来た行基は，正式な仏教を日本に伝えた。
(イ) 聖武天皇は仏教を重視し，国分寺を建てることを命じた。
(ウ) 天皇とのつながりを強めた藤原道長が，政治を動かすようになった。
(エ) かな文字で源氏物語が書かれるなど，日本風の文化が生まれた。

（2）　瀬戸内海は都と九州・大陸を結ぶ海の交通路として栄えました。宮島にある厳島神社は，海の安全を祈るものとして発展しました。現在と同規模の大きな社殿をつくったのは，□□□です。11世紀，□□□は保元の乱・平治の乱に勝利して権力を手にし，中国との貿易を進めて大きな利益をあげました。□□□の一族が滅びた後も，(A)厳島神社は人々の信仰を集め，何度も歴史に登場してきました。
　　　江戸時代には，(B)宮島はいっそう発展しました。厳島神社のまわりには大きな市場ができ，歌舞伎や芝居が行われました。

問1　□□□にあてはまる人物の名を答えなさい。

問2　下線部(A)について述べた次の文①〜③を，時代の古い順に並べ替えたものとして正しいものを，後の（ア）〜（カ）の中から1つ選び，記号で答えなさい。

　　　①　毛利元就は厳島での合戦に勝利し，戦国大名としての地位をかためた。
　　　②　足利尊氏は，九州で南朝方と戦って勝利したのち，京都に向かう途中厳島神社に立ち寄って参拝した。
　　　③　厳島神社の神主であった佐伯氏は，承久の乱で朝廷方についたためその地位を追われた。

　　（ア）①→②→③　　　　（イ）①→③→②　　　　（ウ）②→①→③
　　（エ）②→③→①　　　　（オ）③→①→②　　　　（カ）③→②→①

問3　下線部(B)について，江戸時代の宮島について説明した次の文①〜④のうち，正しいものの組み合わせを，後の（ア）〜（エ）の中から1つ選び，記号で答えなさい。

　　　①　厳島神社などの神社は，勘定奉行のもとに置かれた。
　　　②　このように，神社のまわりに発達した都市は門前町と呼ばれた。
　　　③　宮島のような都市は，町人による自治で運営された。
　　　④　歌舞伎は裕福な武士の芸能であり，庶民が楽しむことはできなかった。

　　（ア）　①・③　　　　（イ）　①・④　　　　（ウ）　②・③　　　　（エ）　②・④

（3）　明治以降，広島市は西日本最大の軍事都市として大きく発展していきました。次の文章①〜④は，広島市にかつてあった主な軍事関連施設を説明したものです。地図中の①〜④は，それらがあった場所を表しています。

①　第二総軍司令部。　A　の末期，アメリカ軍の上陸を恐れた日本は，西日本全体を指揮する第二総軍司令部を広島においた。

②　広島城。1894〜95年の　B　の間，広島城の中に大本営がおかれた。大本営とは，戦争を指導する機関のことである。この戦争中，市内には臨時の議会もつくられた。

③　宇品港。　B　直前，朝鮮半島や中国大陸に向かう兵士や物資を輸送するために，山陽本線の最西端だった広島駅から宇品まで鉄道がつくられた。

④　第二検疫所。　C　中の1905年につくられた。　D　中の1917年には，そこに捕りょを集めるための収容所もつくられた。

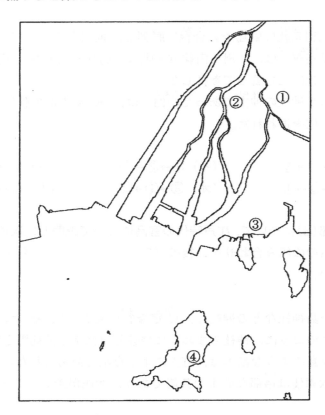

問1　空らん　A　～　D　にあてはまる語句を，次の（ア）～（キ）の中からそれ
　　ぞれ選び，記号で答えなさい。

　（ア）満州事変　　（イ）西南戦争　　（ウ）日清戦争　　　（エ）第一次世界大戦
　（オ）戊辰戦争　　（カ）太平洋戦争　　（キ）日露戦争

問2　①～④の施設に関連して説明した文として正しいものを，次の（ア）～（エ）
　　の中から1つ選び，記号で答えなさい。

　（ア）①に関して，兵士として男性が出征すると労働力が不足したため，女子学
　　　　生が軍隊や工場で働かされた。
　（イ）②に関して，大日本帝国憲法では議会が陸海軍を統率する権限をもってい
　　　　た。そのため，広島には大本営とともに議会をつくる必要があった。
　（ウ）③に関して，この鉄道をつくるための鉄には，八幡製鉄所で生産されたも
　　　　のが使われた。
　（エ）④に関して，　D　の最中，捕りょ収容所をつくるなど多くの費用がかか
　　　　ったため，日本では激しい不景気が始まった。

問3　1945年8月6日，広島に人類最初の原子爆弾が使用されました。アメリカ軍
　　は，原爆を投下する都市を選ぶにあたり，さまざまな条件をつくっていました。
　　次の【資料1】【資料2】を参考にして，広島が原爆の投下先に選ばれた理由を，
　　地形的な特徴から説明しなさい。

【資料1】アメリカがつくった，原爆を投下する都市を選ぶ基準
　1．原爆投下によって，日本国民の戦意を特にうちくだけるような場所。
　2．重要な司令部などの軍事的性格を多分にもっている場所。
　3．原爆の効果をはかるために，空襲を受けておらず，威力がはっきりと表れる
　　　ような地形の場所。

　　　　　　（『新版 1945年8月6日ヒロシマは語りつづける』岩波ジュニア新書をもとに作成）

【資料2】
　　アメリカは，原爆の主な威力を，放射線よりも爆風によるものと考えていた。
（「NHKスペシャル　知られざる衝撃波～長崎原爆・マッハステムの脅威～」2014年をもとに作成）

3. 次の【資料1】【資料2】は，広島県や広島市の予算を伝えた新聞記事です。これらを読んで，後の問に答えなさい。ただし，記事は一部省略し，読みやすく直した部分があります。

【資料1】

18年度予算案　広島県2年連続減9538億円　子の貧困対策など柱

これまでにも力を入れてきた経済分野に加え，子どもの貧困対策や子育てに重点的にふり向けた。県民のめざす姿として提唱する「欲張りなライフスタイル」を17年度に続いて押し出し，仕事と暮らしの両立を図る。

（「中国新聞」2018年2月14日をもとに作成）

【資料2】

広島市新年度当初予算案

中山間地域（＊1）活性へ手厚く　3本柱重視　2年連続増6509億円

松井一実市長は前年度に続き「200万人広島都市圏構想」を掲げ，「にぎわい」，「＿＿＿＿＿」，「平和への思いの共有」の3本柱を重視。特に新年度は，市の約3分の2を占める中山間地域の活性化のため多くの新事業を始める。

（「毎日新聞」2018年2月9日をもとに作成）

＊1：山間部やその周辺地域のこと

（1）　【資料2】の＿＿＿＿＿には，働くことにやりがいを持ち仕事の責任を果たすとともに，家庭生活や地域生活においても，人生の各段階に応じて多様な生き方を実現できることを指す言葉が入る。解答らんに合うようカタカナで答えなさい。

（2）　【資料1】【資料2】について述べた文として正しいものを，次の（ア）～（エ）の中から1つ選び，記号で答えなさい。

（ア）2018年度について，広島県・広島市ともに予算は昨年度より減少した。

（イ）広島県・広島市ともに，昨年度打ち出した基本方針を2018年度も続ける計画である。

（ウ）広島県の約3分の2は中山間地域であるため，広島市には200万人もの人口が集中している。

（エ）広島県では，経済分野に予算を使うことをやめ，子どもの貧困対策に使うことにした。

（3）　広島県・広島市では，平和実現のために予算を使い，さまざまな取り組みを行っています。国際平和と地域の成長を結びつける取り組みが評価され，広島県は政府から「SDGs 未来都市」のひとつに選ばれました。

　　問1　SDGs とは，国連がかかげた開発目標を指す言葉です。SDGs とは何か，解答らんに合うように答えなさい。

　　問2　広島県・広島市の国際平和への取り組みに関連して述べた文として正しいものを，次の（ア）〜（エ）の中から1つ選び，記号で答えなさい。

　　　（ア）原爆ドームを世界遺産に登録するために，建物の修復をすすめている。
　　　（イ）日本政府が署名した核兵器禁止条約に加わる国が増えるよう，国際会議を開いている。
　　　（ウ）非核平和都市宣言を出している日本内外の都市とともに，核兵器廃絶をめざしている。
　　　（エ）国連本部のあるスイス・ジュネーブで開かれる会議に，高校生を派遣している。

（4）　予算案は県議会・市議会で話し合われ，必要に応じて修正を行って決定します。地方の議会の役割について述べた次の文①・②の正誤の組み合わせとして正しいものを，後の（ア）〜（エ）の中から1つ選び，記号で答えなさい。

　　　①　市議会が決めた予算は，最終的に内閣総理大臣の許可を得てはじめて使うことができる。
　　　②　予算を決める議会では税金の使い道について重要な議論が行われるため，不正を防ぐ観点から住民は傍聴できない。

　（ア）　①　正　　②　正　　　　　（イ）　①　正　　②　誤
　（ウ）　①　誤　　②　正　　　　　（エ）　①　誤　　②　誤

（5）　県や市など私たちの身近な政治は「民主主義の学校」と呼ばれます。国政よりも，住民が政治に参加する権利がたくさん保障されているからです。県や市への政治参加について述べた文として**誤っているもの**を，次の（ア）～（エ）の中から１つ選び，記号で答えなさい。

（ア）内閣総理大臣と同様に，県知事や市長を住民が直接選ぶことができる。

（イ）県・市や県議会・市議会に対して，住民は要望を直接請求できる。

（ウ）県議会議員の選挙権が 18 歳以上になり，住民の政治参加が広がった。

（エ）県議会や市議会は，地域の実情に応じて国の法律とは別に条例を定めることができる。

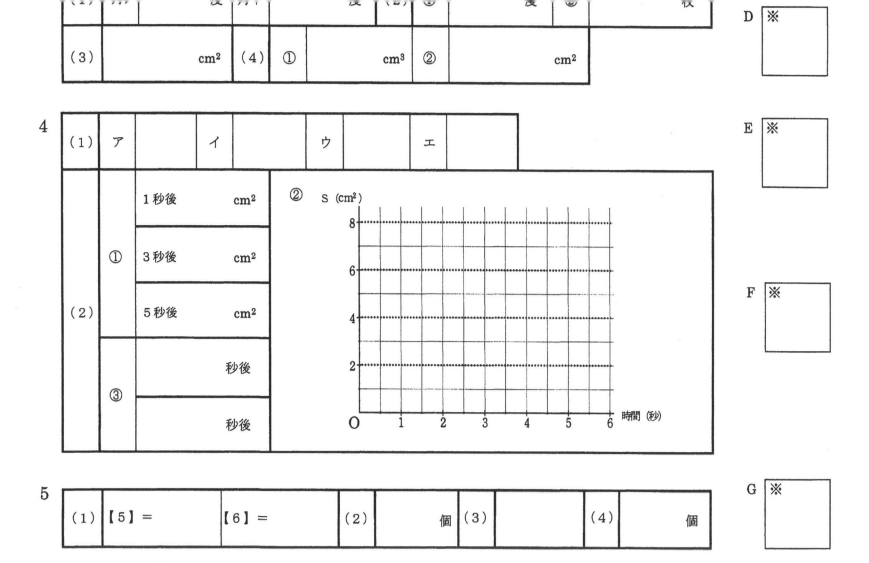

(3) 　　　cm²　(4) ① 　　　cm³　② 　　　cm²

4

(1) ア 　　　イ 　　　ウ 　　　エ

(2)
① 　1秒後　cm²
　3秒後　cm²
　5秒後　cm²

② S (cm²)　　時間 (秒)

③ 　　　秒後
　　　秒後

5

(1) 【5】= 　　　【6】= 　　　(2) 　　　個　(3) 　　　(4) 　　　個

D ※

E ※

F ※

G ※

(1)	問4					
(2)	問1		問2		問3	
(3)	問1	A	B	C	D	問2
	問3					

C ※

D ※

3

(1)				●			●	バ	ラ	ン	ス
(2)											

E ※

(3)	問1					な	開	発	目	標
	問2		(4)			(5)				

5

(1)	問1				問2	cm³

(2)	①		②	

(3)	①		②	

C ※

6

(1)	①		②	

(2)	問1		問2	g	問3	cm

(3)		cm

D ※

２０１９年度
理科　解答用紙

受験番号		名前	

※50点満点
（配点非公表）

※のらんには記入しないこと

1

（1）		（2）		（3）		（4）	
（5）		（6）		（7）			

※

2

（1）		（2）	

A　※

3

（1）	A		B		C		D		E	
（2）		（3）		（4）		匹				

B　※

4

（1）		（2）						

2019年度
社会　解答用紙

受験番号		名前	

※50点満点
（配点非公表）

※のらんには記入しないこと

1

	問1		問2	
（1）	問3	場所		※
		理由		
	問4			A ※
（2）		（3）		B ※

2

	問1	問2

【解答用

2019年度
算数　解答用紙

| 受験番号 | | 名前 | |

※120点満点
（配点非公表）

※のらんには記入しないこと

1

| （1） | | （2） | | （3） | | （4） | |

※

2

| （1） | カーネーション　　本 | バラ　　本 | （2） | 　曜日 | （3） | 時間　　分 |

| （4） | A | | B | | C | | D | | E | |

| （5） | （式や説明） |

割引き

A ※

B ※

C ※

［解答用

ここで社会は終わり。理科は次ページから。

理　科

1.　　次の文を読み，後の問に答えなさい。

　　月は球体で，自ら光を出さず，太陽の光を反射して光っています。月の表面の半分
には常に太陽の光があたっていますが，月は地球の周りを回っているため，地球から
は光っている部分の見え方が変わっていきます。図1は，地球の北極の上方から見た
ときの，月，地球，太陽の位置の関係を表しています。月は，地球の周りをおよそ
（　①　）かけて，1周しています。そのため，月の見え方は（　②　）のように変
化し，この変化を月の満ち欠けといいます。この満ち欠けの変化から，月は図1の
（　③　）の方向へ動いていることがわかります。
　　江戸時代に，与謝蕪村が月についてよんだ俳句に次のようなものがあります。
　　「菜の花や　月は東に　日は西に」
　　この俳句がよまれたのは（　④　）であり，このときの月は（　⑤　）で，図1の
（　⑥　）の位置にあったと考えられます。
　　月の一部または全部が地球の影に入って，月の一部あるいは全体が見えなくなる現
象を（　⑦　）といいます。このとき，月の位置は図1の（　⑧　）の位置にありま
す。（　⑦　）は平均すると1年に約2回見られます。2018年，日本では1月31日
と7月28日に観察されました。

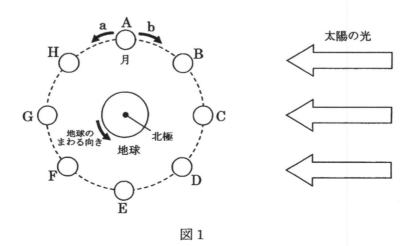

図1

【社・

（1） （ ① ）に入る言葉として，最も適当なものを次の（ア）～（エ）から選び，記号で答えなさい。

（ア） 1日　　　　（イ） 1週間　　　　（ウ） 1カ月　　　　（エ）1年

（2） （ ② ）と（ ③ ）に入る記号の組み合わせとして正しいものを，下の（ア）～（エ）から選び，記号で答えなさい。ただし，（ ② ）は次のX，Yから，（ ③ ）は図1のa，bから選ぶこと。

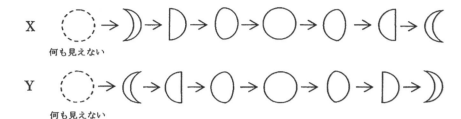

	②	③
（ア）	X	a
（イ）	X	b
（ウ）	Y	a
（エ）	Y	b

（3） （ ④ ）にあてはまる語句として正しいものを，次の（ア）～（カ）から1つ選び，記号で答えなさい。

（ア） 春の明け方ごろ　　（イ） 春の夕方ごろ　　（ウ） 夏の明け方ごろ

（エ） 夏の夕方ごろ　　（オ） 秋の明け方ごろ　　（カ） 秋の夕方ごろ

（4） （ ⑤ ）にあてはまる月と（ ⑥ ）にあてはまる記号の組み合わせとして正しいものを，次の（ア）～（カ）から1つ選び，記号で答えなさい。

	⑤	⑥
（ア）	上弦の月	A
（イ）	上弦の月	E
（ウ）	三日月	B
（エ）	三日月	D
（オ）	満月	C
（カ）	満月	G

（5）　（　⑦　）にあてはまる言葉を答えなさい。

（6）　（　⑧　）にあてはまる記号を図1のA〜Hから1つ選び，記号で答えなさい。

（7）　Fの位置にある月から地球を見たとき，地球はどのような形に見えますか。最も適当なものを，次の（ア）〜（キ）から選び，記号で答えなさい。

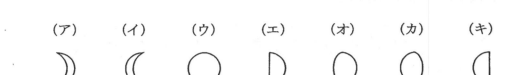

|（ア）|（イ）|（ウ）|（エ）|（オ）|（カ）|（キ）|

2．　次の（　　　）にあてはまる星の名前を答えなさい。

（1）　小惑星探査機「はやぶさ2」が2018年6月に到着したのは，小惑星（　　　　）である。

（2）　赤く輝いて見える星で，2018年7月31日に地球に大接近したのは（　　　　）である。

3. あやめさんは，広島のおばあさんの家へ，夏休みやお正月に行くことにしています。おばあさんの家の近くには，田んぼや畑，池，小川があり，いろいろな植物，動物を観察することができます。これについて，後の問に答えなさい。

（1）　あやめさんは，おばあさんの家のまわりの植物を，図1のようにA～Eのグループに仲間分けをしました。

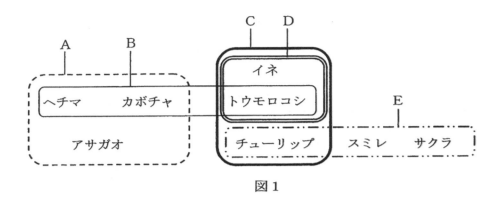

図1

　　図1のA～Eは，次の（ア）～（オ）のどの特徴にもとづいて，仲間分けをしたものですか。最も適当なものをそれぞれ選び，記号で答えなさい。
　　（ア）　ひげ根である。
　　（イ）　春に花をつける。
　　（ウ）　花びらがくっついている。
　　（エ）　お花とめ花に分かれている。
　　（オ）　花粉が風によって運ばれる。

（2）　お正月には見られない鳥を，次の（ア）～（オ）から1つ選び，記号で答えなさい。
　　（ア）　カラス　　　　　（イ）　スズメ　　　　　　（ウ）　ツバメ
　　（エ）　ハト　　　　（オ）　トビ

（3）　あやめさんは，おばあさんの家のまわりで，カブトムシ，ショウリョウバッタ，オオカマキリ，オニヤンマを見つけました。次の（ア）～（オ）のうち，カブトムシだけにあてはまるものを1つ選び，記号で答えなさい。
　　（ア）　主に動物を食べる。　　　（イ）　さなぎになる。
　　（ウ）　あしが6本ある。　　　（エ）　性別がある。
　　（オ）　成虫の姿で冬を越す。

（4）　池にメダカがたくさんいることに気がついたあやめさんは，全部でどれくらいいるのか調べてみることにしました。池のメダカをすべてつかまえなくても，大体の数を調べる方法があるということを，お父さんが教えてくれました。次のメモには，調べ方のヒントが書かれています。

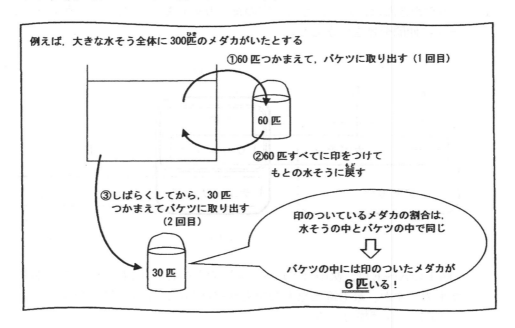

　　あやめさんは，お父さんと協力して，池で100匹のメダカをつかまえ，そのすべてに印をつけて池に戻しました。一週間後に今度は池で50匹のメダカをつかまえたところ，そのうち2匹に印がついていました。この池全体には何匹のメダカがいると考えられますか。

4. アンモニアの性質を調べるために，かわい
た丸底フラスコにアンモニアを集め，図1の
ような装置を組み立てました。ビーカーの中
には BTB溶液という薬品を加えた水が入っ
ています。スポイトをおしてフラスコ内に水
を少量入れたら，フラスコ内のガラス管の先
から水がふきだしました。このとき，フラス
コ内にたまった水溶液は青色に変化していま
した。後の問に答えなさい。

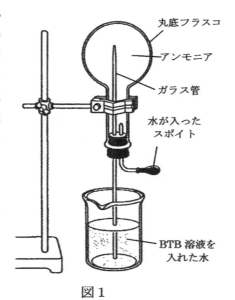

丸底フラスコ
アンモニア
ガラス管
水が入った
スポイト
BTB 溶液を
入れた水

（1） フラスコ内にたまった水溶液は何性です
か。ただし，BTB 溶液は，塩酸に加えると
黄色，水酸化ナトリウム水溶液に加えると
青色に変化する薬品です。

図1

（2） フラスコ内のガラス管の先から水がふきだしたのは，アンモニアのどのような
性質によるものと考えられますか。この性質を10字以内で書きなさい。

（3） 気体のアンモニアは（2）の性質のほかに，空気よりも軽いという性質があり
ます。気体のアンモニアを集めるのに最も適当な方法を，次の（ア）〜（ウ）から
選び，記号で答えなさい。

（ア）　　　　　　　（イ）　　　　　　　（ウ）

水

5．　あやめさんは，温度を変化させると，空気の体積がどのように変化するのかを調べるために，次の実験１，２を行いました。後の問に答えなさい。

【実験１】
　気温が20℃のときに，図１のようにゴム栓付きの細いガラス管にゼリーをつめて，試験管にはめこみました。この試験管を40℃のお湯につけたところ，ゼリーが最初の位置から矢印の方向へ20.8cm 動きました。

図１

【実験２】
　図２のような注射器を３本用意し，A，B，C とします。気温が 20℃のとき，A に 20cm³，B に 40cm³，C に 80cm³の空気をそれぞれ入れ，ゴム栓をしました。次に，注射器A，B，C をあたためていき，温度とそのときの注射器内の空気の体積をそれぞれ測定しました。

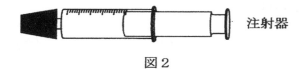

図２

実験２の結果は次の表のようになりました。

表

温度（℃）	注射器内の空気の体積（cm³）		
	注射器 A	注射器 B	注射器 C
20	20	40	80
30	20.7	41.4	82.8
40	21.4	42.8	85.6
50	22.1	44.2	88.4

（1）　注射器Aについて，次の問に答えなさい。

　問1　温度と注射器A内の空気の体積の関係を表すグラフを書きなさい。

　問2　60℃のとき，注射器A内の空気の体積は何cm³になりますか。

（2）　実験2からどのようなことがわかりますか。次の文中の（　①　）には｛　｝から適当なものを，（　②　）には適当な数値を入れなさい。

　　　温度を10℃上げるごとに，Aでは0.7cm³ずつ，Bでは1.4cm³ずつ，Cでは2.8cm³ずつ空気の体積が増加していることがわかる。したがって，20℃のとき注射器に入っている空気の体積と，温度を10℃上げるごとに増加する空気の体積は（　①　）｛　比例している・反比例している・関係がない　｝ことが分かる。
　　　また，温度を10℃上げるごとに，20℃のときの空気の体積の（　②　）％ずつ，空気の体積が増加していることが分かる。

（3）　実験1について述べた次の文の（　　）にあてはまる数値を答えなさい。ただし，20℃のとき，試験管内の空気の体積は60cm³とします。

　　　温度を20℃から40℃に変化させたとき，試験管内の空気の体積は，実験2の結果から，（　①　）cm³増加したと考えられる。したがって，ガラス管の断面積を0.2cm²とすると，ガラス管内のゼリーの位置は矢印の方向へ（　②　）cm動くと求められ，実験1の結果とほぼ同じであることが確かめられる。

6. てこについて, 後の問に答えなさい。

(1) てこには支点, 力点, 作用点があり, これら3点の位置により, 図1の (ア) ～ (ウ) の3種類に分けられます。次の①, ②は, てこのはたらきを利用した道具です。これらの支点, 力点, 作用点の位置として, 適当なものを図1の (ア) ～ (ウ) からそれぞれ選び, 記号で答えなさい。
　　① ピンセット
　　② 缶のプルタブ

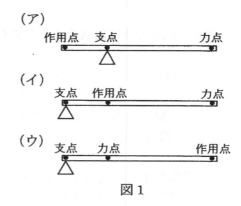

図1

(2) 図2は, 水道の蛇口と栓の部分を上から見た図です。蛇口の栓の部分にも, てこのはたらきが利用されています。栓のハンドルを矢印の向きに回すと, 中心のネジが同時に回り, 小さな力で水を出すことができます。
　　蛇口の栓のように, 大きな半径をもつ輪(大輪)の中心に小さな半径をもつ輪(小輪)を固定し, 同時に回転するようにしたものを輪軸といいます。
　　図3のように, 小輪におもりをつり下げ, 大輪についているひもを矢印の方へ引くと, 大輪と小輪が同時に時計回りに回転します。このとき, おもりの重さより小さな力でおもりを持ち上げることができます。

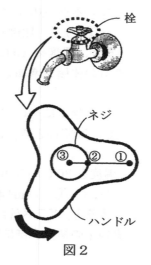

図2

問1　図2の①～③の点と, 図3の①～③の点は, 支点, 力点, 作用点のうち, 同じ点を表しています。①～③の組み合わせとして正しいものを, 次の (ア) ～ (カ) から1つ選び, 記号で答えなさい。

	①	②	③
(ア)	支点	力点	作用点
(イ)	支点	作用点	力点
(ウ)	力点	支点	作用点
(エ)	力点	作用点	支点
(オ)	作用点	支点	力点
(カ)	作用点	力点	支点

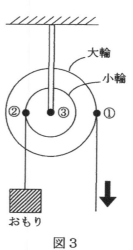

図3

【社・

問2　大輪の半径が 12cm，小輪の半径が 8cm の輪軸があります。図4のように，小輪に 120g のおもりを，大輪に 80g のおもりをつり下げるとつり合い，輪軸は動きませんでした。

　　次に，これらのおもりをはずし，小輪に重さのわからないおもり X を，大輪に 200g のおもりをつり下げるとつり合いました。おもり X の重さは何 g ですか。

問3　図4の120gのおもりを6cm持ち上げるためには，80gのおもりを何cm下げればよいですか。

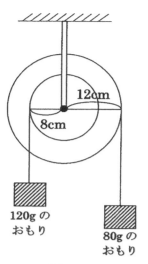

図4

（3）自転車にも輪軸が使われています。図5は自転車とその後輪を拡大した図です。図5では，タイヤとギアが輪軸のはたらきをしています。チェーンを矢印 a の方へ引いてギアを回すと，タイヤが矢印 b の方へ同時に回転し，自転車が進みます。ギアの半径を 4cm，タイヤの半径を 30cm とします。

　　チェーンを 1cm 引くと，自転車は何 cm 進みますか。

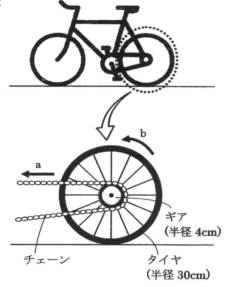

図5

K教英出版

【社・

K 教英出版

【社・

（3）下の図は，直角三角形 ABC に，点 B を中心とした円の一部と点 C を中心とした円の一部がかかれたものです。AB ＝ 6 cm，AD ＝ DE ＝ EB ＝ AF ＝ FC です。斜線部分の面積を求めなさい。ただし，円周率は 3.14 とします。

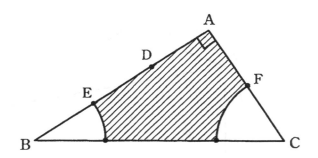

（4）下の図のような，直方体から三角柱を切り取った立体があります。
① 立体の体積を求めなさい。
② 立体の表面積を求めなさい。

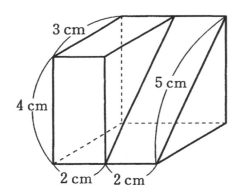

4．下の図のような三角柱があります。BX＝YZ＝2 cm，XY＝ZC＝1 cm です。
点 P は，点 A を出発して，毎秒 1 cm の速さで，A → B → X → B → A と動いて
止まります。このとき，次の問に答えなさい。

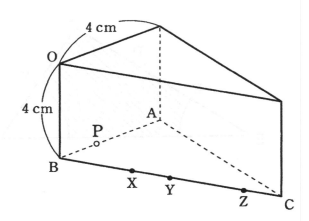

（1）下のグラフは，点 P が点 A を出発してからの時間と，三角形 OBP の面積の関係
を表したものです。グラフの ア から エ にあてはまる数を求めなさい。

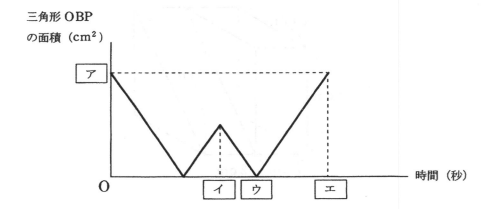

（2）点 P が点 A を出発するのと同時に，点 Q が点 Y を出発して，毎秒 1 cm の速さ
　　で，Y → Z → Y → Z → Y → Z → Y と動いて止まります。

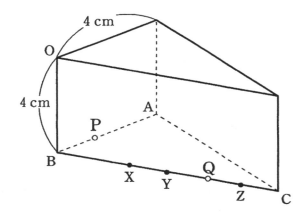

下の（ i ），（ ii ）のように面積 S（cm²）を定めます。
　（ i ）　点 P が辺 AB 上にあるとき，三角形 OBP と三角形 OCQ の面積のうち，
　　　　大きい方を S とします。
　（ ii ）　点 P が辺 BC 上にあるとき，三角形 OPQ の面積を S とします。

①　点 P，Q が出発して 1 秒後，3 秒後，5 秒後の S をそれぞれ求めなさい。
②　点 P，Q が出発してから 6 秒後までの時間と S の関係をグラフに表しなさい。
③　S が 6.5 cm² となるのは，点 P，Q が出発して何秒後と何秒後のときか求めな
　　さい。

5．整数 A に対して，【A】は，1 から A までの整数をすべてかけた数を表します。
　　例えば，【4】は 1×2×3×4 より，【4】＝24 となります。
　　このとき，次の問に答えなさい。

（1）【5】，【6】をそれぞれ求めなさい。

（2）【10】は，一の位から 0 が何個続きますか。

（3）【A】を計算すると，一の位から 0 がちょうど 6 個続きました。このような A の
　　うち最も小さいものを求めなさい。

（4）【200】は，一の位から 0 が何個続きますか。

２０１８年度

広島女学院中学校入学試験

算　数

５０分／１２０点満点

1. （1）次の計算をしなさい。

① $\left(1-\dfrac{1}{2}\right)\times\left(\dfrac{1}{3}-\dfrac{1}{4}\right)+\dfrac{1}{48}$

② $1\dfrac{1}{4}-0.75\times\dfrac{1}{3}$

③ $(0.001-0.001\times0.001)\div0.001$

④ $1\dfrac{2}{3}+0.6\div\dfrac{4}{5}-0.875\div1.4$

（2）次の $\boxed{}$ に当てはまる数をそれぞれ求めなさい。

$123456\times9+6=1234560-\boxed{\ \text{ア}\ }+6=\boxed{\ \text{イ}\ }$

2．次の問に答えなさい。

（1）みかん９個とりんご４個が買えるお金で，このりんごがちょうど７個買えます。
また，このみかん２個とりんご５個を買うと1020円です。りんご１個の値段を
求めなさい。

（2）たい焼き売り場に，販売前から多くの人が並んでいます。１分間で４個のたい焼き
を売ります。販売開始後も，１分おきに１人ずつ並びました。25分間ではじめて
並んでいる人がいなくなりました。販売前に並んでいた人数を求めなさい。ただし，
たい焼きは１人１個しか買えません。

（3）3で割ると2余り，5で割ると4余り，7で割ると6余る整数のうち，最も小さい
　　数を求めなさい。

（4）A，B，C，Dの4人が好きな果物<rt>くだもの</rt>を以下の表にまとめています。表の○が好きな
　　果物です。これらの6種類の果物が1個ずつあります。4人が好きな果物を1人
　　1個ずつ食べるとき，誰がどの果物を食べるかの組み合わせは何通りあるか求め
　　なさい。

	A	B	C	D
いちご	○		○	○
ぶどう	○		○	
みかん	○			
メロン		○		
りんご			○	
バナナ				○

3．次の問に答えなさい。

（1）下の図のように正五角形 ABCDE があり，点 C を中心とする半径が CD の円と，点 D を中心とする半径が CD の円との交点を P とする。
このとき，角アの大きさを求めなさい。

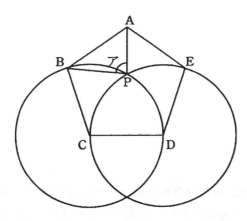

（2）下の図のように，大きな立方体の上に別の小さな立方体をのせたところ，新しい立体の表面積は，元の大きな立方体の表面積よりも 36 cm² 増えました。
小さい立方体の体積を求めなさい。

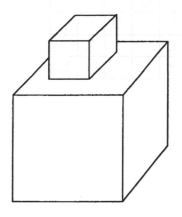

２０１８年度
広島女学院中学校入学試験

社会・理科

社会・理科合わせて４５分／各５０点満点

社　会

1．　次の文章を読み，【地図】も参照しながら，後の問に答えなさい。

『　☐不作　でんぷん値上げへ　』

　　全国農業協同組合連合会（全農）によると，今回の値上げで，１キロ当たりの卸売価格が 15 円程度上がり，160 円前後になる見込み。国内で年間に消費されるでんぷんの約８割は輸入トウモロコシから作られるが，☐から作るでんぷんは粘度が高く，他のでんぷんでは置き換えが難しいものも多いという。

　　2016 年の☐から作るでんぷんの国内生産量は約 15 万トン。30 年前から半減し，過去最低水準だった。北海道では，生産の効率や収益性が高い大豆や麦などの作物への転換が増えたり，農家の高齢化による離農が進んだりして，☐の作付面積が減り続けているところに昨年，台風の被害が重なった。

　　17 年のでんぷん向けの☐の作付面積は約１万５千ヘクタールと 10 年前より１割超減り，過去最低となっている。全農は今回の値上げで，農家の収益を上げて生産意欲を高めてもらい，作付けの減少に歯止めをかけることを狙う。

　　道産☐の不作を巡っては，スナック菓子大手各社が今春，相次いで一部の商品を販売休止や終了にし，消費者に波紋が広がった。

（朝日新聞 2017 年 6 月 27 日をもとに作成）

（1）　記事中の☐にあてはまる農作物の名前を答えなさい。

【地図】

（２）　農作物◻は，輪作を行う地域でも育てられています。

　　問１　【地図】中の（あ）～（お）から，輪作を盛んに行っている地域を選び，記号で答えなさい。
　　問２　輪作という生産方法について，わかりやすく説明しなさい。

（３）　農作物◻の不作を補うため，輸入することも考えられますが，安全性の確保が求められます。最近，整備されつつある，食品の生産・加工・流通などの情報をさかのぼって調べられるしくみをなんといいますか，カタカナ８文字で答えなさい。

（４）　次の文（ア）～（オ）は，【地図】中の（あ）～（お）のようすを説明したものです。誤りを含むものを１つ選び，記号で答えなさい。

　　（ア）2016年３月に開業した北海道新幹線は，青函トンネルを通過し，東京と（あ）の地域までを，４時間程度で結んでいる。
　　（イ）（い）の地域にある空港は，台湾，中国，韓国，タイ，マレーシアなどとの直行便が多く，北海道への外国人観光客増加に貢献している。

（ウ）（う）の地域の一戸当たり経営耕地面積は平均で約 40 ha であり，北海道の一戸当たり経営耕地面積の平均約 26 ha と比べて，広い。

（エ）世界自然遺産に登録されている（え）の地域では，牛の飼育に力を入れており，関東地方などの消費地に向けて，乳製品に加工して販売している。

（オ）日本とロシアの間で経済協力などの話し合いが進み，（お）の地域の元住民らによる墓参も実現している。

（5）　次のグラフは，北海道，北陸（新潟，富山，石川，福井），関東・東山（山梨，長野），中国の 4 つの地方の農業産出額とその割合を示したものです。中国地方にあてはまるものを 1 つ選び，①〜④の記号で答えなさい。

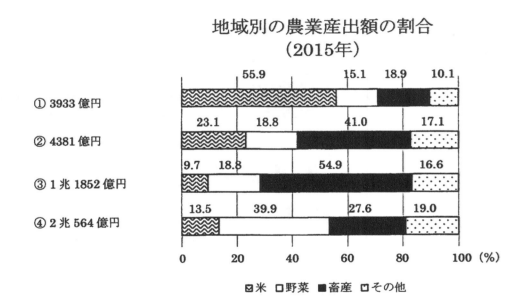

（矢野恒太記念会『日本国勢図会 2017/18』より作成）

2. 日本の歴史は，天皇や公家を中心とする朝廷と，そのもとで紛争などを鎮圧する
役割を果たしてきた武士とが政権を担いながら展開されてきました。各時代に関
する後の問に答えなさい。

（1） 古墳時代には後の天皇である大王を中心とする大和朝廷が形成されました。大
王などが埋葬された古墳の規模からは，その権力の強大さがうかがえます。

問1 古墳時代の前期と中期以降では，権力者の性質が異なると考えられています。
古墳に死者と一緒に埋葬された副葬品と，当時の様子について書かれた史料を
参考にしながら，それぞれの時期においてどのような役割を果たしていた人が
権力者であったと考えられるか，簡潔に説明しなさい。

	副葬品	史料
前期		倭（日本）の国の王は，もとは男性がつとめた。しかし，従えたくにぐにが争いを起こし，戦いが続いたので，相談して卑弥呼という女性を王に立てた。卑弥呼はよくうらないをして，人々をひきつけるふしぎな力をもっていた。 （『魏志』倭人伝）
中期以降		私（当時の大王）の国は中国からはるか遠くにあります。私の祖先は，みずからよろいやかぶとを身につけ，山や川をかけめぐり，東は 55 国，西は 66 国，さらに海をわたって 95 国を平定しました。 （『栄書』倭国伝）

【社・

問2　聖徳太子の死後，蘇我氏が天皇をしのぐほどの勢力をもったことに対して，中大兄皇子と中臣鎌足が蘇我氏をたおし，大化の改新を進めました。この改革について述べた文として正しいものを，次の（ア）〜（エ）の中から1つ選び，記号で答えなさい。

（ア）中国から帰国した留学生や留学僧とともに，天皇を中心とする国づくりを進めた。

（イ）政治を行う役人の心構えを示すために，十七条の憲法が制定された。

（ウ）中国にならって，本格的な都である藤原京が飛鳥につくられた。

（エ）租・庸・調といった税負担が定められ，都には各地から多くの産物が運び込まれることになった。

（2）　都が平城京から平安京に移された平安時代になると，朝廷の政治は一部の有力な貴族が動かすようになりました。その一方で，地方の有力な農民は，新たに田畑を開いて自分の領地とし，また都から地方に派遣された役人の中には，その立場を利用して富をたくわえる者もいました。土地をめぐる争いの中で，領地を守るために武芸にはげみ，武士となっていった人々が現れました。

問1　平安時代の文化について述べた文として正しいものを，次の（ア）〜（エ）の中から1つ選び，記号で答えなさい。

（ア）国の正式な歴史書として『日本書紀』が編さんされた。

（イ）端午や七夕の節句といった年中行事がさかんに行われるようになった。

（ウ）貴族の間では阿弥陀仏に対する信仰がさかんとなったが，庶民の間では広まることはなかった。

（エ）当時中国にあった萌との間に正式な国交が結ばれ，さかんに文化や芸術が取り入れられた。

問2　次の①～③は武士が中央政界に進出していく様子について述べたものです。時代の古い順に並べ替えたものとして正しいものを，後の（ア）～（カ）の中から1つ選び，記号で答えなさい。

① 平清盛の孫にあたる安徳天皇が即位すると，平氏は大きな権力を握った。

② 東北地方で起きた争いで大きな働きをした源義家に対して，朝廷は恩賞を出さなかった。

③ 保元の乱では朝廷や貴族の政治の実権をめぐる争いに源氏と平氏が巻き込まれることになった。

（ア）①→②→③　　　　（イ）①→③→②　　　　（ウ）②→①→③

（エ）②→③→①　　　　（オ）③→①→②　　　　（カ）③→②→①

（3）　源頼朝が開いた鎌倉幕府は，源氏の将軍が絶えた後，北条氏によって引きつがれました。一方，東国に幕府が開かれてからも西国を中心に勢力を保っていた朝廷は，北条氏が政治を行うようになると，幕府をたおす命令を全国に出しました。しかし，幕府のもとに集まった武士たちは，たちまち朝廷の軍を打ち破りました。これを　A　といいます。その後も引き続き武士が政権を担当することになりましたが，朝廷が廃止されることはありませんでした。

問1　文中の　A　にあてはまる事件の名前を答えなさい。

問2　鎌倉幕府について述べた文として正しいものを，次の（ア）～（エ）の中から1つ選び，記号で答えなさい。

（ア）政治や財政を担当した政所や，裁判を担当した問注所の長官には，京都から招かれた貴族が任命された。

（イ）幕府は積極的に仏教の保護に努め，鎌倉には中尊寺や毛越寺といった多数の寺院が建立された。

（ウ）京都に置かれた京都所司代は，西国の武士や朝廷の監視といった重要な役割を担っていた。

（エ）北条泰時は武士の裁判の基準として武家諸法度を定め，支配力の強化につとめた。

K教英出版

【社・

（4）　尾張の身分の低い武士の子として生まれた豊臣秀吉は，朝廷のもつ権威をたくみに利用しながら，全国統一を達成しました。秀吉の死後，関東の有力な大名だった徳川家康は，多くの大名を味方につけて勢いを強め，B で勝利すると，江戸に幕府を開き，三代将軍の家光の時代には全国支配の仕組みがほぼ整いました。

問1　文中の B にあてはまる戦いの名前を答えなさい。

問2　豊臣秀吉が天下統一したころの民衆の生活について述べた文として正しいものを，次の（ア）〜（エ）の中から1つ選び，記号で答えなさい。
（ア）人々は芝居小屋で行われていた人形浄瑠璃を楽しむようになった。
（イ）多色刷りの版画である浮世絵が大量に作成されるようになり，人々の間で人気を博した。
（ウ）武士・百姓・町人という身分が区別され，身分の固定化がはかられた。
（エ）民衆の生活などを題材とした能が大成され，民衆の間に広まった。

問3　三代将軍徳川家光の時代について述べた文として正しいものを，次の（ア）〜（エ）の中から1つ選び，記号で答えなさい。
（ア）支配が安定したこともあって，取りつぶされる大名の数もそれ以前と比べると激減した。
（イ）キリスト教信者が中心となって起こした島原・天草一揆に対して，幕府は大軍を派遣してこれを鎮圧した。
（ウ）参勤交代の制度が定められたが，その費用は幕府が負担したため，大名にとって経済的な負担は軽かった。
（エ）洋書が輸入できるようになり，地理学や天文学などの西洋の学問（蘭学）を学ぶ人々が増加した。

（5）　明治維新によって，再び天皇を頂点とする新政府が成立しましたが，新政府による改革に不満を持つ人々は，国会の開設を要求して自由民権運動を起こしました。こうした動きに対して政府は，さまざまな条例（法律）を定めて演説会や新聞などを厳しく取り締まるようになりました。しかし，人々の声の高まりを無視することはできず，ついに政府は国会を開くことを約束しました。

問1　次の【資料1】・【資料2】は，当時の政府に不満を持つ人々が起こした事件に関するものです。それぞれの事件と関連が深い場所として正しいものの組み合わせを，下の（ア）〜（エ）の中から1つ選び，記号で答えなさい。

【資料1】

士族による最後の武力反乱

【資料2】

秩父地方の農民3000人あまりが借金の支払い延期を求めた

（ア）【資料1】－①　【資料2】－③　　（イ）【資料1】－②　【資料2】－③
（ウ）【資料1】－①　【資料2】－④　　（エ）【資料1】－②　【資料2】－④

問2　次の【資料3】は風刺画といい，当時の政治を批判したものです。

【資料3】

　この絵を描いたのはフランス人のビゴーです。これは当時の政府内で力をもっていた伊藤博文を批判したものだとされています。

　下の【年表1】は，ビゴーが来日しフランスに帰国するまでをまとめたもので，【年表2】は当時の日本国内の主な出来事をまとめたものです。【資料3】・【年表1】・【年表2】を参考にして，なぜビゴーが帰国したと考えられるか，簡潔に説明しなさい。

【年表1】

1860年　パリで生まれる。

1882年　21歳の時に来日，以後2年間お雇い外国人として絵画講師を務める。

1887年　日本に居留するフランス人向けの風刺漫画雑誌『トバエ』を創刊。

1889年　『トバエ』を休刊するも，その後も政府の外交政策を批判する風刺雑誌を刊行しつづける。

<u>1899年　フランスに帰国する。</u>

【年表2】

1874年　『日新真事誌』という新聞に，国会の開設を求める意見文が掲載され，自由民権運動が高まる。

1875年　新聞紙条例が制定され，政府に対して批判的な新聞や雑誌が取り締まりを受け，新聞紙条例を批判する記事を書いた作家が，禁固・罰金の刑を受ける。

1883年　新聞紙条例が改正され，新聞や雑誌に対する統制が強化される。

1890年　国会が開設される。

1894年　日英通商航海条約が結ばれ，5年後に治外法権が撤廃されることが約束される（アメリカ・フランスなどとも同様の条約を結ぶ）。
　　　　日清戦争が始まる。

1902年　日英同盟が結ばれる。

1904年　日露戦争が始まる。

3.　　日本国憲法は，国の基本的なあり方を定めており，すべての法やきまりは，憲法にもとづいています。憲法には，さまざまな国民の権利が保障してあります。それとともに，国民が果たさなければならない義務についても定められています。憲法の条文を参照しながら，後の間に答えなさい。

第9条 ①　日本国民は，正義と秩序を基調とする国際平和を誠実に希求し，国権の発動たる戦争と，武力による威嚇又は武力の行使は，国際紛争を解決する手段としては，永久にこれを放棄する。
　　　 ②　前項の目的を達するため，陸海空軍その他の戦力は，これを保持しない。国の交戦権は，これを認めない。

第26条② すべて国民は，法律の定めるところにより，その保護する子女に普通 A を受けさせる義務を負う。義務 A は，これを無償とする。

第27条① すべて国民は，勤労の権利を有し，義務を負う。

第96条① この憲法の改正は，各議院の総議員の三分の二以上の賛成で，国会が，これを発議し，国民に提案してその承認を経なければならない。この承認には，特別の B 又は国会の定める選挙の際行われる投票において，その過半数の賛成を必要とする。

（1）　憲法第9条に関する問に答えなさい。

　　　問1　核兵器の使用や保有を法的に禁じる条約が，2017年7月7日にニューヨークの国連本部で採択されました。被爆者代表としてスピーチをしたサーロー節子さんは広島女学院の卒業生です。この条約の名前を答えなさい。

　　　問2　問1の条約が採択された時，日本政府はどのような立場をとりましたか。ふさわしいものを次の文（ア）〜（エ）の中から1つ選び，記号で答えなさい。
　　　　　（ア）日本が核兵器開発をすすめるため，賛成しなかった。
　　　　　（イ）核保有国と非保有国の対立を深めると考え，賛成しなかった。
　　　　　（ウ）唯一の被爆国として，積極的に賛成した。
　　　　　（エ）アジアの非核化を目指し，賛成した。

（2）　憲法第26条②の条文中の A にあてはまる言葉を答えなさい。

（3）　憲法第27条①に関する問に答えなさい。

　　　問1　女性の社会進出に期待が高まっています。子育てと仕事が両立できる環境が整備されることが求められていますが，国の認可を受けた保育所に申し込んだのに入れない，いわゆる「待機児童」の問題は解決できたとはいえません。少子化が進む中で，なぜ待機児童の数は減らないのですか。その理由をのべた文（ア）〜（エ）の中から誤っているものを1つ選び，記号で答えなさい。
　　　　　（ア）育児休業がとりやすくなり，家庭で保育できるので保育所を増設しないから。
　　　　　（イ）様々な理由で，出産後も共働きを考える家庭が増えているから。
　　　　　（ウ）保育所の定員を増やしたくても，保育士が不足しているから。
　　　　　（エ）特に都市部では，保育所の定員増加を上回る申し込みがあるから。

問2　憲法第27条①に関して，政府が「働き方改革」を掲げる中，過労死につ
　　ながりかねない長時間労働や，非正社員（パート，アルバイト，派遣，契約
　　社員など）の増加などが問題視されています。
　　　非正社員が増加すると，少子化に拍車をかけるおそれがあるという分析も
　　あります。それはなぜですか。次の【資料1】・【資料2】を参考にして説明
　　しなさい。

【資料1：正社員（上段）と非正社員（下段）の平均月額賃金の比較（2011年）】

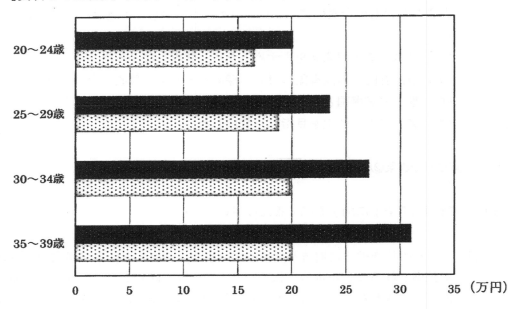

（厚生労働省資料より作成）

【資料2：出産から22年間の養育費】

出産・育児費用	約91万円
子どもの食費	約671万円
子どもの衣料費	約141万円
子どもの保健医療・理美容費	約193万円
子どものおこづかい額	約451万円
子どもの私的所有物代	約93万円
合計	約1640万円

（AIU保険「AIUの現代子育て経済考2005」より作成）

（4）憲法第96条①の条文中の B にあてはまる言葉を漢字4文字で答えなさい。

K教英出版

ここで社会は終わり。理科は次ページから。

理　科

1. 天気について，後の問に答えなさい。

（1）　気象観測では「晴れ」と「くもり」の天気は，空全体を 10 にしたときの，およその雲の量で決めます。天気が「くもり」になるのは，雲の量がいくつからいくつのときですか。

（2）　雲は大まかな形のちがいから 10 種類に分けられます。雨を降らせる代表的な雲に，乱層雲と積乱雲があります。次の文は，積乱雲が降らせる雨の特徴を説明したものです。空らん（　①　）と（　②　）にあてはまる言葉の組み合わせとして正しいものを，次の（ア）～（エ）から選び，記号で答えなさい。また，（　③　）にあてはまる語句を漢字 2 文字で答えなさい。

　　積乱雲は（　①　）時間，（　②　）雨を降らせることが多い。大きな積乱雲が，せまい範囲を次々と通過すると，（　③　）豪雨により大きな災害が起こることがある。

	①	②
（ア）	長い	はげしい
（イ）	長い	弱い
（ウ）	短い	はげしい
（エ）	短い	弱い

（3）　日本上空の雲のようすは，気象衛星からとった写真から知ることもできます。日本の気象衛星の名前を，ひらがな 4 文字で答えなさい。

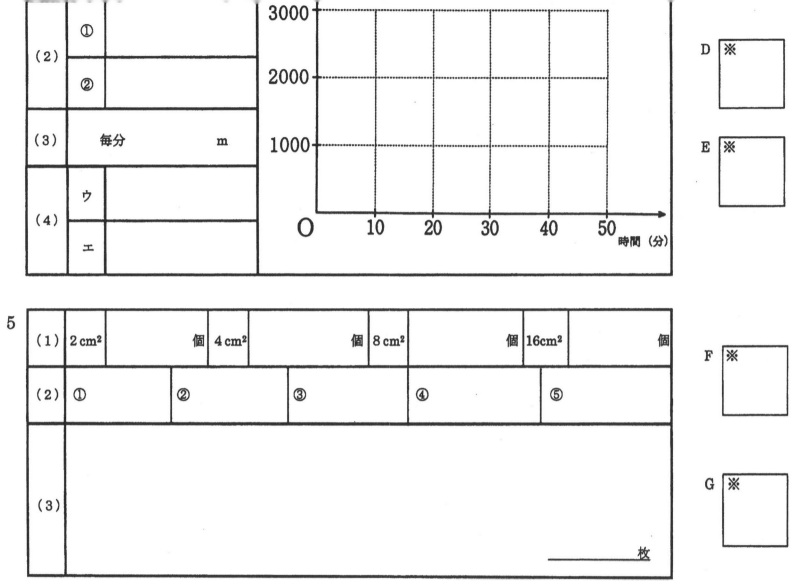

	①	
(2)		
	②	
(3)	毎分　　　　　　　m	
(4)	ウ	
	エ	

D ※

E ※

5	
(1)	2 cm²　　　　　　個　4 cm²　　　　　　個　8 cm²　　　　　　個　16cm²　　　　　　個
(2)	①　　　　　②　　　　　③　　　　　④　　　　　⑤
(3)	枚

F ※

G ※

(1)				
問2		(2)	問1	問2

(3)	問1	問2

(4)	問1	問2
	問3	(5) 問1

(5)	問2

C ※

D ※

3

(1)	問1	条約	問2
(2)		(3)	問1

(3)	問2

(4)				

E ※

F ※

5

(1)		(2)	
(3)		(4)	

(5)									

6

①		②		③		④	

7

(1)		(2)		(3)		(4)		(5)	

8

(1)	m	(2)	
(3)	①	②	(4)

C ※

D ※

理　科

2018年度
理科　解答用紙

受験番号		名前	

※50点満点
（配点非公表）

※のらんには記入しないこと

1

（1）	から	（2）	記号		③	
（3）				（4）		

※

2

（1）		（2）		（3）		（4）	

A　※

3

（1）		（2）		（3）		（4）	

4

（1）	g

B　※

社　会

2018年度
社会　解答用紙

受験番号		名前	

※50点満点
（配点非公表）

※のらんには記入しないこと

※

1

（1）		（2）	問1

（2）	問2		

A ※

（3）								

（4）		（5）	

2

B ※

2018年度

算数　解答用紙

| 受験番号 | | 名前 | |

※120点満点
（配点非公表）

※のらんには記入しないこと

1

| (1) | ① | ② | ③ | ④ | ※ |
| (2) | ア | イ | | | |

2

| (1) | 円 | (2) | 人 | (3) | | (4) | 通り |

A ※

3

| (1) | 度 | (2) | cm³ |
| (3) | ① | : | ② | : | (4) | cm² |

B ※

C ※

4

（4）　図1は，9月のある日に台風がA地点とB地点の間を，西から東に向かって通過したようすを表しています。表1は台風が通過したときの，A地点で観測された風向のデータです。同じ日のB地点における風向の変化として最も適当なものを，次の（ア）～（エ）から選び，記号で答えなさい。ただし，⟹は台風の中心に向かって吹きこむ風の向きを示しています。

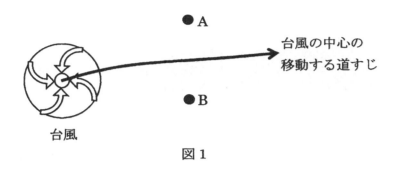

図1

表1

時刻	8:00	14:00	20:00
A地点での風向	↙	↓	↘

時刻	8:00	14:00	20:00
（ア）	↖	←	←
（イ）	↖	↗	→
（ウ）	↘	↓	←
（エ）	↘	→	→

2. 図1は，あるがけで見られた地層のようすを示したものです。後の問に答えなさい。

表面の土

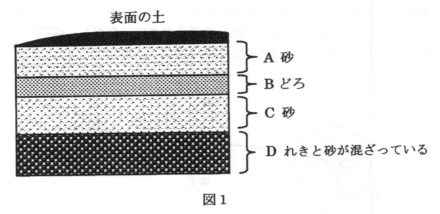

A 砂

B どろ

C 砂

D れきと砂が混ざっている

図1

（1）　野外における地層の観察の仕方として，**誤っているもの**を次の（ア）〜（エ）から1つ選び，記号で答えなさい。

　　　（ア）　動きやすくするため，服そうは半そで，半ズボンにする。

　　　（イ）　地層を遠くからながめ，全体のようすをスケッチする。

　　　（ウ）　地層の境目を調べるときは，地層を少しけずってもよい。

　　　（エ）　地層の岩石をハンマーで採取するときは，保護メガネをする。

（2）　堆積（たいせき）した時代が最も古いと思われる層を，図1のA〜Dから選び，記号で答えなさい。ただし，層の堆積した順番は，大地の動きによって変化しなかったものとします。

（3）　一般に，川によって海に運ばれた砂，どろ，れきは，図2の①〜③のいずれかにそれぞれ堆積します。どろが堆積する場所として最も適当なものを選び，番号で答えなさい。

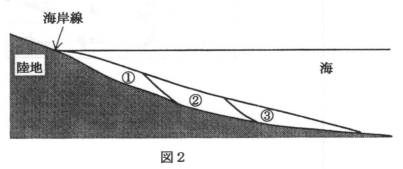

海岸線

陸地　　　①　　　②　　　③　　　海

図2

教英出版

【社・

（4）　図1のB，C，Dが堆積する間に，この地域はどのように変化していったと考えられますか。次の文の空らん（　①　）〜（　③　）に入る言葉の組み合わせとして最も適当なものを，次の（ア）〜（ク）から選び，記号で答えなさい。

　　　Bはどろの層であることから，Bができた当時，この地域は海岸線（　①　）海だったと考えられる。また，Dはれきや砂の層であることから，Dができた当時，この地域は海岸線（　②　）海だったと考えられる。地層のできた順番とあわせて考えると，B，C，Dが堆積する間，この地域では（　③　）なっていったと考えられる。

	①	②	③
（ア）	に近く浅い	に近く浅い	水面が上昇し，海が深く
（イ）	に近く浅い	に近く浅い	水面が下降し，海が浅く
（ウ）	に近く浅い	から遠く深い	水面が上昇し，海が深く
（エ）	に近く浅い	から遠く深い	水面が下降し，海が浅く
（オ）	から遠く深い	に近く浅い	水面が上昇し，海が深く
（カ）	から遠く深い	に近く浅い	水面が下降し，海が浅く
（キ）	から遠く深い	から遠く深い	水面が上昇し，海が深く
（ク）	から遠く深い	から遠く深い	水面が下降し，海が浅く

3. ものの燃え方を調べるために，次の【実験1】・【実験2】を行いました。後の問に答えなさい。

【実験1】　図1の（ア）のように，粘土の板の上にろうそくを立て，ガラスの筒をかぶせます。（イ）～（エ）は，（ア）の粘土の一部を切ってすきまをあけたり，筒の上にガラスのふたをかぶせたりしたものです。（ア）～（エ）のろうそくに火をつけ，燃え方を観察しました。

（ア）　　　　　　（イ）　　　　　　（ウ）　　　　　　（エ）

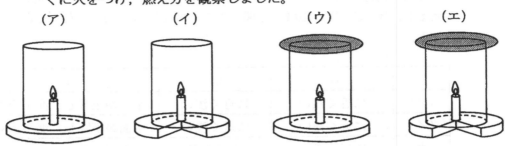

図1

（1）　ろうそくが最も長く燃えつづけたものを，図1の（ア）～（エ）から選び，記号で答えなさい。

（2）　穴をあけた缶に割りばしを入れて燃やすとき，最もよく燃えるものはどれですか。【実験1】の結果をふまえて，次の（ア）～（エ）から選び，記号で答えなさい。

（ア）　　　　　　（イ）　　　　　　（ウ）　　　　　　（エ）

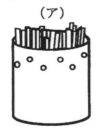 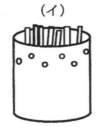 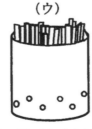 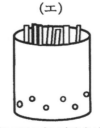

缶の上の方に穴をあけ，すきまなく割りばしをつめる。　　缶の上の方に穴をあけ，すきまをあけて割りばしをつめる。　　缶の下の方に穴をあけ，すきまなく割りばしをつめる。　　缶の下の方に穴をあけ，すきまをあけて割りばしをつめる。

【社・

問題は次のページに続きます。

【実験2】 図2のように，空気で満たした集気びんの中に火のついたろうそくを奥まで入れたところ，ろうそくの火はしばらくして消えました。

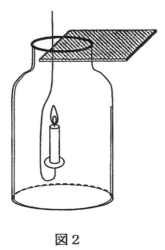

図2

（3） 図3のグラフは，空気にふくまれる気体の体積の割合を示したものです。ものを燃やすはたらきのある気体を，①～③から1つ選び，番号で答えなさい。

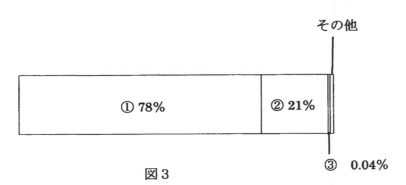

図3

（4）　集気びんの中の空気にふくまれる（3）の気体①～③の体積の割合は，ろうそくを燃やす前と後で，それぞれどのように変化していますか。正しい組み合わせを，次の（ア）～（ケ）から1つ選び，記号で答えなさい。

	①	②	③
（ア）	増える	増える	減る
（イ）	増える	ほとんど変わらない	ほとんど変わらない
（ウ）	増える	減る	増える
（エ）	ほとんど変わらない	増える	減る
（オ）	ほとんど変わらない	ほとんど変わらない	ほとんど変わらない
（カ）	ほとんど変わらない	減る	増える
（キ）	減る	増える	減る
（ク）	減る	ほとんど変わらない	ほとんど変わらない
（ケ）	減る	減る	増える

4.　気体１Lあたりの重さ（g）は気体の種類によって決まっており，これを気体の「密度」といいます。空気よりも密度の小さい気体で風船をふくらませると，手をはなしたとき風船は上昇していきます。例えば，空気よりも密度の小さいヘリウムという気体で風船をふくらませると，右の図のようにうかびます。後の問に答えなさい。

（１）　空気の重さは24Lあたり28.8gです。空気１Lあたりの重さ（密度）を求めなさい。

（２）　図１のグラフは，ある気体A〜Eの体積と重さの関係を表したものです。例えば，気体A10Lの重さは20gであることがわかり，密度を求めることができます。ただし，これらの体積と重さはすべて同じ場所で調べたものです。

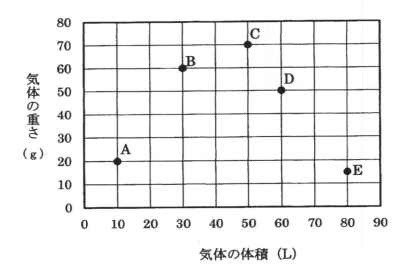

図１

問１　気体Aと同じ気体が１つあります。それはどれですか。気体B〜Eから選び，記号で答えなさい。

問２　気体A〜Eでそれぞれ風船をふくらませたとき，手をはなすと床に落ちる風船はどの気体でふくらませたものですか。A〜Eからすべて選び，記号で答えなさい。ただし，風船の重さは無視できるものとします。

5. あやめさんは，ある日の夕食に豚汁とご飯を食べました。これについて，後の問に答えなさい。

（1） 口から入った食物は，体外へ排出されるまでの間に，どこを通りますか。次の（ア）～（ク）からすべて選び，記号で答えなさい。

（ア） 肝臓　　　　（イ） 大腸　　　　（ウ） 腎臓　　　　（エ） 胃
（オ） すい臓　　　（カ） 小腸　　　　（キ） 気管　　　　（ク） 肺

（2） 消化された食物の養分は，体内に吸収されたあと，血液にとりこまれます。血液に入った養分はまずどの臓器に運ばれますか。正しいものを（1）の（ア）～（ク）から1つ選び，記号で答えなさい。

（3） 豚汁に入っている豚肉はたんぱく質からできており，ヒトの血や肉となります。ヒトの肉もたんぱく質でできていますが，毎日豚肉を食べ続けていても，豚のたんぱく質と同じにはなりません。食べた豚のたんぱく質は，ヒトのたんぱく質にいつつくり変えられますか。正しいものを次の（ア）～（エ）から1つ選び，記号で答えなさい。

（ア） 口の中のだ液と混ざったとき
（イ） すべての消化液と混ざったとき
（ウ） 体内に吸収されるとき
（エ） 体内に吸収されたあと

（4） 豚汁にはサツマイモが入っていました。次の（ア）～（エ）はサツマイモのイモに含まれるでんぷんについて述べたものです。正しいものを1つ選び，記号で答えなさい。

（ア） 土に含まれるでんぷんをイモが吸収したものである。
（イ） 水と二酸化炭素を材料にして，土の中でイモがつくったものである。
（ウ） 葉でつくられ，土の中のイモに移動したものである。
（エ） 花の受粉によって，イモがつくったものである。

（5） ご飯つぶを口の中でかんでいると，しだいにあまく感じられました。これはなぜですか。「でんぷん」という言葉を使って，20字以内で説明しなさい。

6. 次の文章を読み，後の問に答えなさい。

　植物は生きていくための養分としてでんぷんをつくり，それを使って生活しています。植物がつくるでんぷんの量は光の強さによって変化しますが，使うでんぷんの量は光の強さによって変わらず，常に一定です。つまり，光があるときはつくったでんぷんの量と使ったでんぷんの量の差が，体内にたくわえられるでんぷんの量になります。光があたっていないときは，でんぷんは使われるだけなので，体内のでんぷんの量は減りつづけます。
　植物がどのくらいでんぷんをたくわえているかを調べるために，次の【実験１】・【実験２】を行いました。ただし，どちらの実験も植物に二酸化炭素を十分に与え，温度を一定にしています。また，ルクスは光の強さを示す単位です。

【実験１】　ある植物を光が全くあたらない部屋におき，植物が使ったでんぷんの量を，時間を追って調べました。図１はその結果を表したものです。

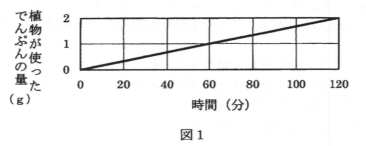

図１

【実験２】　【実験１】と同じ植物に 5000 ルクスの光をあてて，植物がつくったでんぷんの量を，時間を追って調べました。図２はその結果を表したものです。

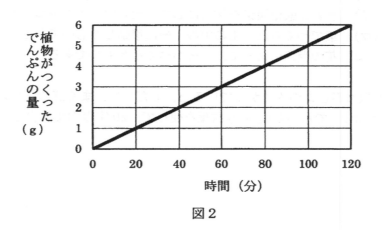

図２

問　次の空らん（　①　）～（　④　）にあてはまる数字を答えなさい。

　【実験1】から，この植物は1時間あたりに（　①　）gのでんぷんを使うことがわかった。また【実験2】から，5000ルクスの光があたっているときには，この植物は1時間あたりに（　②　）gのでんぷんをつくることがわかった。光の有無にかかわらず，使うでんぷんの量は常に一定なので，5000ルクスの光があたっているとき，1時間あたりにたくわえられるでんぷんの量は（　③　）gであるといえる。
　したがって，この植物に1日のうち14時間は5000ルクスの光をあて，10時間は光を全くあてなかったとすると，1日で（　④　）gのでんぷんがたくわえられることになる。

7．次の（1）～（5）について，正しければ○，誤りがあれば×を記しなさい。

（1）　図1と図2のように，プロペラのついたモーターに2個の乾電池をそれぞれつないだとき，よりはやくプロペラが回るのは図1である。

図1　　　　　　　　　　　図2

（2）　長さが同じで太さのちがう2本の電熱線を，それぞれ1個の乾電池につないだ。電流を流す時間が同じとき，太い電熱線より細い電熱線のほうがより多く発熱する。

（3）　図3のように，少量の色水が入ったガラス管と試験管をつないだ。試験管を氷水につけて冷やすと，色水は下に動いた。

色水

ゴム栓

空気

図3

（4）　くぎぬきを使って，小さな力でくぎをぬくには，支点から遠いところを持つとよい。

（5）　ふりこを用意して，図4のようにふりこが支点の真下にくるとき，糸がひっかかるようにくぎを打った。このふりこが1往復する時間は，くぎがないときと比べて長くなる。

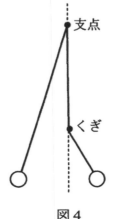

支点

くぎ

図4

【社・

問題は次のページに続きます。

8． 次の文章を読み，後の問に答えなさい。

　あやめさんが家の中から花火大会を見ていると，<u>花火の光が見えてから，５秒後に音が聞こえました</u>。また，花火の音が聞こえるたびに，家の窓ガラスがふるえていることに気づきました。

　ものがふるえることを「振動」といいます。音を出しているものは振動しており，窓ガラスがふるえたのは，花火の音の振動が空気をとおして伝わったためです。音の高さは，１秒間に振動する回数(これを振動数といいます)で決まります。振動数が多いと高い音に，振動数が少ないと低い音になります。

　弦の振動と音の関係を調べるために，図１の装置を使い【実験１】・【実験２】を行いました。箱の上に１本の弦を張り，はじくと弦が振動して音が聞こえます。ねじをまわすと弦を張る強さを変えることができ，ことじの位置を動かすと振動する弦の長さを変えることができます。

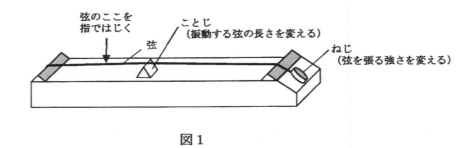

図１

【実験１】　ことじの位置を変えずに，弦を強く張ったときと弱く張ったときに，それぞれ聞こえる音の高さを比べた。

【実験２】　弦を張る強さを変えずに，ことじの位置を変え，弦の長さが長いときと短いときに，それぞれ聞こえる音の高さを比べた。

【社・

【実験1】・【実験2】の結果は，次の表1のようになりました。

表1

	弦	音の高低
【実験1】	強く張る	高い
	弱く張る	低い
【実験2】	長い	低い
	短い	高い

（1）　音が空気を伝わる速さは秒速340mです。あやめさんの家は花火の上がった場所から何mはなれていますか。

（2）　文中の下線部について説明した次の文の（　　　）にあてはまる言葉を答えなさい。

　　　花火の光が見えてから，5秒後に音が聞こえるのは，光の速さに比べて音の速さが（　　　）からである。

（3）　次の文の（　①　），（　②　）にあてはまる言葉をそれぞれ答えなさい。
　　【実験1】から，弦を強く張るほど振動数は（　①　）。
　　【実験2】から，振動する弦の長さが長いほど振動数は（　②　）。

（4）　図2のマンドリンは，ギターと同じ弦楽器の仲間です。マンドリンに張られた1本の弦のAの位置をはじくとき，最も低い音がでるものを，次の（ア）〜（エ）から選び，記号で答えなさい。
　　（ア）　弦を強く張り，Bをおさえてはじく。
　　（イ）　弦を強く張り，Cをおさえてはじく。
　　（ウ）　弦を弱く張り，Bをおさえてはじく。
　　（エ）　弦を弱く張り，Cをおさえてはじく。

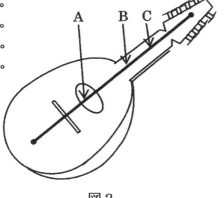

図2

教英出版

【社・

（3）図1の直角三角形 ABC の辺 AC が辺 AB に重なるように折り曲げ，図2のように
　　 2点 P，Q をとる。点 Q は点 C が辺 AB と重なった点である。

図1

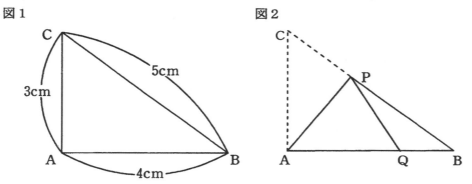

①三角形 APQ と三角形 PBQ の面積の比を求めなさい。

②BP : PC を求めなさい。

（4）正方形 ABCD があり，辺 AB，CD には6等分した点，辺 BC，AD には3等分
　　 した点がかいてあります。アの部分の面積は 3 cm²，イの部分の面積は 1 cm²，
　　 ウの部分の面積は 4 cm² のとき，エの部分の面積を求めなさい。

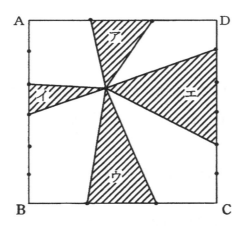

4. さちこさんと姉が家から同時に出発し，3 km 離れた球場へ歩いて向かいます。歩く速さは毎分 60 m で一定です。さちこさんは，出発してから 10 分後にチケットを忘れたことに気づき，1 人で家に歩いて取りに帰り，姉はそのまま球場に向かいました。さちこさんは家に戻った後，家から自転車で球場に向かい，途中で姉を追い越し，姉より先に球場に着きました。下のグラフは，さちこさんと姉が家を出発してからの時間と 2 人の間の距離の関係を表したものです。

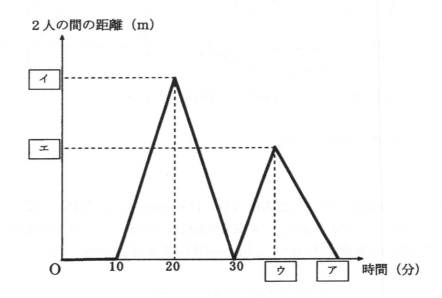

（1）グラフ中の ア は，姉が球場に着いた時間を表します。姉は，最初から最後まで，一定の速さで球場に向かいました。 ア に当てはまる数を求めなさい。

（2）① 次の空らん □ に当てはまる数を求めなさい。

グラフ中の 10 分後から 20 分後の間は，さちこさんと姉が 1 分間で □ m ずつ離れていきます。

② グラフ中の イ に当てはまる数を求めなさい。

（3）さちこさんの自転車の速さは，毎分何mですか。

（4）グラフ中の ウ ・ エ に当てはまる数をそれぞれ求めなさい。

（5）さちこさんが最初に家を出発してから，球場に着くまでの家からの距離のグラフ
　　をかきなさい。横軸を出発してからの時間（分），縦軸を家からの距離（m）と
　　します。

5. 右のような，縦が４cm，横が２cmの長方形のタイルを
この向きで横一列に並べていきます。

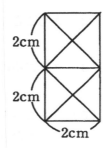

2cm

2cm

2cm

タイルを２枚並べたとき，この中には，面積が ２cm² の正方形が４個，面積が
４cm² の正方形が４個，面積が ８cm² の正方形が１個，面積が 16cm² の正方形
が１個あると考えることができます。

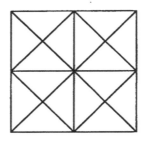

・面積 ２cm² の正方形は斜線のもの
を含めて４個

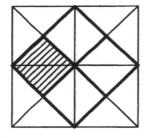

・面積 ４cm² の正方形は斜線のもの
を含めて４個

・面積 ８cm² の正方形

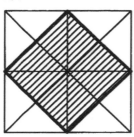

・面積 16cm² の正方形

（1）次のように，タイルを3枚並べたときに，面積が 2 cm²，4 cm²，8 cm²，16 cm² の正方形は，それぞれ何個ありますか。

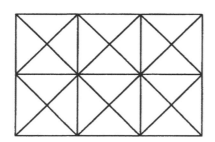

（2）次の空らん ① ～ ⑤ に当てはまる数をそれぞれ求めなさい。

　　　タイルを1枚増やしたとき，面積が 2 cm²，4 cm²，8 cm²，16 cm² の正方形は，
　　　それぞれ ① 個， ② 個， ③ 個， ④ 個ずつ増えるので，タイルを
　　　15 枚並べたとき，全部で正方形は， ⑤ 個になります。

（3）正方形の個数が全部で150個となるのは，タイルを何枚並べたときですか。
　　　この問題は，式または説明もかきなさい。

２０１７年度

広島女学院中学校入学試験

算　数

５０分／１２０点満点

（※このページに問題はありません。）

1．（1）次の計算をしなさい。

① $\left(\dfrac{1}{2}-\dfrac{1}{3}\right)\div\left(\dfrac{1}{4}-\dfrac{1}{5}\right)-\dfrac{1}{3}$

② $45+46+47+48+49-32-33-34-35-36$

③ $(9.8+7.6\times5-4.3)\div2\times10$

④ $\left\{6\div\dfrac{3}{2}-\left(\dfrac{1}{6}+\dfrac{1}{12}\right)\right\}\div2\dfrac{1}{2}$

（2）次の問に答えなさい。

① 次の □ に当てはまる数を求めなさい。

$\dfrac{1}{3\times5}=\left(\dfrac{1}{3}-\dfrac{1}{5}\right)\times\dfrac{1}{\boxed{}}$

② ①の結果を利用して，次の計算をしなさい。

$\dfrac{1}{1\times3}+\dfrac{1}{3\times5}+\dfrac{1}{5\times7}+\dfrac{1}{7\times9}+\dfrac{1}{9\times11}+\dfrac{1}{11\times13}+\dfrac{1}{13\times15}$

2．次の問に答えなさい。

（1）100円硬貨2枚，50円硬貨1枚，10円硬貨4枚を使うと，全部で何通りの金額を支払うことができますか。ただし，0円は除きます。

（2）100gあたりの値段が30円で，3mの重さが120gの針金があります。この針金を50m買うと，値段はいくらですか。

（3）ある品物を仕入れ，定価をつけました。この品物を定価の10％引きで売ると380円の利益があり，15％引きで売ると320円の利益があります。この品物の定価と仕入れた値段はそれぞれいくらですか。

（4）妹は家を出発して，分速90 mの速さで歩きます。姉は妹が出発してから6分後に，自転車で分速210 mの速さで追いかけました。姉が家を出発してから何分何秒後に妹に追いつきますか。また，追いついた地点は家から何mはなれたところですか。

（5）3枚のカードA，B，Cがあります。これらには，1，2，3，4，5のうちのいずれか1つの数字が書かれています。ただし，同じ数字が書かれたカードはありません。この3枚のカードを並べて，3けたの整数をつくります。このとき，
　　　　　ABCと並べると偶数になり，
　　　　　BCAと並べると3の倍数になり，
　　　　　CABと並べると5の倍数になりました。
　A，B，Cに書かれている数を求めなさい。この問題は，式または説明もかきなさい。

3．次の問に答えなさい。

（1）下の図は正三角形を2点A，Bを通る直線によって折り返したものです。
　　このとき，角ア，角イの大きさをそれぞれ求めなさい。

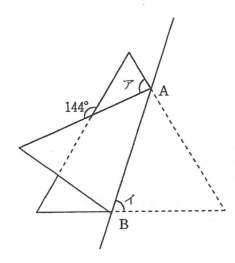

（2）半径が等しい2つの円があり，図のように円の中心P，Qは，ともにもう一方の
　　円の周上にあります。このとき，角ア，角イの大きさをそれぞれ求めなさい。

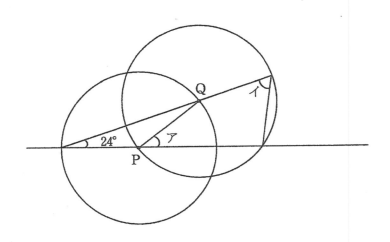

２０１７年度
広島女学院中学校入学試験

社会・理科

社会・理科合わせて４５分／各５０点満点

（※このページに問題はありません。）

社　会

1.　あやめさんは，夏休みに尾道市と今治市を結ぶしまなみ海道に行ってきました。

（1）　しまなみ海道の沿線では，みかんの栽培が行われていました。みかんは年々，生産量が減っており，キウイフルーツに転作する農家も増えています。次の表は，りんご，もも，ぶどう，キウイフルーツの生産上位4県の全国に占める割合（%，いずれも2013年）を表しています。このうちキウイフルーツにあてはまるものを，表中の（ア）〜（エ）から1つ選び，記号で答えなさい。

	1位		2位		3位		4位	
（ア）	愛媛	25.7	福岡	18.8	和歌山	11.4	神奈川	6.8
（イ）	山梨	25.4	長野	14.1	山形	8.8	岡山	8.1
（ウ）	青森	55.5	長野	20.9	山形	6.3	岩手	5.8
（エ）	山梨	31.4	福島	23.5	長野	12.3	和歌山	7.7

（『日本のすがた2015』より作成）

（2）　次のグラフは米，小麦，大豆，果物の自給率（2013年度）を表しています。

問1　このうち果物にあてはまるものを，表中の（ア）〜（エ）から1つ選び，記号で答えなさい。

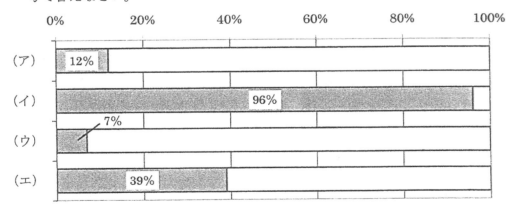

（『日本のすがた2015』より作成）

問2　小麦などは日本でも栽培できるのに外国産が輸入されています。輸入される外国産小麦の特徴を「大規模」，「価格」ということばを使い，説明しなさい。

（3）　次の地図は，あやめさんが訪れた地域の地図です。

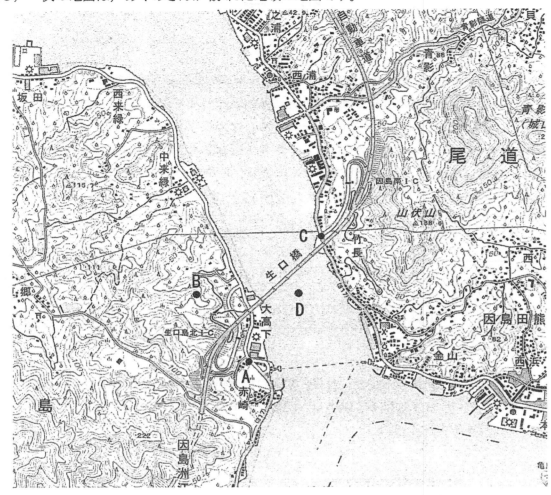

問1　果樹園をあらわす地図記号を書きなさい。

問2　次の写真は，あやめさんが地図中の生口橋を撮影したものですが，どの地点で撮影したのか分からなくなってしまいました。適当なものを，前のページの地図のA～Dから1つ選び，記号で答えなさい。

（4）　瀬戸内海では製鉄所も多く見られます。鉄をつくるのに必要な原料を鉄鉱石と石灰石以外に1つ答えなさい。

（5）　日本の産業別の人口の割合は時代とともに変化しました。次のグラフは産業別
　　　の人口の割合を表したものです。A～Cの項目の組み合わせとして正しいものを，
　　　後の（ア）～（カ）から１つ選び，記号で答えなさい。

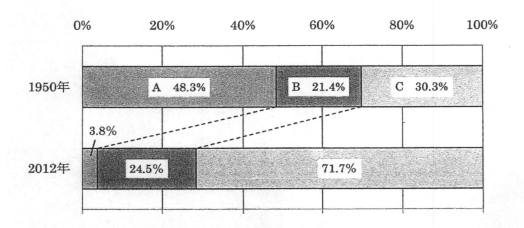

（『労働力調査年報　平成24年』より作成）

（ア）	A：農林水産業	B：工業など	C：商業など
（イ）	A：農林水産業	B：商業など	C：工業など
（ウ）	A：工業など	B：農林水産業	C：商業など
（エ）	A：工業など	B：商業など	C：農林水産業
（オ）	A：商業など	B：農林水産業	C：工業など
（カ）	A：商業など	B：工業など	C：農林水産業

2017(H29) 広島女学院中
K 教英出版

【社・

2. 　歴史については，遺跡から発掘された出土品や，文書や地図として残された当時の資料から，多くのことが研究されています。また，様々なものの分布やうつりかわりを地図やグラフに表すことで，いろいろな特徴に気がつくこともできます。歴史に関する様々な資料に関連して，後の問に答えなさい。

（1）　歴史学習における資料の利用のしかたとして**ふさわしくないもの**を，次の（ア）～（エ）から1つ選び，記号で答えなさい。

　　　（ア）昔の地図を見て，地図をかいた人たちが自分の住んでいる地域や自分を取りまく世界，自分の国をどう考えていたのか調べる。

　　　（イ）地方に派遣された役人についての資料をできるだけ集めて，政府がどれくらいの範囲を支配していたのか調べる。

　　　（ウ）日本全体の工業生産額の増減を折れ線グラフに表して，地域ごとの工業の特徴について調べる。

　　　（エ）ある様式の建物の分布を地図上に表して，共通する文化がどれくらいの範囲に広がっていたのか調べる。

（2）　次の【資料1】は5世紀につくられた大仙陵古墳と，同じ形の古墳の分布を示しています。【資料2】は埼玉県稲荷山古墳から出土した鉄剣で，【資料3】は熊本県江田船山古墳から出土した鉄刀です。資料について，後の問に答えなさい。

【資料1】　　　　　　　　　　　　　　　　　　　　【資料2】【資料3】

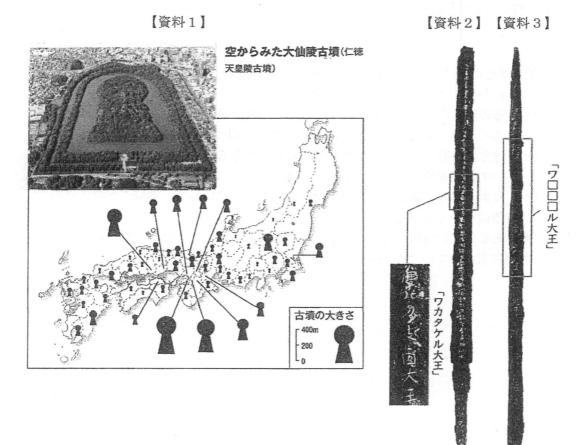

空からみた大仙陵古墳（仁徳天皇陵古墳）

問1　大和朝廷は奈良盆地を中心とする大和地方につくられました。【資料1】をみると，大和地方周辺の近畿地方に大きな古墳がつくられていたことが分かります。このことを参考にして大和朝廷のなりたちについて説明しなさい。「有力豪族，大王」の語を使って，次のことばにつながるように文章を完成させなさい。

連合して朝廷をつくった。

問2　【資料1】をみると，同じ形の古墳が東北地方南部から九州地方に広がっています。このことと【資料2】・【資料3】から分かることを簡単に説明しなさい。

（3）　次の地図はもともと行基がつくったといわれる地図で，江戸時代に入るころまでの日本地図の原型となったものです。行基が活躍したころからこのような地図が使われたころの日本について，後の問に答えなさい。

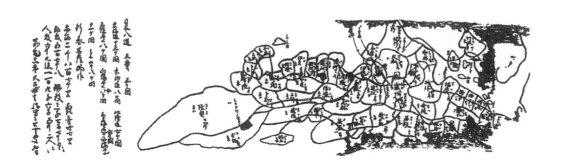

問1　行基が活躍したころの日本について述べた文のうち，次の【資料1】～【資料3】から読みとれるものとして最も適当なものを，後の（ア）～（エ）から選び，記号で答えなさい。

【資料1：朝廷の東北進出のための施設】

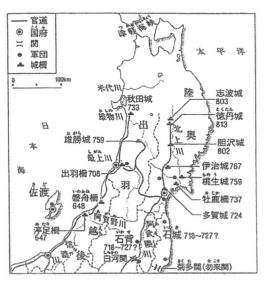

【資料2：国分寺の分布】

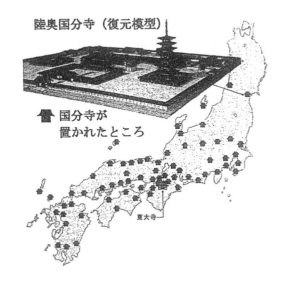

【資料３：調として都に送られた各地の品々】

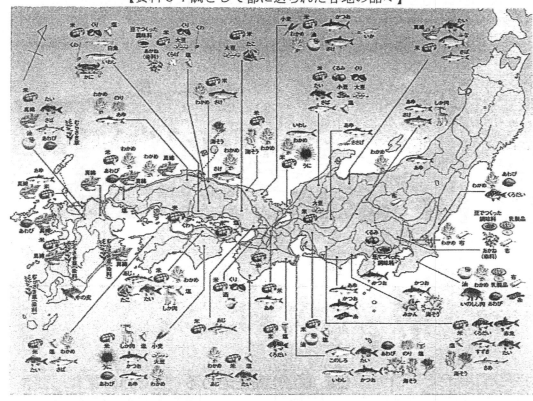

（ア）朝廷は，政治を安定させるために，次々と都をうつした。

（イ）東北地方でも朝廷に支配されない民が残っており，朝廷は彼らと戦った。

（ウ）朝廷は，北海道から九州の各地に税として特産物を都に送らせた。

（エ）朝廷は，東北から九州の国分寺に守護を派遣して地方をおさめさせた。

問２　奈良時代から室町時代の文化について述べた文として正しいものを，次の
（ア）〜（エ）から１つ選び，記号で答えなさい。

（ア）奈良時代に遣唐使を送って大陸の文化をさかんに取りいれ，東大寺の正倉
院には天智天皇が愛用した水差しやガラス器などが残されている。

（イ）平安時代の貴族の間では，紫式部の「枕草子」や清少納言の「源氏物語」
など，日本風の文化が生まれた。

（ウ）鎌倉時代になって武士の世の中になると，末法の考え方が広まり，極楽浄
土にいけることを願って平等院鳳凰堂がつくられた。

（エ）室町時代には，中国の影響を受けた水墨画や，茶の湯や生け花など，京都
の武士を中心に生まれた文化が庶民にも広がり，地方にも広まっていった。

2017(H29) 広島女学院中
K教英出版

【社・

（4）　次の地図は，江戸時代に，初めて全国を実際に測量してかかれた地図です。関連して江戸時代の日本について，後の問に答えなさい。

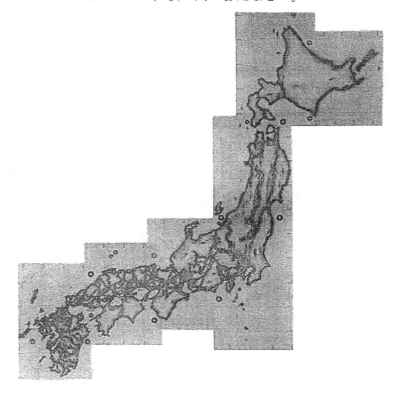

問1　幕府の命で，全国を測量し，この地図を作製した人物はだれか，名前を答えなさい。

問2　江戸時代の半ばには様々な文化が広がりました。当時の文化について述べた文として誤りをふくむものを，次の（ア）～（エ）から1つ選び，記号で答えなさい。
　（ア）鎖国を行って外国との貿易がとだえていたため，外国の影響を受けない日本的な文化ばかりが発展した。
　（イ）国学を学ぶ人たちは，「古事記」や「万葉集」の中に日本の人びとの心を探ろうとした。
　（ウ）町人や百姓まで，浮世絵や歌舞伎を楽しみお寺や神社へお参りの旅に行くこともできるようになった。
　（エ）苦労してオランダ語の書物を手に入れた人たちが，西洋の医学・天文学・兵学などを学んだ。

（5）　次の【資料１】・【グラフ１】・【グラフ２】に関連して，明治時代から第二次世界大戦までの日本について，後の問に答えなさい。

【資料１：明治時代初めの東京の様子】

【グラフ１：1912〜26年の日本の貿易額】

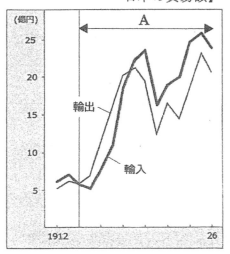

【グラフ２：1926〜45年の日本の貿易額】

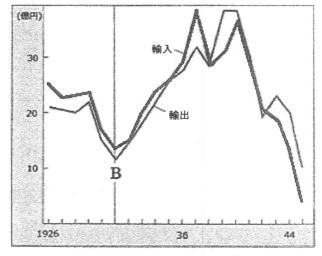

問1　【資料1】に関連して，明治政府が近代化をすすめた政策として正しいもの
　　を，次の（ア）〜（エ）から1つ選び，記号で答えなさい。
（ア）廃藩置県を行って，全国の中央集権化をすすめた。
（イ）配給制を行って，食料など生活物資の統制を行った。
（ウ）学制を公布して，6歳以上の男子はすべて小学校に通うこととした。
（エ）徴兵令を公布して，20歳以上の士族の男子を徴兵した。

問2　【グラフ1】のAの時期，貿易額が増加して日本は好景気にわき，その後に
　　輸出額が減少して不景気にさらされることが何度もおこりました。この時期に
　　日本の社会でおこったできごととして正しいものを，次の（ア）〜（エ）から
　　1つ選び，記号で答えなさい。
（ア）シベリア出兵で米の値段が急に安くなったため，農民は米騒動を起こして
　　　米の値上げを要求した。
（イ）女性の地位向上を目指す運動が高まって，男女普通選挙が達成された。
（ウ）欧米の文化を知るための社交の場として，鹿鳴館が建設された。
（エ）都市では，地下鉄や電車，バスなどの交通が整備され，デパートなどがつ
　　　くられた。

問3　【グラフ2】ではBから急激に貿易額が増加しています。Bの年におこった
　　できごととして正しいものを，次の（ア）〜（エ）から1つ選び，記号で答え
　　なさい。
（ア）第一次世界大戦　　　　　（イ）満州事変
（ウ）日中戦争　　　　　　　　（エ）太平洋戦争

3. この一年間におこったできごとや最近の社会や政治の動きについて，後の問に答えなさい。

（1）　次の【グラフ1】・【グラフ2】は，それぞれ参議院議員選挙の年齢別投票率を表したものです。昨年の参議院議員選挙の結果，憲法改正に積極的な政党の議員が参議院の3分の2以上をしめることになり，①国会は憲法改正を国民に提案することが可能となりました。後の問に答えなさい。

【グラフ1：参議院議員選挙の年齢別投票率の変化】

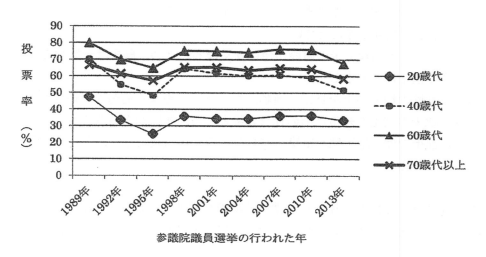

参議院議員選挙の行われた年

【グラフ2：2016年の参議院議員選挙の年齢別投票率】

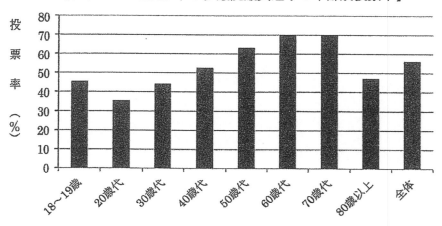

＊全国約5万の投票区のうち142～188の投票区の年齢別投票率を計算したものです。

（総務省ホームページから作成）

問1　1989年以後の参議院議員選挙について2つのグラフから読み取れるものとして適当なものを，次の（ア）〜（エ）から1つ選び，記号で答えなさい。

（ア）1989年から2016年まで，年齢層が高いほど投票率が高かった。

（イ）1989年から2016年まで，20歳代の投票率が最も低かった。

（ウ）2013年は，18〜19歳の投票率が全体の投票率より低かった。

（エ）2016年は，40歳代・50歳代・60歳代の投票率はいずれも全体の投票率より高かった。

問2　下線部①に関連して，国会の仕事として<u>ふさわしくないもの</u>を，次の（ア）〜（エ）から1つ選び，記号で答えなさい。

（ア）内閣総理大臣を指名する。

（イ）国の予算や法律を話し合って決める。

（ウ）内閣の行う政治が憲法に違反していないか判断する。

（エ）裁判官を裁く裁判を行う。

（2）　地方公共団体は独自に　①　を制定することができます。広島市議会は平和記念公園を 2018 年 4 月から全面禁煙とする　①　を賛成多数で可決しました。違反すれば 1000 円支払わなければならないことになりました。また，これとともに公園の灰皿や広島平和記念資料館近くの喫煙ブースは撤去されることになりました。

問1　空らん　①　にあてはまる語句を答えなさい。

問2　住民が地域のために行えることとして<u>ふさわしくないもの</u>を，次の（ア）〜（エ）から 1 つ選び，記号で答えなさい。

（ア）首長や議員の選挙で投票する。

（イ）議会を傍聴し，議会で賛成か反対か投票する。

（ウ）　①　の制定や改正・廃止を請求する。

（エ）NPO 法人などのボランティア団体で活動する。

- 14 -

答　A＿＿＿＿＿，B＿＿＿＿＿，C＿＿＿＿＿

3

(1)	ア	度	イ	度	(2)	ア	度	イ	度

(3)	cm²	(4)	cm²

D ※

4

(1)	ア	イ	ウ	(2)	毎分	cm³

(3)	①	分　　秒後	②	分　　秒後

E ※

5

(1)	番目	$\frac{1}{10}$ の次は

(2)	①	個	最も大きい整数は
	②		

F ※

(1)		

(2)	問1	連合して朝廷をつくった。
	問2	

(3)	問1	問2	
(4)	問1		問2
(5)	問1	問2	問3

C ※

D ※

3

(1)	問1	問2
(2)	問1	問2

E ※

(3)

	問3		問4	

4

(1)		(2)		(3)	
(4)		(5)		(6)	

5

(1)		(2)	
(3)	（　　　　）さんから（　　　　）さん		

6

(1)		(2)	kg	(3)	kg
(4) ①	kg	②	g	(5)	

B ※

C ※

D ※

理　科

２０１７年度
理科　解答用紙

受験番号		名前	

1

(1)	A		B	
	C		D	

| (2) | 問1 | ① | ② | 問2 | ％ |

| (3) | |

| (4) | |

※

※50 点満点
（配点非公表）

2

| (1) | → → | (2) | | (3) | |

A

※

3

| (1) | | (2) | 問1 | | 問2 |

２０１７年度
社会　解答用紙

受験番号		名前	

※のらんには記入しないこと

1

(1)		
(2)	問1	
	問2	
(3)	問1	問2
(4)		(5)

※

※50点満点
（配点非公表）

A　※

B　※

【解答用

2017年度
算数　解答用紙

受験番号		名前	

※のらんには記入しないこと

1

(1)	①	②	③	④

(2)	①	②

※

※120点満点
（配点非公表）

2

(1)		通り	(2)		円
(3)	定価	円	仕入れた値段		円
(4)	分　　秒後		家から		m

（5）式または説明

A ※

B ※

ここで社会は終わり。理科は次ページから。

理　科

1. 4種類の白い粉A～Dがあります。これらは，食塩，砂糖，小麦粉，ミョウバンのいずれかであることがわかっています。このA～Dについて，次の実験を行いました。後の問に答えなさい。

【実験1】　図1のように，20℃の水100gを入れたビーカーを4つ用意し，A～Dをそれぞれ5gずつ入れてよくかきまぜた。B，C，Dは全てとけたが，Aはほとんどとけず，ビーカーの底に沈んだ。

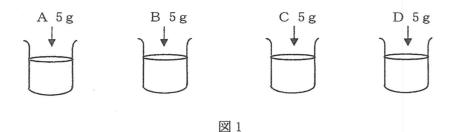

図1

【実験2】　A～Dをそれぞれ燃焼さじにのせて，図2のようにガスバーナーの炎の中に入れると，BとDは変化がなかったが，AとCはこげて黒くなった。

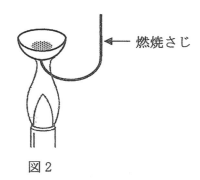

←燃焼さじ

図2

【実験3】　60℃の水100gを入れたビーカーを2つ用意し，BとDをそれぞれ20gずつ入れて，全てとかした。これらを20℃まで冷やすと，Dの水溶液は変化がなかったが，Bの水溶液はBのつぶが出てきた。

2017(H29) 広島女学院中
K 教英出版

【社・理

（1）　A～Dの名前をそれぞれ答えなさい。

（2）　【実験1】について，後の問に答えなさい。
　問1　次の文の空らん（　①　）と（　②　）にあてはまる最も適当な数値や文を，
　　　（　①　）については（ア）～（エ），（　②　）については（オ）～（ク）か
　　　らそれぞれ1つずつ選び，記号で答えなさい。

　　　「水100gにBを5gとかした水溶液の重さは（　①　）gになる。その理由は，
　　　Bは（　②　）からである。」

　　　（　①　）に入る数値
　　　（ア）95　　　　（イ）100　　　　（ウ）103　　　　（エ）105

　　　（　②　）に入る文
　　　（オ）水にとけて見えなくなり，なくなってしまった
　　　（カ）水にとけるときに水を吸収する
　　　（キ）水にとけて見えなくなっても，水溶液の中にある
　　　（ク）水にとけるときに少しだけ軽くなる

　問2　20℃の水100gにBを5gとかした水溶液の濃度は何％ですか。割り切れな
　　　いときは，小数第2位を四捨五入して，小数第1位まで答えを求めなさい。

（3）　【実験3】からわかるように，Bは水溶液の温度によってとける量が大きく変わるという性質をもちます。次の図3のグラフは，100gの水にとけるBの量と水の温度との関係を表したものです。下の（ア）～（エ）の文のうち，誤りを含むものを1つ選び，記号で答えなさい。

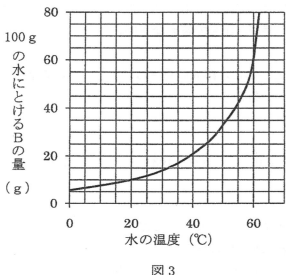

図3

（ア）20℃の水250gにBを20gとかすと，すべてとける。

（イ）60℃の水300gにBをとけるだけとかし，これを20℃まで冷やすと，150gのBのつぶが出てくる。

（ウ）水50gにBを30gとかすためには，水の温度を60℃以上にしなければならない。

（エ）60℃の水50gにBをとけるだけとかした水溶液より，60℃の水100gにBをとけるだけとかした水溶液の方が濃い。

（4）　食塩，砂糖，小麦粉，ミョウバンは，私たちの生活のさまざまなところで使われています。そのうち，ミョウバンはどのようなものに利用されていますか。最も適当なものを，次の（ア）～（オ）から選び，記号で答えなさい。

（ア）浴室のカビ取り

（イ）虫さされの薬

（ウ）カロリーゼロの甘味料

（エ）ベーキングパウダー（ふくらし粉）

（オ）ナスのつけものの色づけ

2． 物のあたたまり方を調べるために，次の図のように，金属の板とビーカーに入った水を熱しました。図のA〜Fは場所を表しています。後の問に答えなさい。

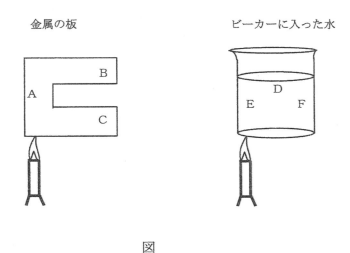

金属の板　　　　　　　　　　　ビーカーに入った水

図

（1） 金属の板を熱したとき，A〜Cはどのような順序であたたまりますか。あたたまる順にA〜Cを並べなさい。

（2） ビーカーに入った水を熱したとき，D〜Fでそれぞれ水が動く向きを示している組み合わせとして正しいものを，次の（ア）〜（ク）から1つ選び，記号で答えなさい。

	D	E	F
（ア）	←	↓	↓
（イ）	←	↓	↑
（ウ）	←	↑	↓
（エ）	←	↑	↑
（オ）	→	↓	↓
（カ）	→	↓	↑
（キ）	→	↑	↓
（ク）	→	↑	↑

（3）　次の文の空らん（　①　）～（　③　）にあてはまる言葉の組み合わせとして
　　　正しいものを，次の（ア）～（ク）から１つ選び，記号で答えなさい。

「空気のあたたまり方は（　①　）のあたたまり方と似ているので，エアコンの吹
き出し口を，暖房のときは（　②　）向きに，冷房のときは（　③　）向きにす
るとよい。」

	①	②	③
（ア）	金属	上	下
（イ）	金属	上	上
（ウ）	金属	下	下
（エ）	金属	下	上
（オ）	水	上	下
（カ）	水	上	上
（キ）	水	下	下
（ク）	水	下	上

2017(H29) 広島女学院中
K教英出版

【社・理

3. 天体について，後の問に答えなさい。

（1） 月に関する次の（ア）～（オ）の文のうち，正しいものを1つ選び，記号で答えなさい。
   （ア）月はみずから光を出してかがやいている。
   （イ）月は，夕方には必ず東の空に見える。
   （ウ）下弦の月が南の空にあるとき，右半分がかがやいて見える。
   （エ）新月から15日後に満月が見える。
   （オ）月の表面には，「陸」とよばれる山や谷が多い部分と，「海」とよばれる水の多い部分がある。

（2） 図1の（ア）～（オ）は，日本でいろいろな時期に見える月の形を表しています。

（ア）　　（イ）　　（ウ）　　（エ）　　（オ）

図1

   問1　日の入り直後に，東の空に見える月はどれですか。図1の（ア）～（オ）から1つ選び，記号で答えなさい。

   問2　図2は月が地球のまわりをまわるようすを表しています。問1で答えた形に月が見えるときの月の位置はどれですか。最もふさわしいものを，図2の①～⑧から選び，番号で答えなさい。ただし，地球の中の矢印は，地球のまわる方向を表しています。

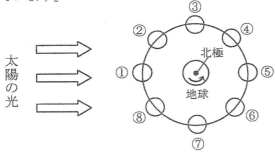

図2

（3）　7月の中ごろ，午後9時に南の空を見ると，図3のような星座が見られました。

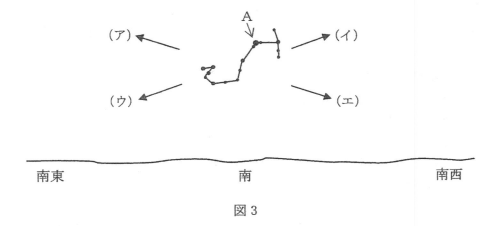

図3

問1　このとき，図3の星座を調べるために，星座早見を使いました。星座早見の持ち方として，最も適当なものを次の（ア）～（エ）から選び，記号で答えなさい。

（ア）　　　　　　（イ）　　　　　　（ウ）　　　　　　（エ）

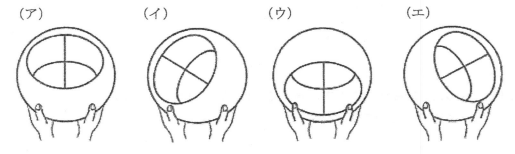

問2　Aの星の名前を答えなさい。

問3　Aと同じ色に見える星を，次の（ア）～（エ）から選び，記号で答えなさい。
（ア）デネブ　　　（イ）ベテルギウス　　　（ウ）リゲル　　　（エ）シリウス

問4　図3の星座は，この後，どの方角に移動していきますか。最も適当なものを，図3の矢印（ア）～（エ）から選び，記号で答えなさい。

【社・

4. 次の（1）〜（6）について，正しければ〇，誤りがあれば×を記しなさい。

（1） ふりこが1往復する時間は，ふりこの長さによって変わる。

（2） 地球を大きな磁石と考えると，北極がN極，南極がS極になっている。

（3） 電磁石は流れる電流の向きを逆にすると，極が入れかわる。

（4） ピンセットは，支点が力点と作用点の間にある。

（5） 電流計の3つの－端子 5A，500mA，50mA のうち，大きさがわからない電流を測定するときには，50mA の－端子から使う。

（6） 下の図の（ア）〜（エ）のうち，最も明るく豆電球がつくのは，（イ）である。ただし，▯ は乾電池を，⊗ は豆電球を表し，乾電池と豆電球はそれぞれ同じ性質のものとする。

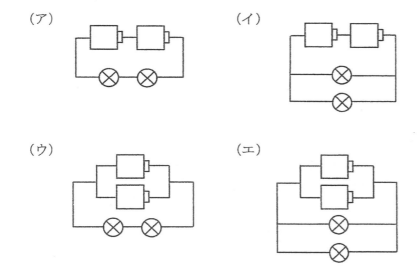

5.　図1は光が鏡の表面にあたり，はね返るようすを表しています。どのような角度で光をあてても，鏡に入る光の角（あ）の大きさとはね返る光の角（い）の大きさは，いつも等しくなります。光の進み方について，後の問に答えなさい。ただし，電球のようにみずから光を発するものを，光源といいます。

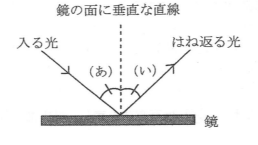

図1

（1）　2枚の鏡X，Yを垂直に合わせ，マス目のついた台紙に垂直に立てました。図2はそのようすを真上から見たものです。鏡の前に光源をおき，光源から出た光を矢印の方向に鏡Xにあてました。鏡Xにあたったこの光が，はね返った後に通る点を，図2の（ア）～（エ）から1つ選び，記号で答えなさい。

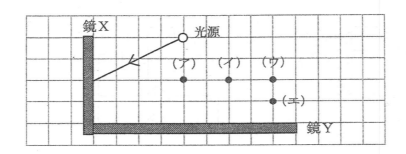

図2

2017(H29) 広島女学院中
K教英出版

【社・

（2） あやめさんが鏡を見ると，光源の光がうつって見えました。図3は真上から見たときの鏡，光源，あやめさんの位置を表しています。光源から出た光が鏡ではね返ってから，あやめさんの目に入るとき，光は鏡のどの位置ではね返りますか。正しいものを図3の（ア）～（カ）から選び，記号で答えなさい。

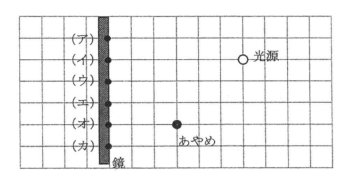

図3

（3） 大きな鏡に向かって，Aさん～Jさんの10人が一直線に並んでいます。図4はそのようすを真上から見たものです。光源を図の位置においたとき，鏡にうつった光源の光を見ることができるのは，誰から誰までですか。解答らんにあてはまるように答えなさい。

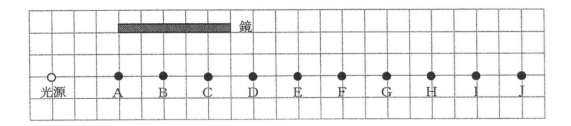

図4

6. 次の文章を読み，後の問に答えなさい。

　　川の水の中に，生物体内で分解・排出されにくい有害なものがごくわずかにとけ
ているとします。その有害なものを<u>プランクトン（水の中の小さな生物）</u>が取りこ
むと，体内にたまります。さらに，そのプランクトンを多量に食べる動物では，よ
り多くの有害なものが体内にたまることになります。
　　下の図は，ある場所での食物連さを示したものです。矢印の先の生物は，その直
前の生物を食べることを，書かれている数字は，食べたものの重さのうち矢印の先
の生物の重さに変わった割合を表しています。つまり，植物プランクトンが1000kg
食べられたとすると，その2%である20kg分が動物プランクトンの重さに変わった
ことを示しています。

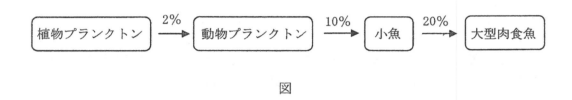

図

（1）　文中の下線部に関連して，次の（ア）〜（オ）のプランクトンのうち，最も大
　　きいものを選び，記号で答えなさい。
　　（ア）ミカヅキモ　　　　　（イ）ミジンコ　　　　　（ウ）ゾウリムシ
　　（エ）ボルボックス　　　　（オ）ミドリムシ

（2）　小魚何kg分が大型肉食魚1kg分の重さに変わりますか。図の関係をもとにし
　　て答えなさい。

（3）　植物プランクトン何kg分が，最終的に大型肉食魚1kg分の重さに変わります
　　か。図の関係をもとにして答えなさい。

（4）　次の先生とあやめさんの会話文を読み，空らん（　①　），（　②　）にあてはまる数字を答えなさい。

あやめ：（3）から，大型肉食魚が成長するためには，とても多くの植物プランクトンが必要なことがわかりました。

先生　：そうだね。植物プランクトンが取りこむ有害なものはごく少量でも，分解や排出が行われないとすると，大型肉食魚に取りこまれる有害なものはおどろくほど多くなるんだよ。

あやめ：どういうことですか。

先生　：例えば，植物プランクトン 1000kg あたり 1g の有害なものが含まれていたとしよう。植物プランクトン 1000kg すべてが食べられたとすると，その2%が動物プランクトンの重さに変わるので，動物プランクトンでは 20kg あたり有害なものが 1g 含まれていることになるよね。これを食べる小魚では，（　①　）kg あたり 1g 含まれ，さらに，小魚を食べる大型肉食魚では，0.4kg あたり 1g 含まれることになるんだよ。

あやめ：わかりました。ということは，植物プランクトンでは最初 1000kg あたり 1g しか含まれていなかった有害なものが，大型肉食魚では 1000kg あたり（　②　）g も含まれることになるんですね。

先生　：このように有害な物質が食物連さを通して生物の体内で濃くなっていくことを生物濃縮と言うんだよ。

あやめ：なるほど。だから，有害なものは，少しの量でも川に流すと大変なことになるんですね。

（5）　日本では過去に，生物濃縮が原因で大きな社会問題が起こりました。この例としてふさわしいものを，次の（ア）～（オ）から1つ選び，記号で答えなさい。
　　（ア）赤潮　　　　　　　　（イ）酸性雨　　　　　　　（ウ）光化学スモッグ
　　（エ）水俣病　　　　　　　（オ）四日市ぜんそく

【社・

【社・

（3）図の四角形 ABCD は長方形で，AB＝10 cm，AD＝12 cm，BE＝4 cm です。
斜（しゃ）線の部分の面積を求めなさい。

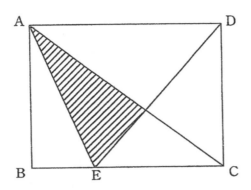

（4）1辺が3cmの正五角形を底面とする，高さが5cmの五角柱があります。図のように，五角柱の底面の頂点を A，B とし，上の面の辺に点 P をとります。そして，側面に A から P まで，P から B までに，たるみのないようにひもをかけました。このとき，側面のうち，ひもより下の部分の面積を求めなさい。

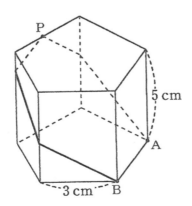

4．図のように，1辺が20cmの立方体から直方体をくり抜いた形のタンクがあります。
管Aからは毎分300cm³の割合で水を入れることができ，管Bからは一定の割合で水を抜くことができます。

まず，管Bを閉じて管Aだけを開いて水を入れ，入れ始めて22分後に管Bを開きます。右のグラフは，タンクに水がいっぱいになるまでの時間(分)と水位(cm)の関係を表したものです。このとき，次の問に答えなさい。

（1）図とグラフの(ア)，(イ)，(ウ)に当てはまる数を求めなさい。

（2）管Bからは毎分何cm³の割合で水が抜かれていますか。

（3）タンクに水がいっぱいになったら管Aだけを閉じます。
　　①　水位が(ア)cmになるのは管Aを閉じてから何分何秒後ですか。
　　②　タンクが空になるのは管Aを閉じてから何分何秒後ですか。

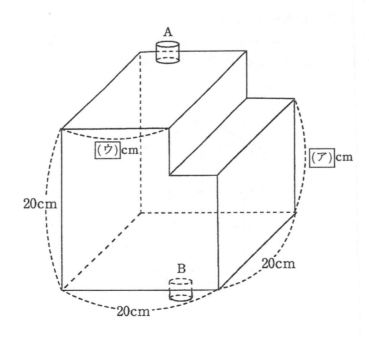

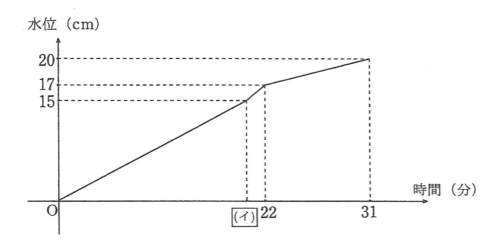

5. ある規則で，次のように分数を並べていきます。

$$\frac{1}{2} , \frac{3}{2} , \frac{1}{3} , \frac{4}{3} , \frac{1}{4} , \frac{5}{4} , \frac{1}{5} , \frac{6}{5} , \frac{1}{6} , \cdots\cdots\cdots$$

このとき，次の問に答えなさい。

（1） $\frac{1}{10}$ は最初から何番目に並んでいますか。また，$\frac{1}{10}$ の次に並んでいる分数は何ですか。

（2） 並んでいる分数の中で，4 をかけると整数になるものは $\frac{1}{2}$, $\frac{3}{2}$, $\frac{1}{4}$, $\frac{5}{4}$ の 4 個です。

① 並んでいる分数の中で，18 をかけると整数になるものは全部で何個ありますか。また，18 をかけてできた整数の中で，最も大きい整数は何ですか。

② 並んでいる分数の中で，ある整数 x をかけると整数になるものが 4 個あります。このような整数 x で，4 以外のものをすべて答えなさい。ただし，x は 200 以下の整数とします。

２０１６年度

広島女学院中学校入学試験

算 数

５０分／１２０点満点

1. 次の計算をしなさい。

（1）　$36 + 37 + 38 + 39 + 60 + 61 + 62 + 63 + 64$

（2）　$75 \div 3 \times 2 - 7 \times 6 \div (8 + 6)$

（3）　$(8.5123 - 8.4271) \div (1 - 0.29)$

（4）　$\dfrac{2}{3} \times \dfrac{4}{5} + \dfrac{4}{9} \times \dfrac{2}{5} + \dfrac{8}{27} \times \dfrac{6}{5}$

（5）　$2.02 \times 6\dfrac{2}{3} - 2 \times \left(5\dfrac{1}{3} + \dfrac{2}{5} \right)$

2．次の問に答えなさい。

（1）10円玉、50円玉、100円玉の枚数の比は8：1：3です。
　　　合計が1720円のとき、100円玉は何枚ありますか。

（2）リボンがあります。最初に $\frac{1}{2}$ m を使い、次に残りの $\frac{3}{5}$ を使ったところ、14 cm
　　　余りました。最初にあったリボンは何cm ですか。

（3）2けたの整数の中で、5または11で割り切れる整数は全部で何個ありますか。
　　　ただし、5と11の両方で割り切れる整数も含みます。

（4）□1□, □2□, □3□, □4□, □5□, □6□, □7□ の 7 枚のカードがあります。このカードから、姉が
4 枚、弟が 3 枚とりました。姉は □2□ のカード、弟は □4□ のカードを持っています。
この 2 枚のカードを入れ替えたら、2 人のカードに書かれた数の和が等しくなりま
した。入れ替えた後に弟が持っている 3 枚のカードに書かれた数字を小さい順にす
べて答えなさい。

（5）長さが 100 m の列車があります。この列車がふみ切りで待っている人の前に先頭が
来て、完全に通過するのに 4 秒かかりました。また、同じ速さで列車がトンネルに
入り始めてから、列車全体がトンネルを出るまでに 20 秒かかりました。
この列車の速さは分速 何 m ですか。また、トンネルの長さは 何 m ですか。
この問題は解答用紙に式または説明を書きなさい。

3．次の問に答えなさい。ただし、円周率は3.14とします。

（1）下の図形は半径3cmの円の一部分です。円周の部分の長さが6.28cmのとき、
この図形の面積を求めなさい。

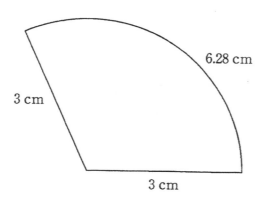

（2）下の図は正方形と円の一部分を組み合わせたものです。角アと角イの大きさを求め
なさい。

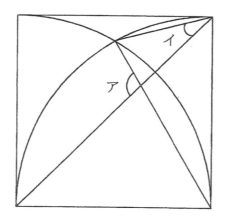

（3）下の図は1辺10cmの正方形の各辺を5等分した点を結んで作った図形です。斜線部分の正方形の面積を求めなさい。

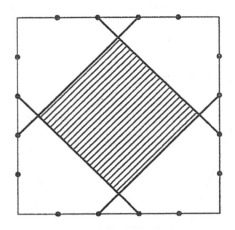

（4）図2は、図1の立方体の展開図です。図2では▲だけの位置と向きがわかっています。このとき、図2において⬆の位置を①〜⑤の中から選びなさい。また、向きについて下の（ア）〜（エ）の中から選びなさい。

向き　（ア）⬆　　（イ）➡　　（ウ）⬇　　（エ）⬅

（図1）　　　　　　　　　　　　（図2）

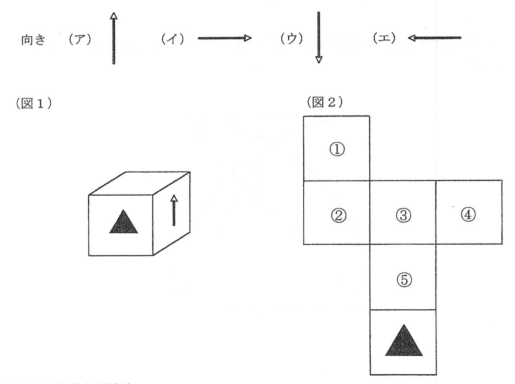

２０１６年度
広島女学院中学校入学試験

社会・理科

社会・理科合わせて４５分／各５０点満点

社　会

1．　2016年の5月に，下の地図中あの県で，主要国首脳会議（サミット）が開かれます。世界各国の首脳が集まり，政治や経済の問題について話し合います。日本は，周りを海で囲まれている島国ですが，昔から外国との交流がありました。近年は，情報ネットワークや交通機関の発達によって，世界規模での交流が活発になり，私たちの生活は外国との交流なしでは成り立たないといってもいいでしょう。

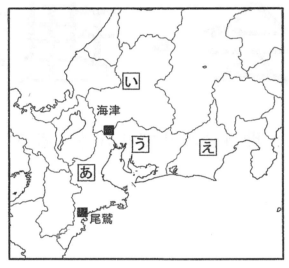

（1）　下線部について，次の文章は日本の地理的な位置を説明した文章です。この文章を読み，次の問に答えなさい。

　日本は，（　　　）大陸の東のふちにそって，弓の形にのびた島国です。日本の周りには，中国（中華人民共和国）や韓国（大韓民国）などの国があります。

　問1　文章中の（　　）にあてはまる語を答えなさい。

　問2　以下の（ア）～（エ）の国を，その国の首都と広島までの距離が短い順に並べなさい。
　　　　（ア）中国　　　　（イ）モンゴル　　　　（ウ）ロシア連邦　　　　（エ）韓国

（2） 次のグラフは，地図中の県[あ]にある尾鷲と，高松・那覇・新潟の各都市の年平均気温と年降水量を示しています。尾鷲の年平均気温・年降水量を示しているものを，グラフ中の（ア）～（エ）から１つ選び，記号で答えなさい。

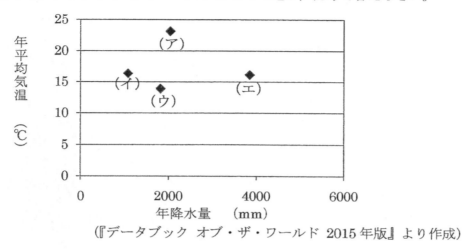

（『データブック オブ・ザ・ワールド 2015年版』より作成）

（3） 地図中の県[い]の海津は，昔から水害が多い地域です。最近では被害_{ひがい}をできるだけ少なくするため，浸水_{しんすい}が想定される区域や避難_{ひなん}所の位置を，市があらかじめ次ページのような地図にまとめ，住民に配布したりインターネット上で公開したりしています。このような，自然災害に備えるための地図を一般的に何といいますか。カタカナ７字で答えなさい。

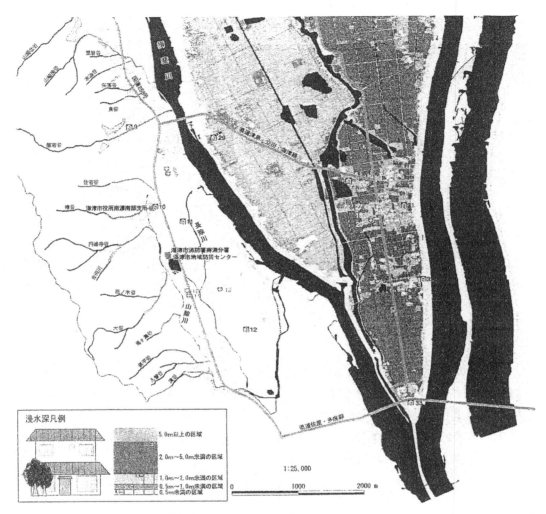

（「海津市ホームページ」より　出題のため一部加工している）

（4）　地図中の県あ～えでは工業がさかんで，生産された製品は外国にも多く輸出されています。下の表は，県あ～えの製造品出荷額とその割合（2012 年）を示しています。県うにあてはまるものを，表中①～④の中から１つ選び，番号で答えなさい。

①		②		③		④	
品目	%	品目	%	品目	%	品目	%
輸送用機械	16.6	輸送用機械	28.5	輸送用機械	53.5	輸送用機械	26.2
プラスチック製品	8.4	電気機械	11.7	鉄鋼	6.3	電子部品	15.4
金属製品	8.2	化学	10.0	電気機械	4.4	化学	12.1
生産用機械	7.7	飲料・飼料	7.4	食料品	3.9	石油・石炭製品	6.5
よう業・土石	6.8	食料品	7.1	生産用機械	3.8	電気機械	5.4
その他	52.3	その他	35.3	その他	28.1	その他	34.4
製造品出荷額　5 兆円		製造品出荷額　16 兆円		製造品出荷額　40 兆円		製造品出荷額　10 兆円	

（『データで見る県勢　2015 年版』より作成）

（5）　2015 年 10 月，日本は「環太平洋戦略的経済連携協定（ＴＰＰ）」という複数の国々との取り決めに合意しました。これまで日本国内では，「協定に参加すべきである」という意見があった一方，「協定に参加すべきでない」という意見もあり，議論が続けられてきました。「協定に参加すべきでない」という理由の一つに，これから日本の農業が衰退する可能性が高いということが挙げられました。なぜ，協定に参加すると日本の農業が衰退すると考えられているのですか。説明しなさい。

２．　　国際社会の中で日本はどのような位置を占めていたのでしょうか。人や物の動きに着目しながら，日本列島を中心とした国際関係について考えてみましょう。

（１）　明治時代以降の日本の歴史は，産業の発展の歴史でもありましたが，一方で戦争の歴史でもありました。第二次世界大戦後，平和的で民主的な国として再出発した日本が復興と経済発展を示す行事となったのが，1964年に開催された東京オリンピックでした。

　　問１　明治時代に，「学問のすゝめ」を書き，西洋の新しい考えを日本に紹介した人物の名前を答えなさい。

　　問２　明治時代以降の日本の経済・産業の様子について述べた文として正しいものを，次の（ア）～（エ）の中から１つ選び，記号で答えなさい。
　　（ア）明治政府は殖産興業を進めるため，フランス人技師を招いてヨーロッパの技術を導入した富岡製糸場を設立した。
　　（イ）陸奥宗光外務大臣の交渉によって，日本は輸入する全ての商品に自由に関税をかけることができるようになった。
　　（ウ）第一次世界大戦が起こると，「ぜいたくは敵だ」などの標語が掲げられ，衣食住の制限がされるようになった。
　　（エ）1989年に元号が昭和から平成に変わると，政府は「もはや戦後ではない」と宣言し，高度経済成長が始まった。

問3　1900年当時の日本の領土の範囲として最も適当なものを, 次の (ア) 〜 (エ) の中から選び, 記号で答えなさい。

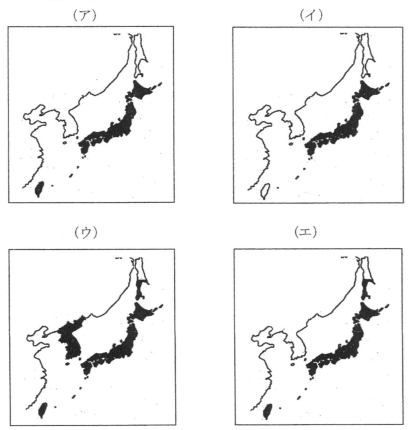

（ア）　　　　　　　　　　　　　　（イ）

（ウ）　　　　　　　　　　　　　　（エ）

（2）　日本の都市は，その都市に住む人々による独自の考えによって造られたものも
　　　ありますが，各時代の国際的影響のもとで造られたものも多くあります。また，
　　　このような都市に住んでいた人々の構成は，時代の特徴をよく表しています。

　　問４　左下の（ａ）〜（ｃ）で示す都市の位置として最も適当なものを，右下の地
　　　　　図の（ア）〜（カ）の中からそれぞれ選び，記号で答えなさい。

（ａ）

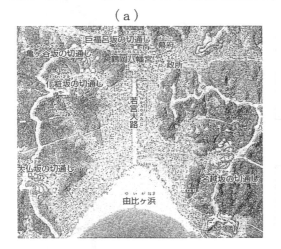

（ｂ）

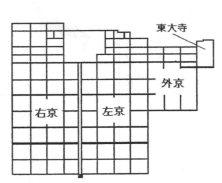

（ｃ）

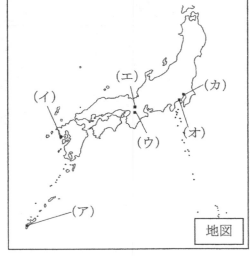

地図

問5　江戸時代の町や村に住んでいた人々について述べた文として正しいものを，次の（ア）～（エ）の中から1つ選び，記号で答えなさい。

（ア）政治の中心地である城下町には，武士や町人は住めたが，僧侶や神官らは住むことができなかった。

（イ）徳川家康が江戸幕府を開いたことによって，武士と町人・百姓という身分の区別が明らかになった。

（ウ）村は名主（庄屋）とよばれる有力な百姓たちによってまとまっており，農業や林業，漁業などを営んだ。

（エ）幕府や藩は百姓に対して，年貢を納めることに集中させるため，道路の修復や堤防の修築を命じることはほとんどなかった。

（3）　東アジアに広く伝わった仏教は，日本列島の中にも広まっていき，たくさんの寺院が建てられました。その中には世界遺産に指定されるなど，国際的に知られるものも多くあります。

【年表】

（ア）
聖徳太子によって法隆寺が建てられた。
（イ）
□□□□□によって平等院鳳凰堂が建てられた。
（ウ）
足利義満によって金閣が建てられた。
（エ）

問6　【年表】中の□□□□□にあてはまる人物の名前を答えなさい。

問7　2011年に世界遺産に登録された中尊寺金色堂は，【年表】中の（ア）～（エ）のどの時期に建てられたものですか。記号で答えなさい。

（4）　時代とともに様々な産物や知識が日本に輸入されました。その中には，日本社
　　会に大きく影響を与えたものもありました。

　問8　日本列島を中心にした人々や物の往来について述べた文として誤っている
　　　ものを，次の（ア）～（エ）の中から1つ選び，記号で答えなさい。
　　（ア）古墳時代に朝鮮半島から渡ってきた渡来人は，新しい土器や建築技法など，
　　　　進んだ技術や文化を日本にもたらした。
　　（イ）絵の才能があった雪舟は，室町時代に中国に渡って水墨画を学び，帰国後
　　　　に多くの作品を描いた。
　　（ウ）江戸幕府が，日本の人々が海外に行くことや海外から帰ってくることを禁
　　　　止した理由の一つに，キリスト教の禁止があった。
　　（エ）江戸時代，海外の書物を輸入することが禁止されていたので，西洋の学問
　　　　を学ぶことはできなかった。

　問9　【資料1】に示す戦いが，これまでの合戦の戦い方と大きく異なる点は何で
　　　すか。説明しなさい。

【資料1】

問10 織田信長が,問9で答えたような戦い方をすることが可能だったのはなぜですか。その理由を,【資料2・3】の両方から読み取り説明しなさい。

【資料2】

織田信長の一生

1534年　尾張国（現在の愛知県）で生まれる。

1560年　桶狭間の戦いで,今川義元を倒す。

1567年　斎藤氏と戦い,美濃国（現在の岐阜県南部）を攻略する。

1568年　足利義昭を援助して,京都に入る。

1569年　堺を支配下に治める。

1571年　比叡山延暦寺を焼討ちする。

1575年　長篠の戦いで武田氏を破る。

1577年　安土城下を楽市・楽座とする。

1582年　明智光秀の謀反で死亡する。

【資料3】

　戦国大名が登場した頃,敵の攻撃を受けにくくするため,城は山の頂上付近に築かれました。しかし,政治・経済の中心地とするためには,城は平地にあるほうが便利でした。

　安土・桃山時代には,平地に大規模な城が築かれ始めました。その背景の一つには,1543年に鉄砲が伝来したことがあります。今までの武器にない高い威力を持つ鉄砲は,戦国大名に注目されました。そして,伝来から10年足らずで堺（大阪府）や国友（滋賀県）の商人たちが,鉄砲を大量に生産するようになりました。

　このようにして広まった鉄砲によって,平地に城を築いても,戦国大名は敵の攻撃に十分抵抗できるようになったのです。

3. 以下の文章は，架空の市，あやめ市の市議会で行われた会議の内容です。これを読み，後の問に答えなさい。

議長	：ただいまから，あやめスポーツ文化センターの建設について質疑応答を始めます。どのような施設にするべきか，みなさんの意見を集めたいと思います。
市議会議員Ａ	：あやめスポーツ文化センターは市民同士の交流だけではなく，国際交流も行える施設にするべきだと考えます。
国際部長	：ごもっともな意見です。①青年海外協力隊として派遣された市民の体験談や，あやめ市内の外国人留学生との交流会を企画していきたいと思います。
市議会議員Ｂ	：市議会議員Ａさんや国際部長の考えに賛成です。この施設はいろいろな人が使用・交流できるものにするべきだと考えます。ですから，②年齢・性別・国籍に関係なく全ての人にとって使いやすい機能をもつ建物として建設されることを望みます。
建設部長	：多目的トイレや床のバリアフリー，多言語による案内掲示など，市は全力を挙げて誰もが安心して使用できる施設を建設します。
市議会議員Ｃ	：私は，この建設についてはもっと慎重に考えなければならないと思います。なぜならば，今のあやめ市の財政は赤字です。この状態で建設すれば，市民の負担はますます大きくなるのではないでしょうか。③もっと市民の声を聞くべきではないですか。
税務部長	：あやめスポーツ文化センターは交通量の多い道路に面しており，そこではあやめ市で収穫した農作物や魚介類を販売するので，市民に大きな収入が生まれ，税収の増加にもつながります。市民の負担は大きくならず，逆に，市民の生活面と税収面で大きな利益があると考えます。
議長	：さて，いろいろな意見が集まりました。建設に慎重な意見もありましたので，今後も議論を重ねていきましょう。

（1）　下の図は市議会の議事堂内部を図式化したものです。あ〜うで示す座席のうち，いに座るのは誰ですか。後の（ア）〜（エ）の中から最も適当なものを選び，記号で答えなさい。

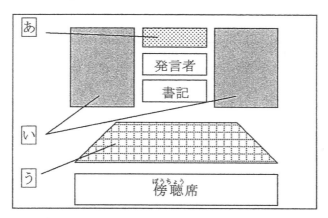

（ア）議長　　　　　　　　　　　　（イ）市議会議員
（ウ）市長・国際部長ら市役所の人　（エ）市民オンブズマン

（2）　下線部①に関連して，下の２つのグラフは青年海外協力隊についてのものです。これらのグラフから読み取れる内容を述べた文として最も適当なものを，後の（ア）～（エ）の中から選び，記号で答えなさい。

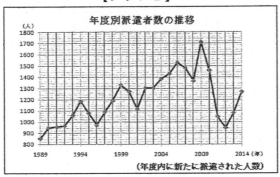

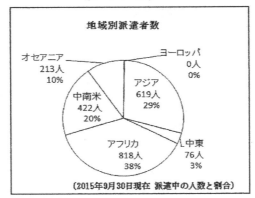

（いずれも独立行政法人国際協力機構ホームページより作成）

（ア）【グラフ１】から，青年海外協力隊の派遣者数は 1989 年度以降増加し続けていたが，近年は減少し続けていることが読み取れる。

（イ）【グラフ１】から，青年海外協力隊の派遣者数が前年度から減少した次の年度は，必ず派遣者数が増加していることが読み取れる。

（ウ）【グラフ２】から，ヨーロッパには先進国が多いので，青年海外協力隊はこれまで派遣されたことはないことが読み取れる。

（エ）【グラフ２】から，発展途上国が多いアジア・アフリカ地域への派遣者数は，2015 年 9 月 30 日現在，全体の約 7 割を占めていることが読み取れる。

(1)		cm²	(2)	ア		度			変	
(3)		cm²	(4)	位 置			向 き			

4

(1)	①		②		(2)	ア		イ		ウ	

(3)

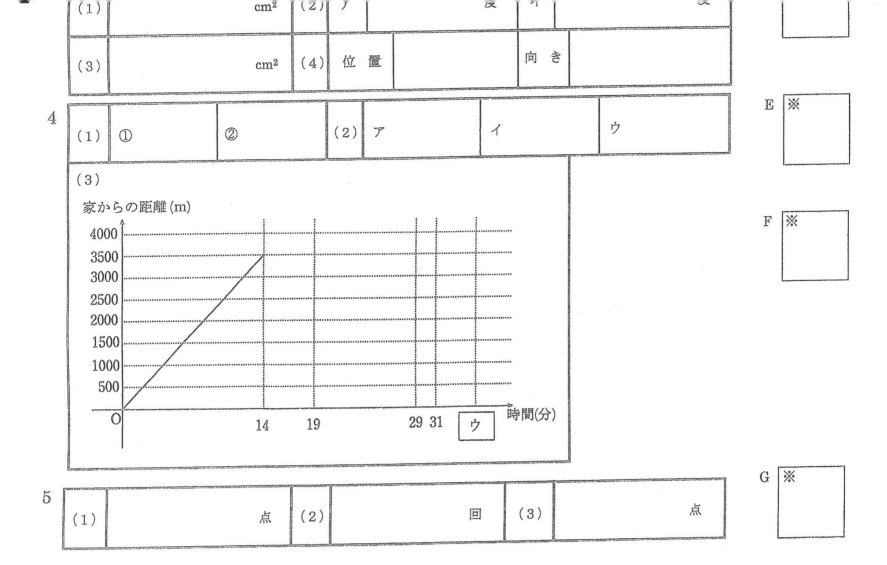

家からの距離(m)

4000
3500
3000
2500
2000
1500
1000
500

O   14   19   29 31   ウ   時間(分)

5

(1)		点	(2)		回	(3)		点

E ※

F ※

G ※

(2)	問5	
(3)	問6	問7
(4)	問8	
	問9	
	問10	

D ※

E ※

3

(1)		(2)	
(3)			
(4)		(5)	

F ※

2016(H28) 広島女学院中
K 教英出版

2

(1)				
(2)				
(3)	気体Aは			

(4)		(5)	色	(6)	
(7)		(8)	問1	g	問2

B ※

3

(1)		(2)	cm	(3)	cm
(4)	cm				

C ※

4

(1)		(2)		(3)	
(4)		(5)			

D ※

2016年度
理科　解答用紙

受験番号		名前	

※のらんには記入しないこと

※

※50点満点
（配点非公表）

A　※

1

(1)	
(2)	(3)
(4)	

２０１６年度
社会　解答用紙

受験番号		名前	

※のらんには記入しないこと

※

※50点満点
（配点非公表）

1

(1)	問1	
	問2	→　　　　→　　　　→
(2)		(3)	
(4)		
(5)		

A　※

B　※

2

(1)	問1	問2	問3

C　※

2016年度
算数　解答用紙

受験番号		名前	

※のらんには記入しないこと

1 (1) ____ (2) ____ (3) ____ (4) ____ (5) ____

※
※120点満点
（配点非公表）

2 (1) _____ 枚　(2) _____ cm　(3) _____ 個

(4) _____

A ※

B ※

(5) 式または説明

答 列車の速さ 分速 _____ m

トンネルの長さ _____ m

C ※

【解答用

（3）　下線部②のような建物や商品などのデザインを何と言いますか。答えなさい。

（4）　下線部③について，国や地方公共団体に人々の意見を反映させる仕組みについて述べた文として誤っているものを，次の（ア）～（エ）の中から1つ選び，記号で答えなさい。
（ア）国民は，参議院議員を国民審査によって辞めさせることができる。
（イ）国民投票で過半数が賛成すれば，憲法改正を決めることができる。
（ウ）市民は，市長を辞めさせる請求を行うことができる。
（エ）市民は，市が持っている情報などを公開するよう求めることができる。

（5）　2015年，選挙に関する制度が大きく変わりました。それについて述べた次の文章1・2について，正誤の組み合わせとして正しいものを，後の（ア）～（エ）の中から1つ選び，記号で答えなさい。

1　18歳以上から選挙に投票できるようになり，高校生でも18歳以上であれば市議会議員を選べるようになった。
2　18歳以上から選挙に立候補できるようになり，高校生でも18歳以上であれば国会議員をつとめることができるようになった。

（ア）1・2ともに正しい　　　　　（イ）1は正しく，2は誤っている
（ウ）1は誤っており，2は正しい　（エ）1・2ともに誤っている

ここで社会は終わり。理科は次ページから。

K教英出版

【社・

理　科

1.　　ペットショップでヒメダカを買い，生活の様子を調べることにしました。後の問に答えなさい。

（1）　図は，オスのヒメダカを真横から見た絵ですが，ひれを1枚かくのを忘れました。解答らんの絵の正しい位置に，正しい形のひれを1枚かき足しなさい。

図

（2）　飼い始めてからしばらくすると，ヒメダカが卵を産みました。水温が25℃のとき，およそ何日で卵はかえりますか。最も適当なものを次の（ア）～（オ）の中から選び，記号で答えなさい。

　　　（ア）3日　　（イ）5日　　（ウ）11日　　（エ）18日　　（オ）30日

（3）　卵がかえるためには卵と精子が結びつくことが必要です。このことを何といいますか。漢字2文字で答えなさい。

（4）　ヒメダカが卵を産んだ後，卵は親と別の水そうに入れておかなければいけません。その理由を15字以内で答えなさい。

（5）　ヒメダカの飼い方について，適当なものを次の（ア）～（オ）の中からすべて選び，記号で答えなさい。

　　　（ア）オスとメスを同じ水そうに入れておくとけんかをするので，卵を産ませるとき以外は別々にしておく。

　　　（イ）水そうに水道水を入れ，すぐにヒメダカを入れる。

　　　（ウ）水そうは，日光が直接当たらない明るい場所に置く。

　　　（エ）水をかえるときは，水そうの水をすべて入れかえる。

　　　（オ）ヒメダカのかくれ場所になる水草や小石を入れるとよい。

（6）　下の文は先生がメダカについて話してくれた内容です。下の文の①と②にあてはまる最も適当な言葉や文を，①については（ア）〜（エ），②については（オ）〜（ク）の中から選び，記号で答えなさい。

「実は，みんながよく見るヒメダカは，おもに人間が作り出している種類なんだよ。野生のメダカのほとんどは（①）に近い色をしているから，すぐに見分けることができるね。その野生のメダカの数は，現在，（②）らしいよ。」

①に選ぶ言葉

（ア）黄色　　　　　（イ）白色　　　　　（ウ）黒色　　　　　（エ）青色

②に選ぶ文

（オ）保護されているので増えてきている

（カ）保護されているが変化していない

（キ）小川のコンクリート化などによって減ってきている

（ク）気候の変化によって増えたり減ったりしている

（7）　野生のメダカの食べ物を調べるために，メダカがいる池の水をとってきて，その中で動く小さな生き物を観察しました。けんび鏡の使いかたとして誤っているものを次の（ア）〜（オ）の中から１つ選び，記号で答えなさい。

（ア）対物レンズの倍率が40倍，接眼レンズが10倍のとき，けんび鏡の倍率は400倍である。

（イ）日光が直接当たらない明るい所に置く。

（ウ）調べているものをはっきり見るために，横からのぞきながら対物レンズとステージを近づけ，次に，接眼レンズをのぞいたまま，それを遠ざけるように調節ねじを動かす。

（エ）プレパラートを観察するときには，まず，最も長い対物レンズを使用する。

（オ）一方の目で接眼レンズをのぞきながら，もう一方の目で紙を見てスケッチする。

2. 図1のような装置を使い石灰石（主成分は炭酸カルシウム）に塩酸を加えると，気体Aが発生しました。後の問に答えなさい。

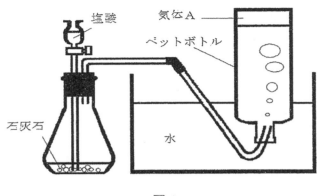

図1

（1）　気体Aを石灰水に通したら白くにごりました。気体Aは何といいますか。

（2）　図1のペットボトルに気体Aが半分ほどたまったとき，ふたをして水中から取り出し激しくふりました。ペットボトルの形はどのように変化しますか。5字以内で答えなさい。

（3）　（2）の変化が起こる理由を「気体Aは」に続けて答えなさい。

（4）　（2）のペットボトル内の水溶液を蒸発皿に少量とり，加熱しました。蒸発皿の中の様子はどのようになっていると考えられますか。最も適当なものを次の（ア）～（エ）の中から選び，記号で答えなさい。

　（ア）黒くこげる。

　（イ）白い固体が残る。

　（ウ）茶色のねばりのあるものが残る。

　（エ）何も残っていない。

（5）　（2）のペットボトル内の水溶液にBTB溶液を1滴加えたら何色になりますか。

（6）　気体Aが固体になったものはBとよばれます。Bは何といいますか。

（7）　空のペットボトルにBを少量入れ，ふたをして重さをはかりました。ペットボトル内のBがすべて気体になった後，もう一度重さをはかると最初と比べてどのような変化が見られますか。最も適当なものを次の（ア）～（ウ）の中から選び，記号で答えなさい。

　（ア）重くなる　　　　　（イ）軽くなる　　　　　（ウ）変化しない

（8）　いろいろな重さの炭酸カルシウムをそれぞれ 10％の塩酸 20mL に入れて，発生する気体Aの体積を調べました。下の表はその結果を表し，図2はそれをもとにして作成したグラフです。

問1　図2の（①）の値を求めなさい。割り切れない場合は小数第2位を四捨五入して小数第1位まで答えなさい。

問2　この実験からわかることを，次の（ア）〜（オ）の中から2つ選び，記号で答えなさい。

（ア）図2のグラフが水平になっているところでは，炭酸カルシウムがすべて溶けている。

（イ）図2のグラフが水平になっているところでは，炭酸カルシウムが溶け残っている。

（ウ）4gの炭酸カルシウムを20％の塩酸20mLに入れたとき，発生する気体は740mLである。

（エ）1g の炭酸カルシウムを 5％の塩酸 10mL に入れたとき，溶け残りが見られる。

（オ）1gの炭酸カルシウムを10％の塩酸10mLに入れたとき，発生する気体の体積は225mLよりも小さくなる。

表

炭酸カルシウム（g）	1	2	3	4	5
発生した気体の体積（mL）	225	450	675	740	740

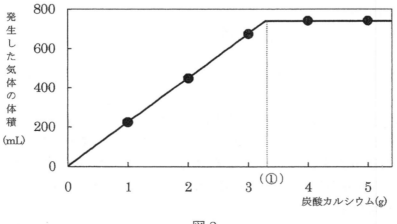

図2

【社・理

3．　次の【実験1】～【実験3】を読んで，後の問に答えなさい。

【実験1】

　　40 cmの棒の中央（支点）に糸をつけて上からつるすと，棒は水平になりました。
図1のように，その支点から右側10 cmの所に80gのおもりをつるし，左側には，
いろいろなおもりを1つずつ取りつけて，棒が水平になる位置を調べました。下の
表1はその結果をあらわしています。

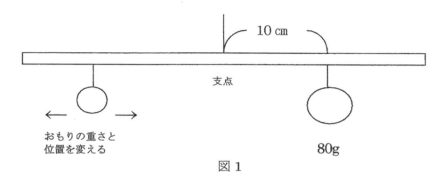

図1

表1

おもりの重さ（g）	40	80	100	200
支点からおもりまでの長さ（cm）	20	10	8	4

（1）　棒を水平にするための考え方として正しい説明になるように，下の文の①～③
　　にあてはまる正しい文の組み合わせを，次の（ア）～（ク）の中から1つ選び，
　　記号で答えなさい。

　　　「棒を水平に保つためには，右にかたむけようとするはたらきの大きさと左に
　　　かたむけようとするはたらきの大きさが同じになればよい。棒を左にかたむ
　　　けようとするはたらきの大きさは（①）と（②）を（③）値で表すことがで
　　　きる。」

	①	②	③
（ア）	右のおもりの重さ	支点から右のおもりまでの長さ	足した
（イ）	右のおもりの重さ	支点から左のおもりまでの長さ	かけた
（ウ）	右のおもりの重さ	支点から棒の右はしまでの長さ	足した
（エ）	右のおもりの重さ	支点から棒の左はしまでの長さ	かけた
（オ）	左のおもりの重さ	支点から右のおもりまでの長さ	足した
（カ）	左のおもりの重さ	支点から左のおもりまでの長さ	かけた
（キ）	左のおもりの重さ	支点から棒の右はしまでの長さ	足した
（ク）	左のおもりの重さ	支点から棒の左はしまでの長さ	かけた

（2）　表1の結果から考えると，50g のおもりを支点から左側何 cm の所につるせば棒は水平になりますか。

【実験2】
　【実験1】と同じ棒を使い，図2のように支点から右側 10cm の所に 100g のおもりをつるしました。左側には1つ目のおもりとして 15cm の所に 20g のおもりを，2つ目のおもりとして 5cm の所に 140g のおもりをつるすと水平になりました。他にも試してみると表2の（あ）〜（う）のような組み合わせが見つかりました。

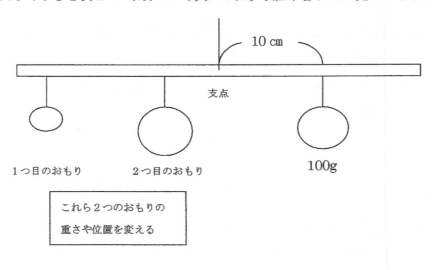

図2

表2

	1つ目のおもりの位置と重さ	2つ目のおもりの位置と重さ
（あ）	12cm に 30g	8cm に 80g
（い）	15cm に 30g	5cm に 110g
（う）	（④）cm に 40g	10cm に 20g

（3）　表2の（④）に入る値を求めなさい。

【実験3】

　【実験1】【実験2】と同じ棒を使い，支点から右側10cmの所に100gのおもりをつるし，支点から左側10cmの所に30gのおもりをつるすと，棒が右側にかたむきました。そこで，図3のようにばねを棒の右はしにとりつけて上向きに引き，棒を水平にしました。

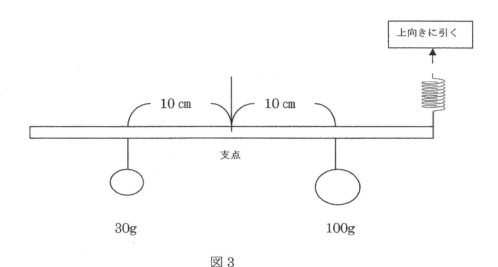

図3

（４）　図3のばねの伸びは何cmですか。ただし，おもりのおもさをかえて，このばねの伸びをはかると，図4のようになります。

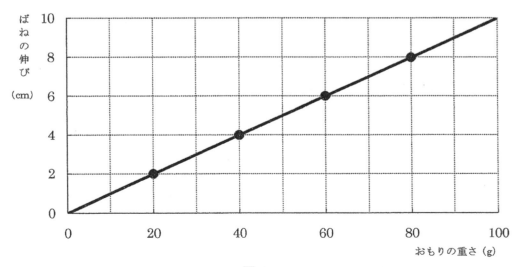

図4

- 22 -

4．　気象について，後の問に答えなさい。

図1

（1）　図1は気温や湿度をはかるための装置が入っているものです。この名前を漢字
で答えなさい。

（2）　図1の説明として誤っているものを，次の（ア）〜（オ）の中から1つ選び，
記号で答えなさい。

（ア）地面からの熱の影響をできるだけ少なくするため，しばふの上に設置する。

（イ）太陽の光を反射するように，全体が白くぬられている。

（ウ）気温の変化がすぐに測定できるように，装置本体の材料は，熱が伝わりやす
い金属でできている。

（エ）正確な計測をするために，風通しのよいつくりになっている。

（オ）地面から 1.2m〜1.5m の高さに設置する。

（3）　表は，ある日のある地点で1日の太陽の高さと気温の変化を調べた結果です。これによると，1日のうちで気温が最も高くなる時刻は，太陽の高さが最も高くなる時刻よりも2時間くらいおくれています。この理由として最も適当なものを，次の（ア）〜（エ）の中から選び，記号で答えなさい。なお，太陽の高さの値が大きいほど，太陽が高い位置にあることを示しています。

表

時刻	太陽の高さ(度)	気温(℃)
午前9時	50	17
午前10時	63	21
午前11時	71	23
正午	73	24
午後1時	65	25
午後2時	54	26
午後3時	43	24

（ア）午後2時ごろが太陽と地球の距離が最も近くなるため。

（イ）太陽の光の大部分は，地球の空気で反射してしまい，空気があたたまりにくいため。

（ウ）太陽の光が，直接ゆっくりと空気をあたためるため。

（エ）太陽の光の大部分が地面をあたためた後，地面が空気をあたためるため。

（4）　1日のうちで気温が最も低くなるのはいつですか。最も適当なものを，次の（ア）〜（オ）の中から選び，記号で答えなさい。

（ア）日の入り直後

（イ）日の入りから2時間後

（ウ）午前0時

（エ）日の出直前

（オ）日の出から2時間後

（5）　図2の①～③のグラフはそれぞれ，10月上旬の晴れ，くもり，雨の日の気温
　　　変化を示しています。①～③の天気を予想し，このグラフからわかることとして，
　　　最も適当なものを，次の（ア）～（オ）の中から選び，記号で答えなさい。

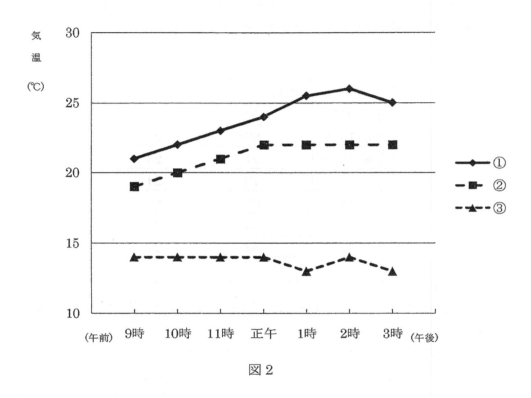

図2

（ア）雨の日は気温の変化があまり見られない。
（イ）気温の変化は天気によってあまりちがいはない。
（ウ）雨の日は正午から午後3時にかけて気温は22℃のまま変化しない。
（エ）くもりの日に気温が最も低くなるのは午後1時である。
（オ）くもりの日と雨の日で気温の差が最も大きくなるのは午後2時である。

ここで，理科は終わり。

4．Aさんはサイクリングに出かけました。家から 3.5 km の地点でパンクしたため、修理を5分間試みましたが直らなかったので、家の人に車で迎えに来てもらうことにしました。Aさんは、迎えの車と出会うまで家に向かって分速 50 m で自転車を押して歩きました。迎えの車に出会ってから、自転車を積むのに2分かかりました。自転車を積んでから車は時速 45 km で走り、家に帰りました。下のグラフは、Aさんが家を出発してからの時間と、Aさんの速さの関係を表したものです。

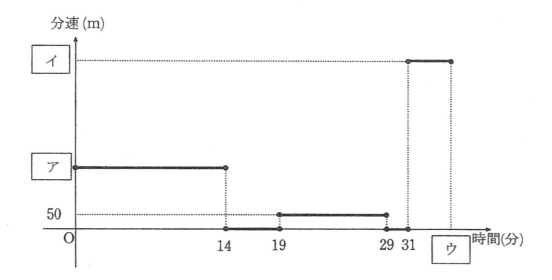

（1）上のグラフを見て、次の文章の空らんにあてはまる数を答えなさい。
　　Aさんは家を出発してから 3.5 km を　①　分間で進みました。
　　また、　②　分間自転車を押して歩きました。

（2）　ア　，　イ　，　ウ　にあてはまる数を求めなさい。

（3）下のグラフは、Aさんが家を出発してからの時間を横軸、Aさんの家からの距離を
縦軸にとり、途中まで表したものです。グラフの続きをかきなさい。

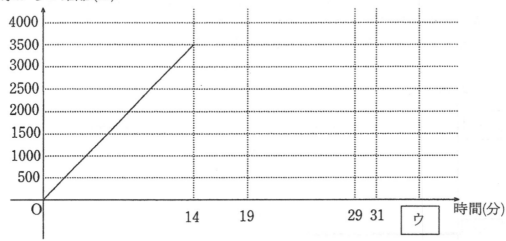

家からの距離(m)

時間(分)

5．筒の中に5つの積み木が入っています。次の決まりにしたがって、右側から新しい
　積み木を入れて、左端の積み木を取り出します。このとき、筒の中にある○の積み
　木に書かれている数の和をその時の得点とします。

（決まり）

| （1） | 積み木に書かれている数は、1, 2, 3, 1, 2, 3, ‥‥の順 |
| （2） | 積み木の形は、○, △, ○, △, ○, △, ‥‥交互 |

〔最初〕

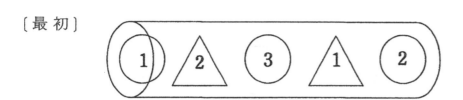

〔1回目〕

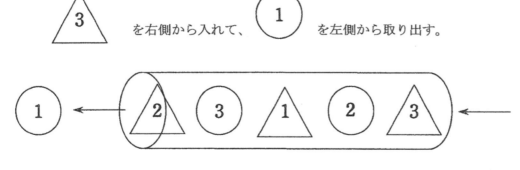

　　を右側から入れて、　　　　を左側から取り出す。

　1回目の得点は

$$③ + ② = 5 点$$

〔2回目〕

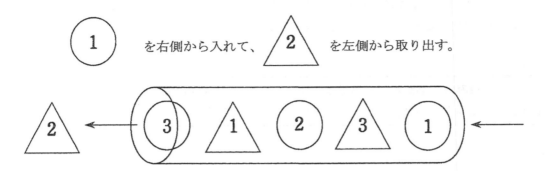

1 を右側から入れて、 2 を左側から取り出す。

2回目の得点は

3 + 2 + 1 ＝ 6点

このとき、次の問に答えなさい。

（1）〔4回目〕の得点は何点ですか。

（2）〔34回目〕まで行ったとき、得点が3点となるのは何回ありますか。

（3）〔1回目〕から〔2016回目〕までの得点の合計を求めなさい。

２０１５年度

広島女学院中学校入学試験

算　数

５０分／１２０点満点

1. 次の計算をしなさい。

(1) $143 \times 7 - 36 \div 9 \times 4$

(2) $11 \times 44 + 1.1 \times 1100 - 121 \times 8 - 11 \times 11$

(3) $60 \div (0.75 - 0.15 \div 0.25)$

(4) $\left\{ \left(\dfrac{14}{3} - 3 \right) \times \left(3\dfrac{1}{5} - \dfrac{1}{2} \right) + 5.5 \right\} \times \left(\dfrac{1}{3} + \dfrac{1}{5} \right)$

2.　　　次の問に答えなさい。

（1）　ある商品を定価の2割引きで買うときに，1000円を出すと16円のおつりがあり
ました。この商品の定価を答えなさい。

（2）　何人かの子どもにみかんを配ります。1人に6個ずつ配ると4個あまり，1人に
7個ずつ配ると2個足りません。子どもの人数とみかんの個数を答えなさい。

（3）　1辺が8cmの正方形の折り紙があります。この折り紙を図のようにたてと横に
1回ずつ折ると，ひろげたときにできる折り目の長さの和は16cmになります。

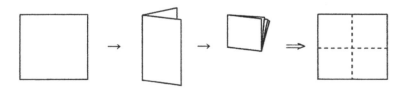

次の（ア），（イ）のように折った場合，ひろげたときにできる折り目の長さの
和はそれぞれ何cmになりますか。

（ア）たてに2回続けて折る。

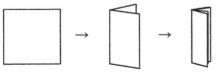

（イ）たてに3等分に折り，横に2回続けて折る。

-2-

（4）　1から6までの数が1つずつ書かれた6枚のカードがあります。Aさん，Bさん，Cさんに1枚ずつ配り，残った3枚のカードをさらに1枚ずつ配りました。

　　次の①～③がわかっているとき，太わく内の文章の空らんにあてはまる数を答えなさい。

①　1枚目のカードの数はAさんが最も大きく，Cさんが最も小さかった。
②　2枚目のカードの数はCさんが最も大きく，Aさんが最も小さかった。
③　2枚のカードの数の和はBさんが8で最も大きく，Cさんが最も小さかった。

Bさんの2枚のカードのうち，大きいほうの数は (ア) である。

Aさんの2枚のカードの数の和は (イ) である。

Cさんが2回目に受け取ったカードは (ウ) である。

（5）　あやめさんは2kmの道のりをジョギングしています。最初の6分は時速9kmで走り，残りの道のりの $\frac{3}{5}$ は分速100mで走りました。このあとの道のりを時速何kmで走れば，走り始めてからちょうど15分で走り終えることができますか。

　　式または説明も書きなさい。

3. 次の問に答えなさい。ただし，円周率は 3.14 とします。

（1）　次の図は，ある立体の展開図です。斜線部分は長方形で，面(ア)と面(イ)は合同
　　　なおうぎ形です。各問に答えなさい。
　　　問1　面(ア)の面積を求めなさい。
　　　問2　この立体の体積を求めなさい。
　　　問3　斜線部分の面積を求めなさい。

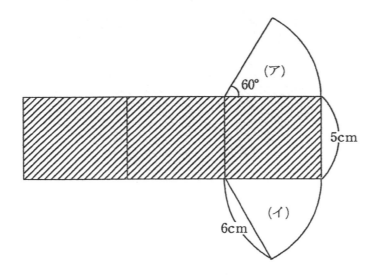

（2） 図のように，1辺が4cmの正六角形の中に円とおうぎ形をいくつかかきました。斜線部分の面積を求めなさい。ただし，正六角形の中の図形はどれも，となり合う図形とくっついています。

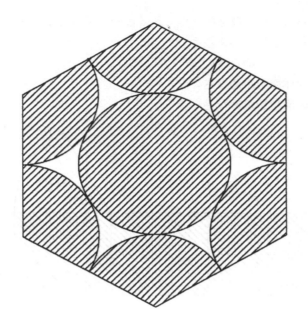

２０１５年度

広島女学院中学校入学試験

社会・理科

社会・理科合わせて４５分／各５０点満点

社　会

1.　　次の地図で示した県あ〜うでは，豊富な森林資源をいかした生活が営まれています。この地域に関して，後の問に答えなさい。

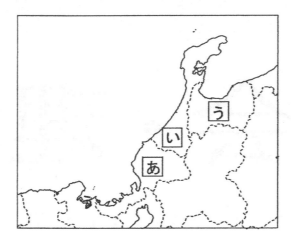

（1）　県いの名を答えなさい。

（2）　地図中の県うのある地域の家々は写真のように，ある特定の方向に多くの木々を植えています。これは何のためですか。説明しなさい。

2015(H27) 広島女学院中
教英出版

【社・

（3）　地図中の県あ〜うなどに広がる工業地域では，森林資源を用いた産業のほかにも様々な産業が発展しています。その様子について述べた文として誤っているものを，次の（ア）〜（エ）の中から1つ選び，記号で答えなさい。

（ア）　あの県では羽二重などせんい産業がさかんだが，近年はその技術をいかして，電磁波を防ぐシートなどが開発されている。

（イ）　いの県では漆を使った輪島塗など漆器の生産がさかんだが，近年は漆をほどこした新しい製品づくりに取り組んでいる。

（ウ）　うの県では，四大公害病の1つである水俣病が発生したが，今日では環境対策に力を入れている。

（エ）　あ〜うの県や新潟県の都市を中心に北陸工業地域が広がっており，石油化学工業や金属工業，古くからの伝統工業がさかんである。

（4）　森林は地球温暖化の原因となる気体を吸収するため，地球温暖化を防止する役割をになっています。その気体の名を答えなさい。

（5）　日本の林業に関する下のグラフから読み取れる内容を述べた文として適当なものを，後の（ア）〜（エ）の中から１つ選び，記号で答えなさい。

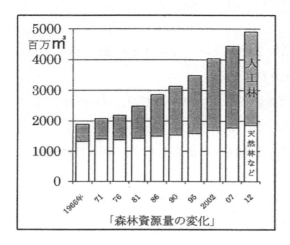

「森林資源量の変化」

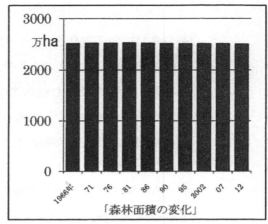

「森林面積の変化」

（林野庁　ホームページより作成）

（ア）　「森林資源量の変化」のグラフから，森林面積が年々広がっていることがわかる。

（イ）　「森林面積の変化」のグラフから，日本では木材の需要がほとんどないことがわかる。

（ウ）　「森林資源量の変化」と「森林面積の変化」の２つのグラフから，かつて植林された木々がどんどん生育している様子がわかる。

（エ）　「森林資源量の変化」と「森林面積の変化」の２つのグラフから，林業に従事する人々が高齢化していることがわかる。

2015(H27) 広島女学院中
教英出版

【社・

2. 歴史を見てみると，いつの時代も戦争や権力をめぐる争いがありました。現代
　　から古代にかけての戦争や争いに関連する資料をみて，後の問に答えなさい。

（1）　【資料あ】は召集令状といい，これによって大学
　　　　生までもが兵士として戦地へと派遣されました。

　　問1　この令状が用いられた戦争がはじまってから，
　　　　　終戦をむかえるまでの出来事について述べた文と
　　　　　して誤っているものを，次の（ア）〜（エ）の中
　　　　　から1つ選び，記号で答えなさい。

【資料あ】

　　（ア）　沖縄で大規模な地上戦が行われ，住民の多くが戦争にまきこまれた。
　　（イ）　広島と長崎に相次いで原子爆弾が投下された。
　　（ウ）　相手の軍艦に飛行機などで体当たりする特攻隊が組織された。
　　（エ）　米や衣料といった日用品の不足から，それまでの配給制が廃止された。

（2）　【資料い】は明治新政府に対して不満をもつ人々が起こした反乱の様子を描い
　　　　たものです。

【資料い】

　　問2　この反乱を指導したのは江戸城無血開城を実現した元薩摩藩の武士です。こ
　　　　　の人物の名を答えなさい。

問3　この絵画について述べた文1・2について，正誤の組み合わせとして正しい
　　ものを，後の（ア）〜（エ）の中から1つ選び，記号で答えなさい。

　　　1　絵画の左側に描かれているのは，徴兵令によって集められた政府軍であり，
　　　　士族を中心として構成されていた。
　　　2　この反乱をきっかけとして，その後も新政府に対する武力反乱が相次いで
　　　　おこった。

　　（ア）　1・2ともに正しい　　　　（イ）1は正しく，2は誤っている
　　（ウ）　1は誤っており，2は正しい　　（エ）1・2ともに誤っている

（3）　【資料う】は，九州で起こった民衆による反乱を描いたものです。民衆は天草
　　四郎という少年をかしらに原城に立てこもり，幕府軍がそれをせめています。

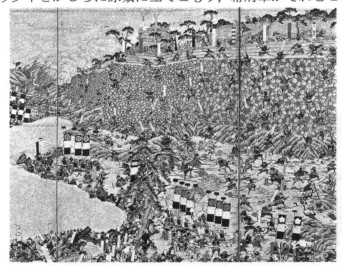

【資料う】

問4　この出来事より後に起こったことについて述べた文として正しいものを，次
　　の（ア）〜（エ）の中から1つ選び，記号で答えなさい。

　　（ア）　キリスト教の広がりをおそれる幕府により，キリスト教が禁止された。
　　（イ）　全国に一国一城令が出され，大名が住む城以外の築城が禁止された。
　　（ウ）　キリスト教の布教に熱心であったポルトガル船の来航が禁止された。
　　（エ）　日本人の海外渡航・帰国が全面的に禁止された。

2015(H27) 広島女学院中
K 教英出版

問5　この出来事が起こった時代の文化について述べた文として正しいものを，次の（ア）〜（エ）の中から１つ選び，記号で答えなさい。

（ア）　雪舟がすみ絵（水墨画）の技法を確立し，大自然の雄大さを描いた作品を数多く作成した。

（イ）　町人や百姓の子どもたちに対して，読み書き・そろばんといった生活に必要な知識をさずける寺子屋とよばれる教育機関が各地にできた。

（ウ）　浮世絵が流行し，葛飾北斎は東海道の名所風景を描いた代表作「東海道五十三次」を残した。

（エ）　観阿弥・世阿弥の父子によって能が大成されるとともに，民衆の生活などを題材とする狂言も生まれ，民衆に広まった。

（4）　【資料え】には，外国からせめてきた軍隊に対して，懸命に戦う武士のすがたが生き生きと描かれています。

【資料え】

問6　この戦いに勝利した後，幕府と武士との関係がくずれ，幕府のめつ亡を招くことになりましたが，それはなぜですか。次の文を参考にしながら，その理由について説明しなさい。

【文1】
　承久の乱に勝利した幕府は，朝廷から没収した西国を中心に，戦で活やくした武士を新たに地頭に任命した。

【文2】
　当時の武士の社会では，子どもが親から土地を受けつぐ際，その土地を兄弟で分ける分割相続の方式が長い間行われてきた。

（5）　【資料お】は，平治の乱を描いたものです。この戦いで源氏に勝利した平氏は，貴族の藤原氏にかわって政治を行うようになりました。

【資料お】

問7　この戦いに勝利した平氏のかしらについて述べた文として<u>誤っているもの</u>を，次の（ア）〜（エ）の中から1つ選び，記号で答えなさい。

（ア）　武士としてはじめて太政大臣の地位についた。
（イ）　平氏一族の繁栄（はんえい）を願って，厳島神社に経典をおさめた。
（ウ）　中国の明との貿易をさかんに行い，ばく大な利益をあげた。
（エ）　娘（むすめ）を天皇の后（きさき）とし，生まれた子を天皇にする外せき政策を進めた。

2015(H27) 広島女学院中
K 教英出版

【社・理

（6）　【資料か】は，聖武天皇が築かせた大仏です。貴族の反乱などによる社会の不安をしずめようとしたことが，その背景にあると言われています。

【資料か】

問8　この大仏が造られた時代の出来事について述べた文として正しいものを，次の（ア）～（エ）の中から1つ選び，記号で答えなさい。

（ア）　聖武天皇は日本に正式な仏教を広めるために，中国に鑑真を派遣して仏教を学ばせた。

（イ）　当時の貴族は，寝殿造の大きなやしきでくらし，和歌やけまりなどを楽しんでいた。

（ウ）　世の中に対する不安から極楽浄土へのあこがれが強まり，多くの阿弥陀堂が建築された。

（エ）　大仏が完成したのは聖武天皇が天皇の位を退いた後であり，その開眼式には中国やインドから位の高い僧が招かれた。

（7）　【資料き】は，ある集落を復元したものです。集落のまわりが大きな二重のさくで囲まれていることから，この時代にも集落間で争いがあったことがうかがえます。

【資料き】

問9　佐賀県にあるこの集落の名を答えなさい。

問10　この集落がつくられた時代について述べた文として正しいものを，次の（ア）〜（エ）の中から１つ選び，記号で答えなさい。

（ア）　食べ物が豊富にとれるようになったために，たて穴住居をつくり定住するようになった。

（イ）　卑弥呼が中国に使いを送り，中国の皇帝におくり物をしたことが，『日本書紀』に記されている。

（ウ）　この時代にはじまった米づくりは社会のしくみを大きく変え，それまでなかった貧富や身分の差が生まれた。

（エ）　大和地方の豪族たちが，大王を中心とする大和政権をつくりあげ，各地に勢力を広げていった。

2015(H27) 広島女学院中
Ⓚ教英出版

【社・理

3. 次の文章を読み，後の問に答えなさい。

　1945年，世界の平和と安全のために51か国が参加して国際連合（国連）がつくられました。加盟国は年を追うごとに増えていき，現在では様々な文化や①宗教を超えて190余りの国々が加盟しています。現在でも地球上では②戦争や紛争，貧困，病気など様々な理由で苦しんでいる人々が多くいます。国連では経済，社会など③様々な分野に応じた機関を中心に，各国の政府などと計画をつくり，問題を解決するための努力をしています。

（１）　国連本部のある都市の名を答えなさい。

（２）　下線部①に関して，信者が世界に多くいるイスラム教について述べた文として適当でないものを，次の（ア）〜（エ）の中から１つ選び，記号で答えなさい。

　　（ア）　牛肉を食べず，かわりに豚や羊の肉の料理をよく食べる。
　　（イ）　１か月間，日中に食べ物を口にしないラマダンと呼ばれる期間がある。
　　（ウ）　礼拝所はモスクと呼ばれ，聖典であるコーランが読み上げられる。
　　（エ）　１日５回，聖地メッカに向かっていのりをささげる。

（３）　下線部②に関して，次の文章はある国の紛争について述べたものです。この紛争が発生した国として適当なものを，下の地図中の（ア）〜（エ）の中から１つ選び，記号で答えなさい。

　　　この国からの独立を求める人々と独立を認めない人々との間で紛争が発生した。とくに東部に独立を求める人々が多い。独立を求める人々には隣の国の一部となることを望む人々も多い。2014年7月には，この紛争地域の上空を飛行していた民間機がうち落とされ，世界の注目を浴びた。

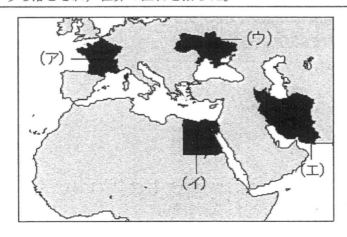

（4）　下線部③に関して，国連や国連活動に参加する日本政府の取り組みについて述べた文として誤っているものを，次の（ア）～（エ）の中から１つ選び，記号で答えなさい。

（ア）　国連の総会では，すべての加盟国が参加し，全体にかかわることが決められる。

（イ）　国連には目的に応じた機関があり，戦争や飢えなど厳しいくらしをしている子どもたちを助ける活動を行うユニセフはその１つである。

（ウ）　国連で外国と条約を結ぶことがあるが，その条約を承認するのは内閣の仕事である。

（エ）　内閣の下で実際の仕事を受けもつ省や庁があり，外務省は外交に関する仕事をしている。

（5）　下線部③に関して，日本が行っている国際協力について述べた文１・２について，正誤の組み合わせとして正しいものを，後の（ア）～（エ）の中から１つ選び，記号で答えなさい。

１　日本政府は，政府開発援助（ODA）とよばれる海外援助活動を行っている。
２　日本の政府開発援助は資金の援助だけであり，知識や技術をもった人々を現地に派遣する活動は非政府組織（NGO）が行っている。

（ア）　１・２ともに正しい　　　　（イ）１は正しく，２は誤っている
（ウ）　１は誤っており，２は正しい　（エ）１・２ともに誤っている

【社・理

4

(1)	(ア)		(イ)		(2)	(い)		(4) 午前　　　時　　　分

(2) 　　　　　cm² | (3) 　　　度 | (4) 　　　度

(3)

下町からの距離

上町　　　　　　　　　　　　　　　　　　　　　船B

船A

下町
8:00　　8:30　　9:00　　10:00　　11:00 時刻

(い) | (う)

5

(1)		(2) 最も大きい値　　　　　最も小さい値

(3)	① 和が最も大きくなる並び	2	2	5	
	② 和が最も小さくなる並び	2	2	5	

(4) 7枚目のカードに書かれた奇数　　　　　　(A列の和)－(B列の和)＝

E ※ | F ※ | G ※

2

(1) 問1	(2) 問2	問3
(3) 問4	問5	
(4) 問6		
(5) 問7	(6) 問8	
(7) 問9	問10	

C ※

D ※

3

| (1) | (2) | (3) |
| (4) | (5) | |

E ※

【8】

2

(2)		
(3)	(4)	

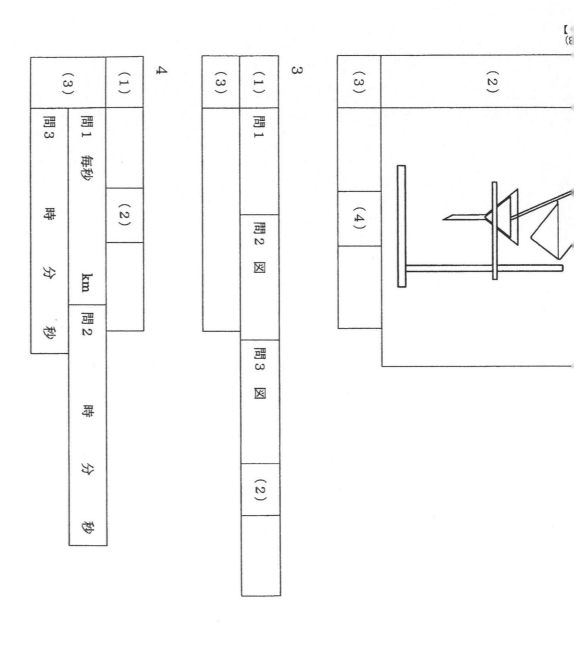

3

(1)	問1	問2 図	問3 図	(2)
(3)				

4

(1)		(2)	
問1 毎秒		km	問2 時 分 秒
(3) 問3	時 分 秒		

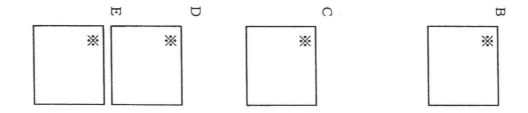

B ※

C ※

D ※

E ※

2015年度
理科　解答用紙

受験番号　　　名前

※のらんには記入しないこと

※50点満点
（配点非公表）

※

1

(1)			(2)	(5)
(3)	(4)			

2

(1)	問1	問2

A ※

【裏に続く】

2015年度
社会　解答用紙

受験番号　　　名前

※のらんには記入しないこと

※50点満点
（配点非公表）

※

1

(1)		
(2)		
(3)	(4)	(5)

A ※

B ※

【縦書用】

2015年度 算数 解答用紙

受験番号　　名前

※120点満点
（配点非公表）

※のらんには記入しないこと

1

(1)	(2)	(3)	(4)

2

(1) 円	(2) 子ども 人 みかん 個

(3) (ア) cm	(イ) cm

(4) (ア)	(イ)	(ウ)

(5) 式または説明

答　時速　　　　　　km

A ※

B ※

C ※

D ※

※

3

(1) 問1 cm²	問2 cm³	問3 cm²

【書き】

※このページに問題はありません。

理科は次のページより始まります。

理　科

1．　インゲンマメ，トウモロコシの発芽や成長のようすを調べました。下の図1は，
　　インゲンマメの芽生えのようすをスケッチしたものです。後の問に答えなさい。

図1

（1）　種子の発芽には何が必要なのかを調べるために，インゲンマメの種子を使って
　　次の（ア）〜（カ）の実験をしました。発芽するものを（ア）〜（カ）の中から
　　すべて選び，記号で答えなさい。

（ア）水がいっぱいまで入ったビーカーの中に種子を数個あみに入れてつり下げ，
　　20℃くらいの明るい場所に置く。

（イ）水がいっぱいまで入ったビーカーの中に種子を数個あみに入れてつり下げ，
　　20℃くらいの明るい場所に置き，エアーポンプを使って種子に空気が当たり続
　　けるようにする。

（ウ）ビーカーに水をふくませた脱脂綿をしいて種子を数個まき，20℃くらいの明
　　るい場所に置く。

（エ）ビーカーに水をふくませた脱脂綿をしいて種子を数個まき，20℃くらいの暗
　　い場所に置く。

（オ）ビーカーに水をふくませた脱脂綿をしいて種子を数個まき，冷蔵庫（5℃く
　　らい）の中に置く。

（カ）ビーカーにかわいた脱脂綿をしいて種子を数個まき，20℃くらいの明るい場
　　所に置く。

2015(H27) 広島女学院中
K教英出版

【社・理

（2）　インゲンマメの種子は，発芽して根・くき・葉になる部分と，発芽のための養分が含まれている部分（子葉）があります。インゲンマメが発芽する前の子葉の部分にヨウ素液をつけると，青むらさき色に変化しました。このことから，インゲンマメの子葉にふくまれる養分は何と考えられますか。

（3）　下の図2のように，発芽しかけたインゲンマメの種子をカミソリで2つに切り，右半分を湿った土の上にまきました。このあと，種子はどのようになると考えられますか。最も適当なものを次の（ア）〜（エ）の中から選び，記号で答えなさい。

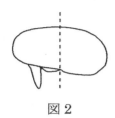

図2

（ア）発芽のための養分が半分しかないので，育たない。

（イ）発芽のための養分が半分しかないので，完全な種子よりも育ちが悪い。

（ウ）発芽のための養分が半分しかないが，すでに発芽し始めているので，完全な種子と同じように育つ。

（エ）根やくき，葉になるところがないので，育たない。

（4）　トウモロコシは成長すると，一つの株にめ花とお花を別々に咲かせます。トウ
　　モロコシの花のつき方について正しくスケッチしたものはどれですか。最も適当
　　なものを次の（ア）〜（エ）の中から選び，記号で答えなさい。

（ア）　　　　　　（イ）　　　　　　（ウ）　　　　　　（エ）

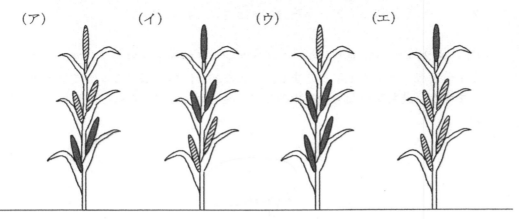

　　　　は，め花の咲く部分，　　　は，お花の咲く部分を表します。

（5）　トウモロコシと同じように，一つの株にめ花とお花を別々に咲かせる植物を，
　　次の（ア）〜（ケ）の中からすべて選び，記号で答えなさい。

　　（ア）ヒョウタン　　　　　（イ）ユリ　　　　　　　（ウ）アブラナ
　　（エ）イネ　　　　　　　　（オ）アサガオ　　　　　（カ）ヘチマ
　　（キ）ヒマワリ　　　　　　（ク）イチョウ　　　　　（ケ）ツルレイシ（ゴーヤ）

2015(H27) 広島女学院中
K 教英出版

2．　Aさん，Bさん，Cさんの3人で，ものが「とける」ようすについて観察する
　　ため，次の実験をしました。後の問に答えなさい。

　　［実験1］水に食塩やミョウバンが「とける」ようすを調べる。
　　［実験2］氷が「とけて」水に変化するようすを調べる。
　　［実験3］石灰石に塩酸をかけたときに，石灰石が「とける」ようすを調べる。

（1）　［実験1］について，下の図1のグラフは，100 mLの水にとける食塩とミョウ
　　　バンの量の関係を表したものです。

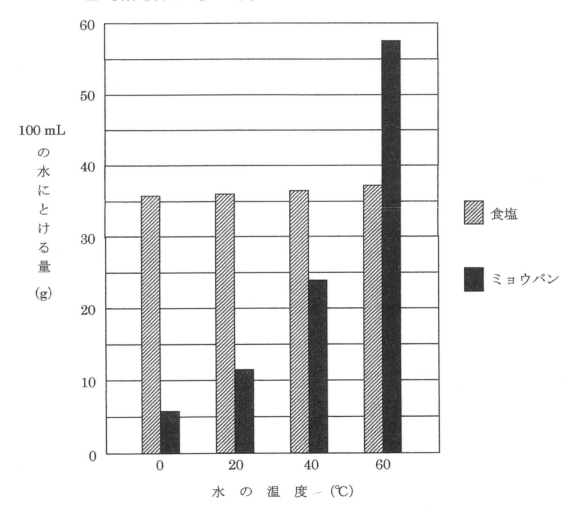

図1

問1　図1のグラフから考えられることを，3人で下のように話しました。正しいのはだれの考えですか。次の（ア）～（キ）の中から1つ選び，記号で答えなさい。

Aさん「同じ温度の水でも，食塩とミョウバンではとける量が違うわ」

Bさん「水の温度を上げれば，食塩もミョウバンもとける量が増えるわ」

Cさん「同じ100 mLの水に対して，30 gの食塩は0℃でも60℃でもすべてとけるけれど，30 gのミョウバンは60℃のときにはとけ残りがあるわ」

（ア）Aさん　　　（イ）Bさん　　　（ウ）Cさん　　　（エ）AさんとBさん
（オ）AさんとCさん　　　（カ）BさんとCさん　　　（キ）3人全員

問2　20℃で100 mLの水が入ったビーカーを2つ用意して，食塩とミョウバンを同じ量ずつ加えてそれぞれをよくかきまぜたところ，どちらもすべてとけました。さらに，同じビーカーに，それぞれ最初と同じ量を加えてかきまぜるとどのようになるか，3人で下のように予想しました。実際に起こる可能性があるのはだれの考えですか。次の（ア）～（キ）の中から1つ選び，記号で答えなさい。

Aさん「食塩もミョウバンもすべてとけると思うわ」

Bさん「食塩もミョウバンもどちらもとけ残りが出ると思うわ」

Cさん「食塩はすべてとけるけれど，ミョウバンはとけ残りが出ると思うわ」

（ア）Aさん　　　（イ）Bさん　　　（ウ）Cさん　　　（エ）AさんとBさん
（オ）AさんとCさん　　　（カ）BさんとCさん　　　（キ）3人全員

2015(H27) 広島女学院中
K教英出版
【社・理

（2）　［実験1］について，とけ残りの食塩やミョウバンを取り出すため，ろ過を行いました。下の図2は，ろ過をするときに使う道具を示しています。この装置の図に，ろ液をためるためのビーカーを正しい位置に描きなさい。

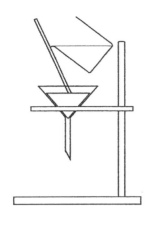

図2

（3）　［実験2］について，質量が100 gの氷と体積が100 mLの氷を用意し，とけるようすを観察しました。このときの質量と体積の変化について，3人で下のように話しました。正しいのはだれの考えですか。次の（ア）〜（エ）の中から1つ選び，記号で答えなさい。

　　Aさん「100 gの氷が水にとけるとき，質量は増えるけれど，体積は変化しないと思うわ」

　　Bさん「100 mLの氷が水にとけるとき，質量は変化しないけれど，体積は減ると思うわ」

　　Cさん「氷が水にとけるとき，質量も体積もどちらも変化しないと思うわ」

　　（ア）Aさん　　　　（イ）Bさん　　　　（ウ）Cさん

　　（エ）3人ともまちがいである

（4）　[実験3]について，石灰石に塩酸をかけると気体を発生してとけます。この気体の性質について，3人で下のように話しました。正しいのはだれの考えですか。次の（ア）〜（キ）の中から1つ選び，記号で答えなさい。

　　Ａさん「この気体を水にとかしたものを赤色リトマス紙につけると，青色に変化するわ」

　　Ｂさん「この気体は無色でにおいがないわ。空気中に体積で約20％ふくまれていて，ものを燃やすはたらきがあるわ」

　　Ｃさん「この気体が固まって固体の状態になったものをドライアイスというわ」

（ア）Ａさん　　　　（イ）Ｂさん　　　　（ウ）Ｃさん　　　　（エ）ＡさんとＢさん

（オ）ＡさんとＣさん　　　　（カ）ＢさんとＣさん　　　　（キ）3人全員

2015(H27) 広島女学院中
Ｋ 教英出版

【社・理

3. 電流の流れるようすについて，後の間に答えなさい。

（1） 1個または2個の乾電池（ ▭ で表す）と1個の豆電球（ ⊗ で表す）を用いて，下の図1〜図4の回路をつくりました。乾電池と豆電球はそれぞれ同じ性質のものとします。

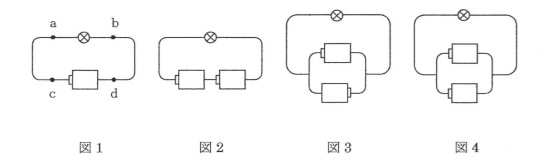

図1   図2   図3   図4

問1　図1の回路の豆電球をはさんだaとbの間では，電流の流れる向きはどのようになっていますか。また，乾電池をはさんだcとdでは，流れる電流の大きさはどのようになっていますか。正しい組み合わせのものを次の（ア）〜（カ）の中から1つ選び，記号で答えなさい。

	電流の向き	電流の大きさ
（ア）	aからb	cの方が大きい
（イ）	aからb	dの方が大きい
（ウ）	aからb	変わらない
（エ）	bからa	cの方が大きい
（オ）	bからa	dの方が大きい
（カ）	bからa	変わらない

問2　図1〜図4の中で，豆電球がもっとも明るく光る回路はどれですか。

問3　図1〜図4の中で，豆電球がもっとも長く光り続けることができる回路はどれですか。

（2）　それぞれ同じ性質の2個の乾電池と2個の豆電球を用いて，下の図5の回路を
　　　つくりました。次の（ア）〜（エ）のうち，図5と同じ回路になるものを1つ選
　　　び，記号で答えなさい。

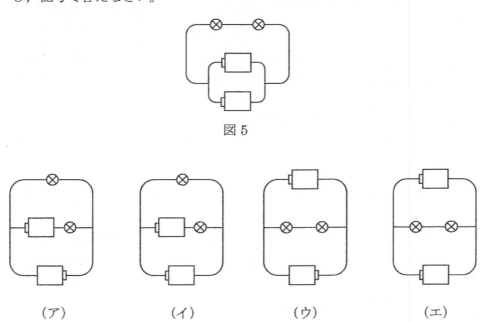

図5

（ア）　　　　　　　（イ）　　　　　　　（ウ）　　　　　　　（エ）

（3）　電流計を用いて，ある回路に流れる電流の大きさを測ったところ，電流計の針
　　　は下の図6のようになりました。この回路に流れている電流はいくらですか。単
　　　位をつけて答えなさい。

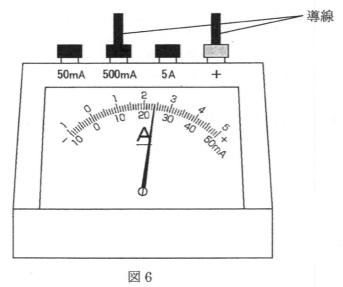

図6

2015(H27) 広島女学院中
K 教英出版

【社・理

4. 地震について，後の問に答えなさい。

(1) 地震のゆれについて説明した次の文のうち，<u>誤っているもの</u>はどれですか。
(ア)～(エ)の中から1つ選び，記号で答えなさい。

(ア) 地震のゆれは，ふつう震源（地下の地震が発生した場所）に近いところほど大きく，震源から遠いところほど小さい。

(イ) 地震のゆれは，地下の岩石が破壊され，断層がずれることによって発生する。

(ウ) 地震のゆれの程度はマグニチュード（M）で表し，地震の規模は震度で表す。

(エ) 地震のゆれが大きいと予測されるときは，緊急地震速報によって，実際にゆれ始める前に大きなゆれが来るのを知ることができる場合がある。

(2) 海沿いの埋め立て地など，水をふくんだ砂でできた土地では，大きな地震が発生すると，地下の砂つぶどうしのかみ合わせがはずれ，地面から水や砂が噴き出す場合があります。建物がかたむいたり，マンホールが浮き上がったりする被害が発生することもあるこの現象を何といいますか。次の(ア)～(エ)の中から1つ選び，記号で答えなさい。

(ア) 地すべり　　　(イ) 液状化　　　(ウ) 津波　　　(エ) 高潮

(3) 地震が発生すると，震源からは，速さの異なる2つの波が伝わります。速く伝わる波をP波，遅く伝わる波をS波といい，2つの波は震源を同時に出発し，それぞれ地下の岩石の中を一定の速さで伝わります。下の表は，観測点A，B，CでのP波とS波の到着時刻を記録したものです。

表

観測点	震源からの距離	P波の到着時刻	S波の到着時刻
A	96km	8時23分57秒	8時24分09秒
B	144km	8時24分03秒	8時24分21秒
C		8時24分10秒	

問1　P波の伝わる速さは，毎秒何kmですか。

問2　この地震の発生時刻は，何時何分何秒と考えられますか。

問3　観測点CにS波が到着した時刻は，何時何分何秒と考えられますか。

（3） 図のように，ひし形をその対角線の交点を中心にして 90° 回転させました。
アの角の大きさを求めなさい。

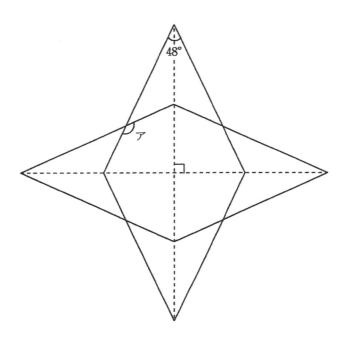

（4）　点Oを中心とする半円があります。円周上に点をとって，次のような図形を
　　　かきました。印をつけた角の大きさの和を求めなさい。

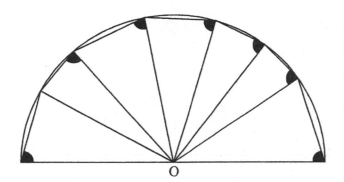

4. 　　　流れの速さが時速 3 km の川があります。船Aと船Bが川上の上町と川下の下町
　　　を往復しています。静水時の速さは，船Aが時速 21 km，船Bが時速 15 km です。
　　　　午前 8 時に，船Aは下町を，船Bは上町を出発しました。次のグラフは，船Aと
　　　船Bの運航の様子をとちゅうまで表したものです。それに続く 2 人の船長の話を読
　　　んで，右のページの問に答えなさい。

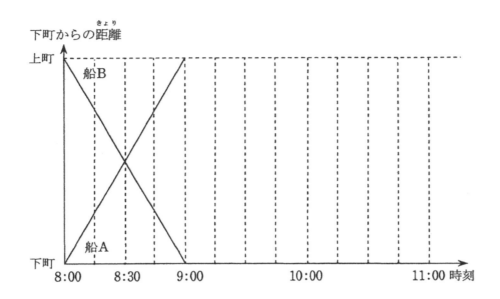

船Aの船長「出発してから 30 分後に初めて船Bとすれちがいました。 1 度も止まるこ
　　　　　　となく運航したところ，2 度目に上町に着いたのは，午前 10 時 (い) 分
　　　　　　でした。そして，ここで運航をやめました。」

船Bの船長「私の船は下町に着いた後，そこで (ろ) 分間止まってから，上町に向か
　　　　　　いました。すると，上町には船Aと同時に着き，私もここで運航をやめま
　　　　　　した。下町以外では 1 度も止まらずに運航しました。」

（1）　次の文章の空らんにあてはまる数を答えなさい。

　　　　午前８時から午前９時までの船Ａと船Ｂの速さは，ともに時速 (ア) kmである。

　　　上町と下町は (イ) km はなれている。

（2）　船長の話の中の空らん (い) と (ろ) にあてはまる数を答えなさい。

（3）　グラフの続きをかきなさい。

（4）　船Ａと船Ｂが２回目にすれちがう時刻を答えなさい。

5. 1から9までの整数が1つずつ書かれたカードがたくさんあります。
次の〈規則1〉と〈規則2〉にしたがって，左から順番に9枚並べます。

〈規則1〉 1枚目には[1]，
2枚目には[1]か[2]のいずれか1枚，
3枚目には[1]か[2]か[3]のいずれか1枚，
・
・
・
9枚目には[1]か[2]か[3]か…[9]のいずれか1枚を並べる。

〈規則2〉 2枚目からは，すぐ前に並べたカードに書かれた数と同じ数か，それより
大きい数の書かれたカードを並べる。

（1） 3枚目のカードが[2]のとき，2枚目のカードに書かれた数は何ですか。すべて
答えなさい。

（2） 9枚のカードに書かれた数の和が最も大きくなる場合の値を答えなさい。また，
和が最も小さくなる場合の値を答えなさい。

（3）　3枚目のカードを $\boxed{2}$, 7枚目のカードを $\boxed{5}$ とします。9枚のカードに書かれた数の和が最も大きくなるようなカードの並びを書きなさい。また，和が最も小さくなるようなカードの並びを書きなさい。

（4）　図のように，カードを2列並べます。一方の列をA列，もう一方の列をB列とします。2列とも，3枚目のカードを $\boxed{2}$ とし，7枚目は同じ奇数が書かれたカードとします。

　　　A列の他のカードは，9枚のカードに書かれた数の和が最も大きくなるように並べます。また，B列の他のカードは，9枚のカードに書かれた数の和が最も小さくなるように並べます。

　　　7枚目のカードに書かれた奇数がいくらのとき，(A列の和)−(B列の和) の値が最も小さくなりますか。また，そのときの(A列の和)−(B列の和) の値を答えなさい。

A列　□ □ ② □ □ □ ▨ □ □ …和が最も大きい

B列　□ □ ② □ □ □ ▨ □ □ …和が最も小さい

同じ奇数

２０１４年度
広島女学院中学校入学試験

算数

５０分／１２０点満点

1. 次の計算をしなさい。

（1） $723 + 3025 - 1975 - 663$

（2） $23 \times 71 + 2.3 \times 180 - 0.23 \times 6900$

（3） $(117 \div 13 + 1 \div 0.2) \div 7$

（4） $12 \times \left(\dfrac{1}{3} - 0.25 \right) + \dfrac{1}{6} \times \left(5 \div \dfrac{3}{2} - 0.01 \div 0.3 \times 10 \right)$

2. 次の問に答えなさい。

（1） Aさん，Bさん，Cさんの3人が算数のテストを受けました。2人ずつの点数の合計は，AさんとBさんで153点，BさんとCさんで141点，CさんとAさんで150点でした。このとき，Aさんの点数を求めなさい。

（2） AとBの2本のひもがあります。AはBより12cm短く，Aの$\frac{2}{3}$の長さとBの$\frac{1}{2}$の長さの比は，6：5です。Aのひもの長さを求めなさい。

（3） 7で割って，小数第1位を四捨五入したら11になる整数があります。これらの整数のうち，最も小さい数と最も大きい数を求めなさい。

（4）　分数が $\dfrac{1}{6}$, $\dfrac{3}{3}$, $\dfrac{5}{2}$, $\dfrac{7}{6}$, $\dfrac{9}{3}$, $\dfrac{11}{2}$, $\dfrac{13}{6}$, $\dfrac{15}{3}$, $\dfrac{17}{2}$, $\dfrac{19}{6}$, …… のように，ある

規則にしたがって並んでいます。最初から100番目までの分数の中で，約分できるものは全部で何個ありますか。また，約分できるものの全部の合計を求めなさい。

（5）　Aさんはお姉さんと 25 m プールを往復して泳ぎます。お姉さんは 100 m を 1 分 20 秒で泳ぎます。お姉さんは 100 m，Aさんは 50 m 泳ぎます。2 人が同時にスタートし，Aさんがあと 5 m でターンという所で，初めてお姉さんとすれちがいました。お姉さんは，Aさんが泳ぎ終わったあと何秒後に泳ぎ終わりますか。

　　　式または説明も書きなさい。

3. 次の問に答えなさい。

（1）　正方形の紙を図のようにBEで折り曲げると，AがFの位置にきました。このとき，アの角度を求めなさい。

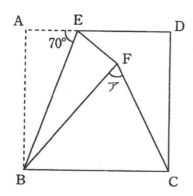

（2） 図のように，平行四辺形ABCDの辺ADと辺BCを3等分，辺ABを2等分，辺CDを4等分しました。このとき，四角形EFGHをつくると，その面積が52cm²でした。平行四辺形ABCDの面積を求めなさい。

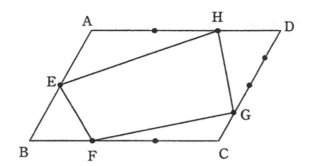

3は，次のページに続きます。

２０１４年度
広島女学院中学校入学試験

社会

３５分／７０点満点

1. 次の地図で示した地域に関して，後の問に答えなさい。

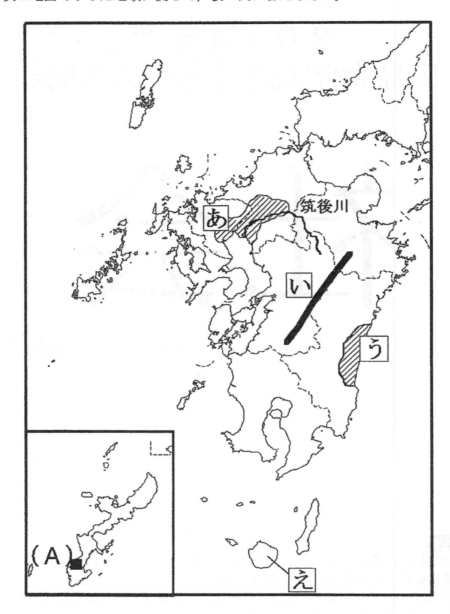

（1） 地図中あ〜えの名を答えなさい。（あ・うは平野，いは山地，えは島です。）

（2）　次のグラフは，地図中の筑後川など日本の河川と外国の河川の標高と，河口からの距離をしめしています。これをよく見て，次の問に答えなさい。

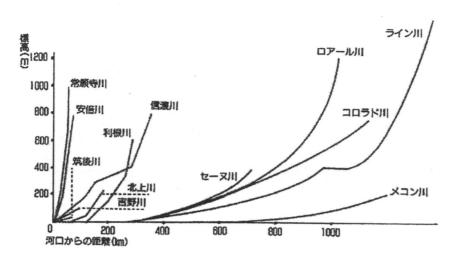

（独立行政法人　水資源機構　ホームページより）

問１　このグラフから読み取れる，日本の河川の特徴を２つ答えなさい。

問２　問１をふまえて，日本の地形や自然災害について説明した次の１・２について，正誤の組み合わせとして正しいものを，後の（ア）〜（エ）の中から１つ選び，記号で答えなさい。

　１　信濃川や利根川の河口付近には，河川によって運ばれてきた土砂がたいせきしてできた平野がひろがっている。

　２　上流でたくさん雨が降っても，長い時間をかけて河川を流れてくるので，下流で水害が起こりにくい。

　（ア）１・２の両方正しい　　　　（イ）１が正しく，２は間違っている
　（ウ）１は間違っていて，２が正しい　（エ）１・２の両方間違っている

（3）　地図中（A）の地域で見られる伝統的な家屋を，次の写真（ア）～（エ）から
　　　１つ選び，記号で答えなさい。

（ア）

（イ）

（ウ）

（エ）

（4） 次の地形図は，地図中のある都道府県の 20 万分の 1 の地図です。この地域は，数十万年にわたる阿蘇山の火山活動によって形成された陥没地形（カルデラ）がみられ，中央の「カルデラ床」とよばれる平地には，約 5 万人もの人々が住んでおり，火山地形との共生がみられます。

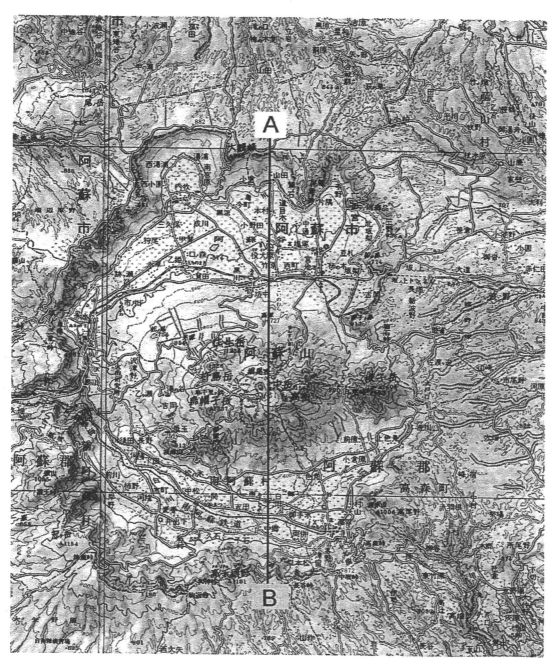

問1　地図中の線 A—B の断面図を，次の（ア）～（エ）から１つ選び，記号で答えなさい。ただし断面図は高さを強調しています。

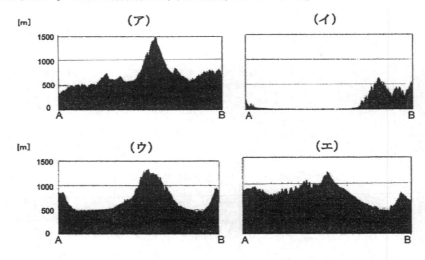

問2　この地域には毎年たくさんの観光客が訪れます。この地域で楽しむことができる観光として最も適当でないものを，次の（ア）～（エ）から選び，記号で答えなさい。

（ア）温泉めぐり　　　（イ）乗馬体験
（ウ）火口見学　　　　（エ）マングローブ林ツアー

問3　この地域がある都道府県では農業がさかんです。次の表は，この都道府県でさかんに生産されている肉牛，なす，いぐさ，すいかの生産量（肉牛は頭数）の都道府県別順位と，全国に占める割合（％，いずれも 2011 年）を表しています。このうち肉牛にあてはまるものを，表中の（ア）～（エ）から１つ選び，記号で答えなさい。

	（ア）		（イ）		（ウ）		（エ）	
1位	北海道	53.6	高知	10.5	熊本	16.3	熊本	98.4
2位	鹿児島	36.1	熊本	9.6	千葉	12.7	福岡	1.6
3位	宮崎	24.0	群馬	6.9	山形	10.0	-----------	
4位	熊本	14.6	福岡	6.8	鳥取	5.6	-----------	
5位	岩手	10.9	茨城	5.4	新潟	5.3	-----------	

（『日本のすがた 2013』より作成）

2014(H26) 広島女学院中
K教英出版

2. 次の文章を読み，後の問に答えなさい。

日本は，外国から原材料を輸入し，これを加工して，工業製品を輸出する貿易を行ってきました。日本の産業の発達とともに，輸出品・輸入品の中心が変化してきましたが，1990年代あたりから大きく貿易のすがたが変わりつつあります。次の表は，日本の輸出品・輸入品と日本の輸出相手国・地域の変化を示しています。

表1　日本の輸出品の変化（%）

	1970年		2011年	
1位	機械類	23	機械類	39
2位	（A）	15	自動車	13
3位	せんい品	13	（A）	6
4位	船ぱく	7	自動車部品	5
5位	自動車	7	化学薬品	4

表2　日本の輸入品の変化（%）

	1970年		2011年	
1位	（B）	15	（B）	20
2位	機械類	9	機械類	19
3位	木材	8	液化ガス	8
4位	（C）	6	衣類	4
5位	石炭	5	（C）	4

表3　日本の輸出相手国・地域の変化（%）

	1970年		2011年	
1位	アメリカ	31	（D）	22
2位	韓国	4	アメリカ	9
3位	台湾	4	オーストラリア	7
4位	香港	4	サウジアラビア	6
5位	オーストラリア	3	アラブ首長国連邦	5
6位	リベリア	3	韓国	5
7位	（D）	3	インドネシア	4

（『通商白書』・『日本のすがた2013』より作成）

（1）　表1・2の（A）～（C）にあてはまるものの組み合わせとして正しいものを，次の（ア）～（カ）から1つ選び，記号で答えなさい。

	(A)	(B)	(C)
（ア）	石油	鉄鋼	鉄鉱石
（イ）	石油	鉄鉱石	鉄鋼
（ウ）	鉄鋼	石油	鉄鉱石
（エ）	鉄鋼	鉄鉱石	石油
（オ）	鉄鉱石	石油	鉄鋼
（カ）	鉄鉱石	鉄鋼	石油

（2）　表1の（A）は，とくに関東地方の南部から九州地方の北部の都市で多く生産されています。この地域を何と呼ぶか答えなさい。

（3）　設問（2）について，なぜこの地域の都市での生産が多いのか。「製品の輸出に便利である」こと以外の理由として正しいものを次の（ア）～（オ）から2つ選び，記号で答えなさい。

　（ア）　原料の産地に近いから。

　（イ）　消費地に近いから。

　（ウ）　人口が少なく，事故が起きたときの被害が少ないから。

　（エ）　大きな空港が近くにあるから。

　（オ）　工場を建てるための広い用地が確保できたから。

（4）　表3の（D）はアジアの国です。国名を答えなさい。

（5）　表2から，近年，機械類や衣料品の輸入が増加していることがわかります。とくにこれらの製品は表3の（D）の国から多く輸入されています。これは，日本の製造業が（D）の国を中心としたアジアの国・地域に生産場所を移したことが主な理由となっています。なぜ日本の製造業は生産場所をアジアの国・地域に移したのですか。製品を生産する費用に着目して説明しなさい。

3. 　　歴史は，男性中心に語られることが多くあります。しかし，いつの時代でも，どの社会でも，人々の半分は女性です。歴史の中で活やくした女性にスポットライトを当ててみましょう。

（1）　日本の歴史で，みなさんが最初に学ぶ人物の名は 　　　　 ではないでしょうか。
　　　　　 　　　　 は，まじないによって邪馬台国をおさめた女王でした。日本列島の各地に古墳がつくられるようになってからも，女性は大きな役割を果たしていました。

　　問1　空らん 　　　　 に当てはまる人物の名を答えなさい。

　　問2　下線部に関して，次のグラフは，中型・小型古墳や大型古墳に埋葬されていた人骨を男女別に分類したものです。このグラフから読み取れることを説明した文1・2について，正誤の組み合わせとして正しいものを，後の（ア）～（エ）の中から1つ選び，記号で答えなさい。

中型・小型古墳（322 例）

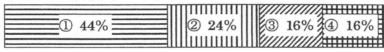

大型古墳（46 例）

> ①男性のみが埋葬されていたもの　　　　②女性のみが埋葬されていたもの
> ③男性と女性が対等に埋葬されていたもの　④その他

（『最新日本史図表』第一学習社　2012 より作成）

　　1　　③は，中型・小型古墳よりも大型古墳の方が実例数が多い。よって，大型古墳をつくった人々の方が，男性と女性の立場はより対等だったといえる。
　　2　　中型・小型古墳だけでなく，大型古墳でも②が見られることから，女性が地域の権力者だったこともあったといえる。

　　（ア）1・2の両方正しい　　　　　（イ）1が正しく，2は間違っている
　　（ウ）1は間違っていて，2が正しい　（エ）1・2の両方間違っている

（2）　7世紀から8世紀，日本は天皇を中心とした強い国づくりをめざしていました。この時代には，8代もの女性天皇が登場し，政治や文化にも大きな影響を与えました。初の女性天皇である推古天皇の摂政であった　□□□□　は，憲法十七条を定めて政治改革を行いました。

　　問1　空らん　□□□□　に当てはまる人物の名を答えなさい。

　　問2　7世紀から8世紀の出来事について述べた①〜③を，時代の古い順に並べかえたものとして正しいものを，後の（ア）〜（カ）の中から1つ選び，記号で答えなさい。

　　　①　聖武天皇の娘の孝謙天皇の時代に，東大寺の大仏が完成した。
　　　②　女性である元明天皇の時代に，平城京が完成し，都がうつされた。
　　　③　天智天皇に愛されたとされる女性額田王は，多くの優れた和歌をよんだ。

　　　（ア）①→②→③　　　　　（イ）①→③→②　　　　　（ウ）②→①→③
　　　（エ）②→③→①　　　　　（オ）③→①→②　　　　　（カ）③→②→①

（3）　都が平安京にうつされると，朝廷の政治は藤原氏を中心とした貴族たちが動かすようになりました。朝廷では，女性たちによる文学がさかんでした。文学作品には，かな文字がもちいられ，数多くの和歌や小説などが生み出されました。藤原道長の娘の教育係をしていた紫式部は，　□□□□　を書きあらわしました。

　　問1　空らん　□□□□　には，貴族を主人公とし，朝廷での恋愛をえがいた作品名が入ります。その名を答えなさい。

　　問2　下線部について，藤原氏は政治の力をにぎるために，娘たちを利用しました。どのように利用したのか，簡潔に説明しなさい。

2014(H26) 広島女学院中
K教英出版

２０１４年度
広島女学院中学校入学試験

理科

３５分／７０点満点

1． アサガオ，イチョウ，インゲンマメ，ミカン，モミジの5種類の植物について後
　　の問に答えなさい。

（1）　5種類の植物の葉の形を図1の（ア）〜（オ）の中から，実の形を図2の（カ）
　　　〜（コ）の中からそれぞれ選び，記号で答えなさい。

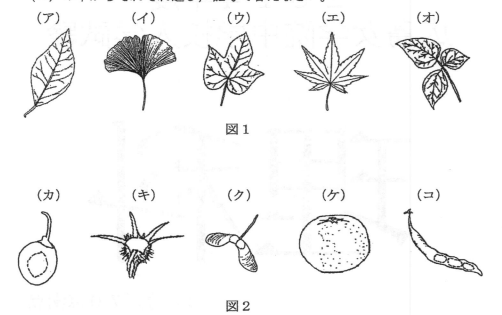

（ア）　（イ）　（ウ）　（エ）　（オ）

図1

（カ）　（キ）　（ク）　（ケ）　（コ）

図2

（カ）（コ）の点線は実の中にある種を表しています。

（2）　5種類の植物のうち種が風で運ばれるのは，どの植物ですか。植物の名前で答え
　　　なさい。

（3）　5種類の植物のうちアゲハチョウが卵を産みつけるのは，どの植物ですか。植物
　　　の名前で答えなさい。

（4）　アサガオが発芽して葉の枚数が全部で4〜5枚になったころの様子を絵にかきな
　　　さい。

2．　下の文①～④は渡り鳥の様子を季節ごとにのべたものです。ただし、文は必ずし
　　も季節順には並んでいません。

　　　①　ツバメが巣作りをする。
　　　②　たくさんのハクチョウが池で元気に過ごしている。
　　　③　ツバメが子育てをする。
　　　④　ツバメがいなくなりハクチョウが渡ってくる。

　　①～④の季節には他の生物はどのような様子をしていますか。①～④の季節にあてはま
　　るものを次の（ア）～（カ）の中からすべて選び、記号で答えなさい。

　　　（ア）カエルの卵からオタマジャクシがかえる。
　　　（イ）カマキリが卵を産む。
　　　（ウ）カエルが土の中でじっとしている。
　　　（エ）カブトムシがさなぎからかえる。
　　　（オ）ホタルの成虫が光っているのが見られる。
　　　（カ）スズムシやコオロギがさかんにないている。

3．　河川の上流、中流、下流で石や地形の調査をしました。後の問に答えなさい。

（1）　次の図A～Cは上流、中流、下流の河原で調べた石200個あたりの大きさと個数
　　　の関係を表しています。上流、中流、下流を表す図はそれぞれどれですか。正しい
　　　組み合わせを次の（ア）～（カ）の中から選び、記号で答えなさい。

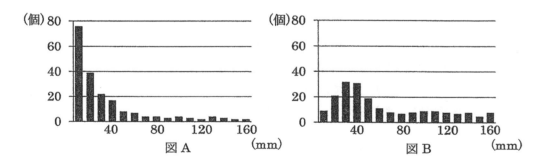

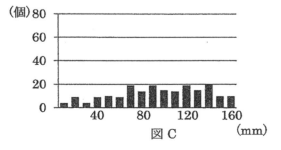

	上流	中流	下流
（ア）	A	B	C
（イ）	A	C	B
（ウ）	B	A	C
（エ）	B	C	A
（オ）	C	A	B
（カ）	C	B	A

（2）　　上流の河原を調べたところ，大きさが 1cm くらいの小石が砂などにまじって固まっている岩石を見つけました。この岩石の名前を答えなさい。

（3）　　中流から下流にかけて図のように河川が大きく曲がっている場所がありました。図の場所の両岸 X，Y の様子について正しいものを次の（ア）〜（エ）の中から選び，記号で答えなさい。

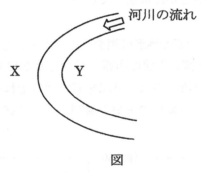

図

（ア）X の方が流れがおそく，河原が発達する。

（イ）Y の方が流れがはやく，河原が発達する。

（ウ）X の方が川岸がけずられて，川底が深くなっている。

（エ）Y の方が川岸がけずられて，川底が浅くなっている。

4. 次の表はA市，B市，C市での，ある年の7月の降水量を表したものです。平年7月の降水量はA市230 mm，B市318 mm，C市245 mmです。なお，平年の降水量とは過去10年間の降水量を平均したものです。後の問に答えなさい。

表

期　間	A市降水量(mm)	B市降水量(mm)	C市降水量(mm)
7月1日〜10日	21.5	31.5	33.0
11日〜20日	10.0	17.5	0.0
21日〜31日	152.5	237.5	260.5

（1）　A市，B市，C市の降水量について正しいものを次の（ア）〜（オ）の中からすべて選び，記号で答えなさい。

（ア）月の合計の降水量も平年の降水量も最も多いのはB市である。

（イ）期間ごとの降水量で比べると，A市，B市，C市のいずれも21日〜31日の期間の降水量が最も多かった。

（ウ）A市では，月の合計降水量が平年7月の降水量の80%であったことが分かる。

（エ）B市では，1日〜10日の期間の降水量は，この年の7月の合計の降水量の10%であったことが分かる。

（オ）C市では，21日〜31日の期間だけで平年7月の降水量を上まわる降水量であったことが分かる。

（2）　降水量は，地上に降った雨が地面にしみこんだり流れたりせずに平らなところにたまったときの深さをmmで表したものです。降水量10 mmの量は，土地1 m²あたりに降った水の量にすると何m³になりますか。次の（ア）〜（エ）の中から選び，記号で答えなさい。

（ア）0.001 m³　　　（イ）0.01 m³　　　（ウ）0.1 m³　　　（エ）1 m³

（3）　この年の7月24日から25日にかけて，台風がA市，B市，C市に接近しました。日本列島に近づく台風はどこで発生しますか。次の（ア）〜（エ）の中から選び，記号で答えなさい。

（ア）南のあたたかい陸上　　　　　　（イ）南のあたたかい海上

（ウ）北の冷たい陸上　　　　　　　　（エ）北の冷たい海上

（4）　台風は広い範囲に大雨を降らせ災害をひきおこすことがあります。台風接近時にはその他にどんなことへの警戒が必要ですか。次の（ア）〜（オ）の中から2つ選び，記号で答えなさい。

（ア）濃霧　　　（イ）なだれ　　　（ウ）低温

（エ）高潮　　　（オ）暴風

5．　アルミニウムにうすい塩酸を加えるとアルミニウムがとけて気体が発生します。ア
　　ルミニウムの量を変えて，うすい塩酸 10 cm³ を加えたとき発生した気体の体積を測
　　定したところ，表のようになりました。後の間に答えなさい。

表

アルミニウム（g）	0.1	0.2	0.3	0.4	0.5	0.6
発生した気体（cm³）	124	248	372	496	496	496

（1）　発生した気体の名前を答えなさい。

（2）　発生した気体についてのべた文として正しいものを次の（ア）～（エ）の中から
　　　選び，記号で答えなさい。

　（ア）木や紙が燃えたとき発生する。

　（イ）ものを燃やすはたらきがある。

　（ウ）火を近づけるとポンと音がして燃える。

　（エ）空気中に体積で約 80%ふくまれている。

（3）　アルミニウム 0.25 g にこのうすい塩酸 10 cm³ を加えたとき発生する気体の体積
　　　は何 cm³ ですか。

（4）　このうすい塩酸 10 cm³ にはアルミニウムは最大何 g とけると考えられますか。

（5）　このうすい塩酸 15 cm³ にアルミニウムを 0.7 g 加えたとき，発生する気体の体積
　　　は何 cm³ ですか。また，とけずに残ったアルミニウムは何 g ですか。ただし，すべ
　　　てとけると考えられる場合は 0 g と答えなさい。

4

(1)	cm²
(2)	cm²

(2)

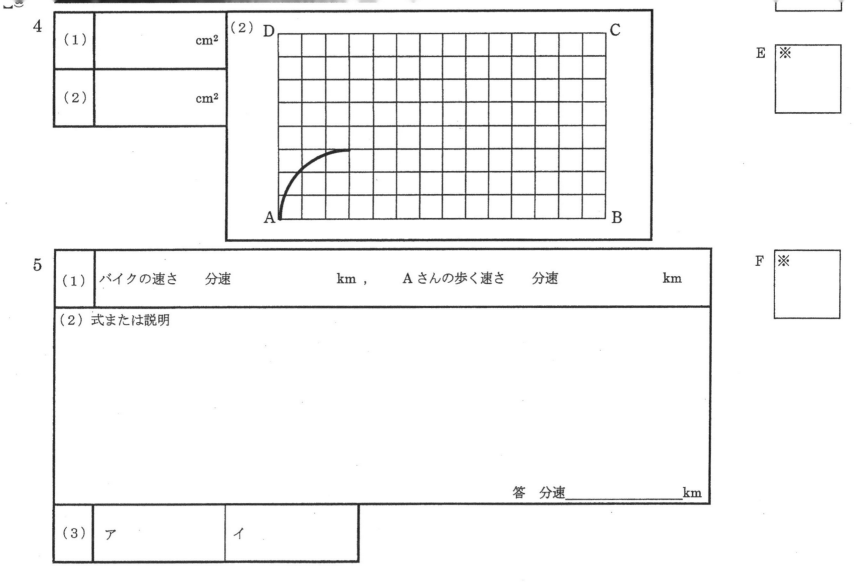

E ※

5

(1)	バイクの速さ　分速 　　　　km　,　　Aさんの歩く速さ　分速　　　　km

(2) 式または説明

答　分速＿＿＿＿＿＿km

(3)	ア	イ

F ※

（1）	問1		問2		
（2）	問1		問2	（3）	問1
（3）	問2				
（4）	問1		問2	（5）	問1
（5）	問2	（6）	問1	問2	
（6）	問3		問4	問5 （C）	（D）
（6）	問6				

D ※

E ※

F ※

G ※

4

（1）		（2）			
（3）					
（4）	A	B	C	（5） 問1	問2
（6）					

H ※

I ※

2014(H26) 広島女学院中

K 教英出版

5

(1)		(2)	(3)		(4)
				cm³	g

(5)	気体の体積	残ったアルミニウム	(6)	問1	問2
	cm³	g			

問3		(7)	a	b
c		d		

6

(1)	点A	点B	点C

(2)	問1	kg	問2	cm	問3

(3)	問1	I	II	III	問2

7

(1)	(2)	(3)	(4)

E ※

F ※

G ※

H ※

2014年度
理科　解答用紙

受験番号		名前	

※70点満点
（配点非公表）

※のらんには記入しないこと

1

(1)		アサガオ	イチョウ	インゲンマメ	ミカン	モミジ
	葉の形					
	実の形					

(2)		(3)	

(4)

※

A ※

2

①		②		③		④	

B ※

3

(1)		(2)		(3)	

C ※

【解答用

2014年度
社会　解答用紙

受験番号		名前	

※70点満点
（配点非公表）

※のらんには記入しないこと

1

（1）	あ	平野	い	山地	う		平野
	え	島					
（2）	問1						
（2）	問2		（3）				
（4）	問1		問2		問3		

※

2

（1）		（2）		（3）		
（4）						
（5）						

A　※

B　※

C　※

受験番号		名前	

※120 点満点
（配点非公表）

※のらんには記入しないこと

1

（1）		（2）		（3）		（4）		※

2

（1）	点	（2）	cm	（3）	最も小さい数	最も大きい数

（4）	全部で　　　　　個，合計は

A ※

（5）式または説明

答＿＿＿＿＿＿秒後

B ※

C ※

3

D ※

（6）　塩酸にとけたアルミニウムがどうなったかを調べるためにアルミニウムがとけた
　　　液を蒸発皿に移し，ガスバーナーで加熱して水を蒸発させました。

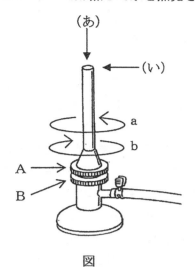

図

問1　図のガスバーナーに火をつけるときの操作として正しいものを次の（ア）〜（エ）
　　　の中から選び，記号で答えなさい。

（ア）マッチに火をつけ，ガスを出して，図の（あ）の方からマッチを近づける。

（イ）マッチに火をつけ，ガスを出して，図の（い）の方からマッチを近づける。

（ウ）ガスを出し，マッチに火をつけて，図の（あ）の方からマッチを近づける。

（エ）ガスを出し，マッチに火をつけて，図の（い）の方からマッチを近づける。

問2　次の文は図のガスバーナーのほのおが赤色のとき，するべき操作についてのべ
　　　たものです。空らん X, Y, Z に入る組み合わせとして最も適当なものを次の（ア）
　　　〜（ク）の中から選び，記号で答えなさい。

> ほのおが赤色のときは（　X　）が不足しているので（　Y　）のねじを（　Z　）
> の方向に回す。

	X	Y	Z
（ア）	空気	A	a
（イ）	空気	A	b
（ウ）	空気	B	a
（エ）	空気	B	b
（オ）	ガス	A	a
（カ）	ガス	A	b
（キ）	ガス	B	a
（ク）	ガス	B	b

問3　アルミニウムがとけた液から水を蒸発させると白色の粉末ができました。この白色の粉末がもとのアルミニウムと別のものであることを調べるためにいくつかの実験を行いました。このときアルミニウムには見られず，白色の粉末のみに見られる変化として適当なものを次の（ア）～（カ）の中から２つ選び，記号で答えなさい。

（ア）白色の粉末に水を加えると，気体を発生しながらとける。

（イ）白色の粉末に水を加えると，気体を発生せずにとける。

（ウ）白色の粉末に水を加えてもとけない。

（エ）白色の粉末に塩酸を加えると，気体を発生しながらとける。

（オ）白色の粉末に塩酸を加えると，気体を発生せずにとける。

（カ）白色の粉末に塩酸を加えてもとけない。

（７）　次の文の空らんa～dに適当な語句を入れなさい。

　この実験のように水溶液には金属をとかすものがあります。最近，金属の像をとかしたり，森林の木をからしたりする雨が社会問題になっています。ふつうの雨は空気中の（　a　）がとけているのでもともと弱い（　b　）性ですが，これより強い（　b　）性の雨のことを（　c　）といいます。（　c　）の原因としては（　d　）などから出る有害な気体が考えられます。

6． てこを用いると，使う力の大きさを変えることができます。てこには図のように3
つの決まった点A〜Cがあります。後の問に答えなさい。

点A：ものに力がはたらくところ
点B：棒をささえるところ
点C：手で力を加えるところ

図

（1） 図の点A〜Cをそれぞれ何といいますか。

（2） AB間を20 cm，AC間を1 mにして点Aに10 kgのおもりをつるしました。

問1 おもりを持ち上げるためには点Cを何kgの力で押せばよいですか。ただし，棒
の重さは考えないことにします。

問2 おもりを15 cm持ち上げるためには点Cを何cm下に動かせばよいですか。

問3 同じ棒を使い，もっと小さな力でおもりを持ち上げるには，どのようにすればよ
いですか。ただし，おもりの位置や重さは変えないものとします。

（3） てこは，点A〜Cの位置によって，次のⅠ〜Ⅲの3種類のものがあります。

Ⅰ 図のように点Bが点Aと点Cの間にあるもの
Ⅱ 点Aが点Bと点Cの間にあるもの
Ⅲ 点Cが点Aと点Bの間にあるもの

問1 私たちが日ごろよく使う，次の（ア）〜（カ）の道具にもすべててこが使われて
います。上のⅠ〜Ⅲにあてはまるものを（ア）〜（カ）の中からすべて選び，記号
で答えなさい。

（ア）パンばさみ（トング） 　　　（イ）せんぬき 　　　（ウ）ペンチ

（エ）ピンセット 　　　（オ）洋ばさみ（一般的に使われるはさみ）

（カ）和ばさみ（糸切りばさみ）

問2 Ⅰ〜Ⅲのてこには，力の大きさを小さくするてこが1つあります。そのてこをⅠ
〜Ⅲの中から選び，記号で答えなさい。

7. エナメル線を巻いて作ったコイルと磁石を使って図のようなモーターを作りました。
  後の間に答えなさい。

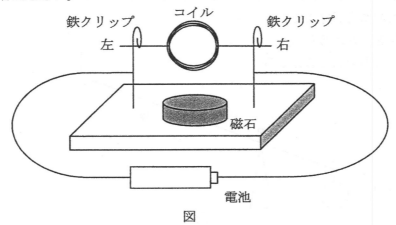

図

（1）　モーターのコイルが同じ方向に回転し続けるためには，鉄クリップにふれている
　　　エナメル線の両はしをどのようにすればよいですか。最も適当なものを次の（ア）
　　　～（オ）の中から選び，記号で答えなさい。▨▨▨の部分はエナメルを表していま
　　　す。

　　　　　　　左　　　右
　　（ア）　□□　　□□　左右ともにエナメルをすべてはがす。
　　（イ）　▨▨　　□□　左はエナメルをはがさず，右はすべてはがす。
　　（ウ）　▨▨　　□□　左はエナメルを下半分だけはがし，右はすべてはがす。
　　（エ）　▨▨　　▨▨　左はエナメルを下半分だけはがし，右ははがさない。
　　（オ）　▨▨　　▨▨　左右ともにエナメルをはがさない。

（2）　（1）の答えの理由として最も適当なものを次の（ア）～（エ）の中から選び，
　　　記号で答えなさい。
　　（ア）常にコイルに電流が流れるようにするため。
　　（イ）半回転ごとにコイルに電流が流れるようにするため。
　　（ウ）1回転ごとにコイルに電流が流れるようにするため。
　　（エ）常にコイルに電流が流れないようにするため。

（3）　モーターのコイルをより速く回転させるために電池を2個にしました。どのように電池をつなげばよいですか。最も適当なものを次の（ア）〜（エ）の中から選び、記号で答えなさい。

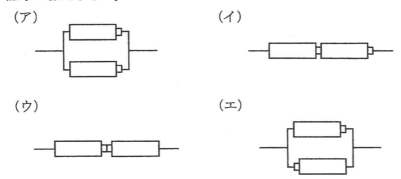

（ア）　　　　　　　　　　　　　　（イ）

（ウ）　　　　　　　　　　　　　　（エ）

（4）　モーターのようにコイルと磁石を使って作られているものを次の（ア）〜（カ）の中からすべて選び、記号で答えなさい。

（ア）豆電球　　　　（イ）手回し発電機　　　（ウ）発光ダイオード

（エ）電流計　　　　（オ）スピーカー　　　　（カ）光電池

（4）　鎌倉時代から戦国時代は，「女人政治」と呼ばれるほど，女性が政治で大きな力を持った時代でした。その代表的な人物は，北条政子，日野富子，北政所らです。北条政子は，夫の源頼朝の死後，「尼将軍」と呼ばれ，鎌倉幕府成立初期の政治を支えました。日野富子は，室町幕府8代将軍で銀閣を築いた足利義政の妻で，多くの財産を持っていたといわれます。北政所は，戦国時代に天下統一を果たし関白となった　□□□□　の妻で，彼の留守中に城を守り，領地の政治を行っていました。

問1　空らん　□□□□　に当てはまる人物の名を答えなさい。

問2　「女人政治」に関連して述べた文として正しいものを，次の（ア）〜（エ）の中から1つ選び，記号で答えなさい。

（ア）　北条政子は，非常に教養にひいでた女性で，すみ絵や茶の湯を得意としていた。

（イ）　日野富子が息子の足利義尚を将軍にしようとしたことが，応仁の乱を招く原因の1つとなった。

（ウ）　オランダから来た宣教師は，布教許可をもらうため，大阪城の北政所に相談することもあった。

（エ）　鎌倉時代には，女性でも将軍と「ご恩と奉公」の関係を結ぶ者がおり，彼女らの地位は，源頼朝が定めた御成敗式目で守られていた。

（5）　江戸時代，女性たちはいきいきと社会に関わっていました。次の（あ）〜（う）は，それをよくあらわしています。

（あ）江戸日本橋の様子

（い）日本橋にあった本屋

（う）女性をえがいた浮世絵

問1　（う）の浮世絵をえがいた人物の名を答えなさい。

問2　（あ）・（い）に関連して，江戸時代の町人の暮らしについて述べた①～④のうち，正しい文の組み合わせを後の（ア）～（エ）の中から1つ選び，記号で答えなさい。

①　（あ）の町には芝居小屋があり，本屋では芝居の作品もあつかわれていた。中でも，近松門左衛門の『東海道中膝栗毛』は町人の間で流行した。

②　（あ）には店で商品を買い求める女性や商売をする様子が描かれている。江戸時代の町人は経済力をつけ，商品をさかんに購入したり観光旅行などを楽しんだりしていた。

③　（い）に描かれているのは，町人向けの本をあつかう店だが，学術書を専門にあつかう本屋もあった。そこでは，杉田玄白らがポルトガル語の原本をほん訳した『解体新書』が売られていた。

④　（い）には客として来店している女性の姿もある。この背景として，女性が寺子屋で教育を受け，読み書きができたことがあげられる。

（ア）①と③　　　（イ）①と④　　　（ウ）②と③　　　（エ）②と④

2014(H26) 広島女学院中
K教英出版

（6）　次の年表を参考にして，問に答えなさい。

問1　（あ）のころには，政府の外交団とともに多くの留学生が欧米に渡りました。その1人で，6才でアメリカに渡った女子留学生の名を答えなさい。

問2　表中の空らん　A　には，歌人の与謝野晶子が反対した戦争が入ります。その戦争の名を答えなさい。

問3　表中の空らん　B　には，日本が独立を回復した条約が入ります。その条約の名を答えなさい。

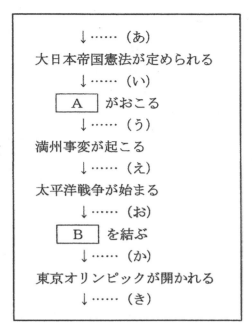

↓……（あ）
大日本帝国憲法が定められる
↓……（い）
　A　がおこる
↓……（う）
満州事変が起こる
↓……（え）
太平洋戦争が始まる
↓……（お）
　B　を結ぶ
↓……（か）
東京オリンピックが開かれる
↓……（き）

問4　年表の時期には，日本の産業は大きく発展しました。経済の発展と女性の関わりについて述べた文として正しいものを，次の（ア）～（エ）の中から1つ選び，記号で答えなさい。
（ア）　（あ）の時期，女性たちは家事に専念することがほとんどで，工場などで働く女性はいなかった。
（イ）　（い）の時期，新幹線やバスの車掌などで女性労働者が活やくした。
（ウ）　（い）の時期，戦争が激しくなったことで，女子中学生も工場で働かされた。
（エ）　（う）の時期，市川房枝や平塚らいてうらが女性の地位向上を求めて運動を行った。

問5　女性の動きが社会を大きく変えることもありました。次の（C）・（D）の出来事がおこったのは，年表中のどの時期に当たりますか。（あ）～（き）の中からそれぞれ1つずつ選び，記号で答えなさい。
（C）　富山県魚津村の女性たちが米の安売りを求めた運動は，全国にひろがって米騒動に発展した。
（D）　初めて女性の参政権が認められ，多くの女性国会議員が誕生した。

問6　今世紀に入ってから，日本経済は低迷を続けています。これに対して，いくつもの海外の新聞や雑誌では，女性が働くことで大きな経済効果がもたらされると分せきしています。しかし日本では，一定の年れいになると仕事に就いている女性の割合が減少してしまいます。その理由として考えられることを，次の【資料１】～【資料３】を必ず活用して簡潔に説明しなさい。

【資料１】仕事に就いている女性の割合（2011年）

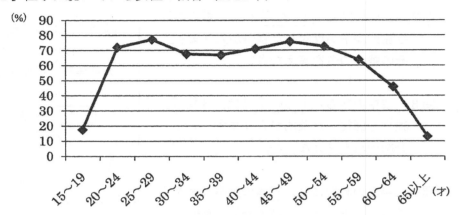

（厚生労働省ホームページ「平成23年度版　働く女性の実情」より作成）

【資料２】待機児童数の推移

　　待機児童とは，保育園への入園を希望しているが入園できない子どもをさす

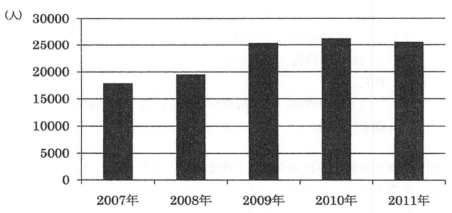

（厚生労働省ホームページ「保育所待機児童数及び保育所利用率の推移」より作成）

【資料３】
　　女性が最初に子どもを出産する平均年れいは30.1才　　『少子化社会対策白書』　2013

2014(H26) 広島女学院中

K 教英出版

４． 次の文章を読み，後の問に答えなさい。

「自由」とはどんな状態のことでしょうか。だれにもじゃまされずに，自分のやりたいことをすることでしょうか。①ドイツのある学者は，人にほめられたいという気持ちや自分の欲望にしばられた状態は不自由であり，だれにとっても正しいと思える道徳的な行いを自分の意志で行うことこそ自由である，と言っています。しかし，長い歴史をみると，世界のどこでも，いくら自由でありたいと思っても，多くの人が自由には生きられない時代が長く続きました。現在の私たちの自由はどのようにして実現してきたのでしょうか。

16世紀ころのヨーロッパでは，国王は神様から権力を与えられたのだから，すべての人は国王に従うべきだと考えられ，人々の自由は保障されていませんでした。これに対して，すべての人間は自由で平等な権利をもつという考えが生まれてきました。この権利がのちに基本的人権と呼ばれるようになるものです。ただし，最初のころは，②人間は自己中心的であるから，個人の自由に任せておくと，自由を主張する個人同士がたたかう混乱状態になると考えられました。そのため，政府にすべての権利をゆずりわたし，人々はその政府に従うべきだと考えられました。
しかし次第に，政府とは人々の権利を守るためにつくられたものであって，人々の自由をおびやかす政府はたおして，新しい政府をつくるべきだという考えが現れました。実際に，17世紀から18世紀のイギリスやアメリカやフランスで，国王に対するたたかいが行われ，新しい政府がつくられました。そして，人々は自由に工業や商業などの様々な活動を行って，自由に利益をあげられるようになりました。このような自由のことを，政府にさまたげられることなく自由に活動できるという意味で，「政府からの自由」と呼びます。
ところが，利益をあげられる人たちの一方で，安い賃金で雇（やと）われて長時間労働しなければならない労働者も現れました。彼らの現実は少しも自由ではありません。19世紀後半に，労働者たちが自由に生活できるようにするため，政府が積極的に援助（えんじょ）するようになりました。こうした援助によって保障される自由のことを③「政府による自由」と呼びます。
また，19世紀後半から，④「政府からの自由」や「政府による自由」をより確かなものにするため，「自由を保障するための権利」も次々に保障されて，国民主権が発展してきました。このようにして，私たちの大切な自由が実現してきたのです。

ただし，社会にはいろいろな人がいます。それぞれが自由を主張すると，⑤自由をめ

ぐる衝突が必ずおこります。ですから，社会全体の自由をどうやって実現するのかということは，これからも常に考え続ける必要があります。また，自由とは与えられるものではなく，自分たちがつくりだし，自分たちで守るという考え方が重要です。互いの自由を守るため，より善い社会をつくることに積極的に参加し，⑥主権者として責任もって政治に参加することも大切なことです。

（1）　下線部①の学者の主張する自由として最もふさわしいものを，次の（ア）～（エ）の中から選び，記号で答えなさい。

　　（ア）　盗むことはいけないことだと思って，拾った財布を交番に届けた。
　　（イ）　まわりの人の目が気になって，電車でお年寄りに席をゆずった。
　　（ウ）　つかれていて楽をしたかったから，掃除当番の仕事をさぼった。
　　（エ）　お金持ちになりたかったので，毎日いっしょうけんめいに働いた。

（2）　下線部②は，すべての人間が正しいとは限らないという考えが背景にありますが，この考えは国同士の関係にも当てはめることができます。
　　　すべての国が正しいとは限らないから，相手の国より多くの武器を持てば自分の国は安全だと考えたために，ヨーロッパ各国が競争して武器を増やし，20世紀初めのヨーロッパで大きな戦争が始まりました。日本も参加して戦勝国となったこの戦争の名を答えなさい。

（3）　下線部③に関連して，生存権が保障されています。そのため日本では，年金や医りょう保険などの社会保障制度が行われていますが，現在は社会保障制度の維持が困難になってきています。なぜ社会保障制度の維持が困難になっているのですか。人口構成の変化の面と社会保障費用の面から説明しなさい。

（4）　下線部④に関連して，日本国憲法において保障されている　A「政府からの自由」，B「政府による自由」，C「自由を保障するための権利」としてふさわしいものを，次の（ア）～（ウ）の中からそれぞれ1つずつ選び，記号で答えなさい。

　　（ア）思想や学問の自由　　　　　　（イ）働く人が団結する権利
　　（ウ）政治に参加する権利

（5）　下線部⑤に関連して，日本でもこのような衝突が起こっています。これについて次の問に答えなさい。

　　問1　お互いの主張がぶつかりあう例としてふさわしいものを，次の（ア）〜（エ）の中から1つ選び，記号で答えなさい。

　　　　（ア）　「職業を選ぶ自由」と「税金を納める義務」
　　　　（イ）　「言論や出版，表現の自由」と「プライバシーを守る権利」
　　　　（ウ）　「情報を知る権利」と「政治に参加する権利」
　　　　（エ）　「教育を受ける権利」と「教育を受けさせる義務」

　　問2　このような場合，だれの自由を優先することがふさわしいかを最終的に判断する機関を，次の（ア）〜（エ）の中から選び，記号で答えなさい。

　　　　（ア）人権ふれあいセンター　　　　（イ）日本赤十字社
　　　　（ウ）裁判所　　　　　　　　　　　（エ）国家公安委員会

（6）　下線部⑥に関連して，日本では裁判についても改革が行われ，国民が裁判に直接参加して，裁判官とともに，有罪か無罪か，有罪の場合はどのくらいの刑にするかを判断するようになりました。この制度を何と呼びますか。

K 教英出版

（3）　底面が半径 4 cm の円で，高さが 10 cm の円柱から，図のような四角柱を切り取ったとき，残りの部分の体積を求めなさい。ただし，4 点 A，B，C，D は底面の円周上にあり，四角形ABCDは正方形です。

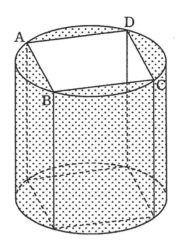

（4）　図のような1辺の長さが6cmの立方体があり，点Mは辺EFを2等分する点，点Nは辺EHを2等分する点です。この立方体を面BDNMで2つに分けるとき，2つの立体の表面積の差を求めなさい。

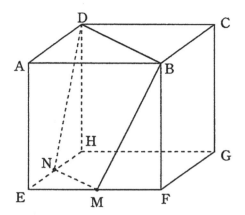

4. 図のア，イは1辺が3cmの正方形，ウは1辺が2cmの正方形にかかれた曲線
で，円周の一部です。

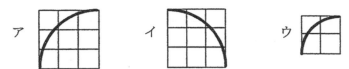

たて8cm，横14cmの長方形ABCDの2つの頂点AとCを，曲線ア，イ，ウを
つないで結びます。

ただし，次の①〜③の条件があります。

①　2点AとCを結ぶ曲線は，辺ABには最初の点Aでしかふれない。

②　2点AとCを結ぶ曲線は，辺CDには最後の点Cでしかふれない。

③　曲線ア，イ，ウは何回でも使えるが，回転したり，裏返したりできない。

最初，下の図のように，点Aから曲線アを使いスタートします。このとき，次の
問に答えなさい。

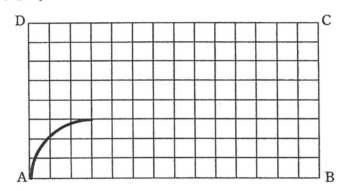

（1）　図のように，2回目も曲線アを続けて使いました。残りの曲線を完成させたとき，
2点AとCを結ぶ曲線と2辺AB，BCが囲む図形の面積を求めなさい。

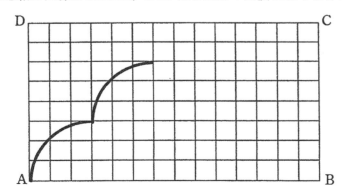

（2）　2点AとCを結ぶ曲線と2辺AB，BCが囲む図形の面積が最も大きくなる曲線を
かきなさい。また，そのときの面積を求めなさい。

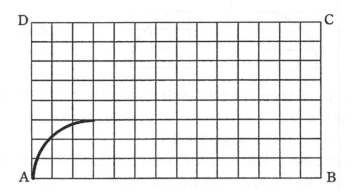

5. 　Aさんとお父さんの2人が家から図書館へ向かいました。お父さんはバイクを使い，Aさんはバスを使いました。お父さんが出発してから3分後にAさんは家を出て，バス停まで10分間歩き，7分待ってバスに乗りました。その後，図書館の近くのバス停で降り，図書館まで歩き，お父さんと同時に図書館に着きました。

　下のグラフは，お父さんが出発してからの時間と，お父さんとAさんの2人の間の距離^{きょり}をグラフに表したものです。このとき，次の問に答えなさい。

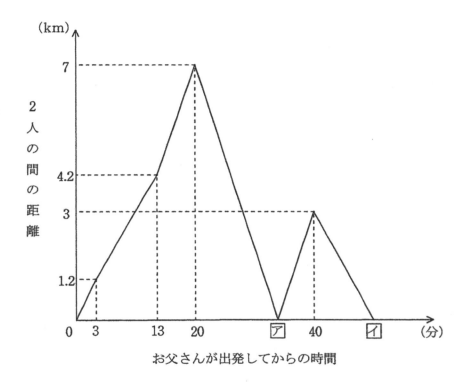

（1）　お父さんのバイクの速さは分速何kmですか。また，Aさんの歩く速さは分速何kmですか。

-10-

（2）　Aさんの乗ったバスの速さは分速何kmですか。式または説明も書きなさい。

（3）　グラフの ア と イ にあてはまる数を求めなさい。

Ｋ教英出版